岩 波 文 庫

33-167-2

国 家 と 宗 教

——ヨーロッパ精神史の研究——

南 原 繁 著

岩 波 書 店

凡　例

一　本書が底本としたのは著者自ら正文の確定に当たった『南原繁著作集』（岩波書店、全十巻、一九七二―七三年）の第一巻である。

一　『著作集』版に収録されている詳細な「年譜」および「著作目録」は割愛し、その代わりに、主要な著作の記録を含む簡単な「南原繁年譜」を付した。

一　注は文中から各章末に移して通し番号を付した。

一　必要に応じて漢字に新たにルビを振った箇所がある。

一　『著作集』版刊行から時間が経過したことに配慮して、文庫版のための「解説2」を新たに加えた。

改版の序

ある時代またはある国民が、いかなる神を神とし、何を神性と考えるかということは、その時代の文化や国民の運命を決定するものである。敗戦日本の再建は、この意味において、日本国民のそれまで懐抱して来た日本的精神と思惟の革命の要請であったはずである。この点、ドイツの復興が本来のドイツ精神と異質的であったナチス精神の清算によって可能であるのとは、類を異にするものがある。終戦後十余年、わが国の再建は果してそれを志向してなされつつあるであろうか。そこには、かえって旧い精神の復興の兆候はないか。真の神が発見されないかぎり、人間や民族ないし国家の神聖化は跡を絶たないであろう。

おしなべて、宗教の問題に対する近代的思惟は不幸な過程をたどって来た。十九世紀の実証主義的合理精神とその継承発展であるマルクス的経済唯物史観とは、宗教に対して無関心または否定の精神にほかならない。それが古い単に伝統的な形式宗教や政治的組織化した教会に対する抗議あるいは反立としての意味はあるにしても、決して問題の解決ではないのである。そこでは、技術や経済的物質が神聖の座を占め、やがて宗教的代用物の役割を果すようになるのである。

まことに近代実証主義精神の上に発達を遂げて来た自然科学と技術文明との驚くべき威力は、いちじるしく人間を魂や精神に対する配慮から遠ざけて来た。現代政治の不安と恐怖は、このことと無関係ではない。いま、史上かつてなかった絶対兵器の出現の前に、人類の存在自体が問われているのは、そのことを物語っている。

宗教の力は、個人の上だけでなく、政治的国家生活に対して、それぞれの時代に、それぞれの形において、根本的な問題を提示して来た。このことは、実際政治家がいかに看過し、また無視しようとも、人類の長い歴史を通してそうであったし、将来もそうであるであろう。近代の過渡的反立の時代を経て、現在人類が直面するに至った政治的限界状況において、われわれは宗教的確信や信仰から何を導き出し得るであろうか。それは、現代の政治・社会闘争の根底に横たわるところの、宗教をふくめて思想ないし学問の問題としての文化闘争である。それは、また世界観闘争であり、現実の政治的・社会的闘争が終っても残る問題であって、人類の存続するかぎり、絶えず新たにされる永遠の課題であるであろう。

このような意味において、宗教と国家との関係の理論は、ヨーロッパ精神史の上に、最も純粋な形において展開されたところであり、われわれはそこから将来の解決への方法をも抽《ひ》き出し得るであろう。

本書の版を新たにするに当って、新仮名遣いに改めた機会に、全文の表現を少しでも平明にすることにつとめた。その他、内容については、カントの世界秩序の組織原理に関して、著者の解明を幾分発展したほかは、全体にわたって変更はない。

一九五八年八月下旬

著　者

第三版序

本書の初めて出版せられたのは、あたかも今次世界大戦のただ中にあり、わが国もまた太平洋戦争遂行の過程にあった。爾来、幾変遷、ナチス＝ドイツはついに崩壊し、わが国もまた有史以来の惨敗の苦杯を喫した。ナチスは何故崩壊すべきであったか。その理由は、ヨーロッパ精神史の流れの全体を跡づけることにより、ナチス世界観の批判において証示したところである。そして、そのことはわが日本についても当てはまるものがある。心ある読者はそれを読み取られたことと思う。しからば、ヨーロッパ文化の――なべて世界人類の「危機」は去ったか。否。現代文化の危機が一面、近代実証主義の精神とマルキシズムに深く根ざすと見る以上、断じて然らずと言わなければならない。この意味において、これら近代文化と精神の頽廃に対して、彼らの掲げた抗議はそのかぎり残されてある。こうした危機の打開はいかにして可能であるのか。問題の解決の方法とドイツ復興の途《みち》も、そこに示唆しておいた。それらの主張とその根拠となっている著者の立場は今に至ってもますます強められこそすれ、少しも変更されていないと同時に、全体の内容についても二、三加筆した以外、変るところはない。

いま第三版において特に記すべきは「カトリシズムとプロテスタンティズム」の一篇を「補論」として新しく加えたことである。これは本書が世に出た際、諸方面からなされた紹介と批評のうち、学術的意義ある二、三のものにつき、当時試みた論作である（『国家学会雑誌』昭和十八年八―九月号）。これは諸家によって提起された問題や批評に対する回答というよりも、むしろ、その機会において、全体にわたり本書の内容をなす主要問題につき、著者の立場や根本思想をあるいは一層強く表明し、あるいは一層詳しく展開したものである。なかんずく、初版においては概説するにとどめたカトリック主義を特に採り上げたことと、ドイツ理想主義哲学のむしろ背景においてあった宗教改革者ルッターやカルヴィンを前景に浮び上らせたことが、これの主題を構成した所以《ゆえん》である。問題は依然として「宗教」と「国家」――広く「文化」との関係であり、この難問の理論的解決についても、著者の見解を一層詳しく論述した。それ故に「補論」は、決して単なる補遺ではなく、むしろ全体の「緒論」であり、同時に「結論」でもあるのである。読者はまず初めにこれを読まれるのも一つの順序であるであろう。

いまや祖国再建の苦難の途にのぼる時に当り、日本にとって省察すべき根本の問題は実に「宗教」の問題、そしてそれと国家との関係に凝集せられてあると言っていい。少なくともヨーロッパ精神史との関連において「キリスト教」が問題となる場合、これをいかに解決すべきであるか。これも初版の結尾において関説したところをさらに展開したつもりである。わが国が平和日本として真に世界史的民族たるの使命を自覚し、新しい精神と新日本文化の創造と、それを通して東亜はいうに及ばず、広く世界人類に寄与する上において、いくばくの示唆を供し得んことは、純学術的労作の背後に隠された著者の目的でもあるのである。

昭和二十年九月中浣

著　者

序

本書に収めた諸篇は、著者が年来、相互にほぼ一つの連関のもとに書き来たり、かつて公にしたものについて、若干の加除修正を施したものである。全体を貫いて根本の問題は国家と宗教との関係であり、もともと著者が西洋政治理論史研究の興味と目的の一つは、この問題にかけられて来たのである。

ヨーロッパ文化の始源を成すギリシャ世界観の結晶とも見られるプラトン『国家論』の課題は、ある意味においてギリシャ国民国家の伝統に立ち還ることにより、当時ギリシャ諸邦の政治の革新にあったとともに、ギリシャ国民の宗教的久遠の救済にあったと称することができる。そこに政治と宗教との本源的綜合の偉大な構想が認められるのであり、第一章に取扱うところの、現代における「プラトン復興」の意義と同時に問題の存する所以《ゆえん》である。しかるに、キリスト教の出現は、ギリシャとは異なる全然新たな宗教を宣示したものとして、それにより政治的国家との関係においてすこぶる重要な問題を生ずるに至った。一般にギリシャ主義とキリスト教とはヨーロッパ文化の二大要素を構成するに至ったと同時に、二者の綜合ないし結合をいかにして達成するかは、それ以後のヨーロッパ精神世界の根本問題となったのである。そして、こうした綜合の歴史的類型について何人も掲げるのは、中世のトーマスと近世のヘーゲル哲学とであるであろう。国家と宗教の問題に関し、これらの典型的な綜合のおのおのの企図とそれに対する著者の見解は、概要ながら第二章に併せ述べておいた。しかるに、著者の立場からは、このような問題について、誰よりも重要な位置を占めるのはカントであろうと思う。彼によって、本来キリスト教的人間観と世界観が、客観的な科学的認識と不変の道徳的根拠の上に立てられたものと言うべく、これにより国家・社会および歴史の全体にわたってキリスト教的精神が展開せられるに至った基礎を形づくるものとして、重要な契機が含まれていると思われる。これが、世界政治秩序の問題に関連して、第三章において特にカントを選び出した所以である。しかし、彼の哲学をもっては問題の解決にまだ不十分であり、宗教論においてと同じく、政治国家の理解においてもわずかに端緒が見出されたにすぎない。これ以後、かえって近代実証的自由主義を経てマルクス社会主義に至るヨーロッパ近代精神の帰結と、なかんずく、これに対し現代ドイツ・ナチス精神の勃興が、この問題にいかなる関連を有するか。少なくともナチス世界観の基礎において、まさしく宗教と国家の問題に関し、ヨーロッパ文化の新たな転回の志向を看て取ることができる。これが第四章の対象とするところである。

かようにして、以上の内容をもって、著者の立場から重点の置きどころの相違と叙述の繁簡とはあるが、主題につき、ヨーロッパ精神史のほぼ全般を覆い得たかと思う。そして、それらの叙述において、著者はもろもろの時代の精神あるいは世界観については、できるだけそれぞれの側に身をおいて、その歴史的＝客観的意味の了解につとめた。だが、同時に、未熟ながら著者の立場からそれらに対する批判によって、問題の所在の闡《せん》明《めい》と、その解決の方向の示唆とに意を用いたつもりである。

およそ国家の問題は、根本において全文化と内的統一を有する世界観の問題であり、したがって、究極において宗教的神性の問題と関係することなくしては理解し得られないというのが、著者の確信である。そのことは他の世界についても言い得ることであるが、殊《こと》にヨーロッパの場合においてそうである。それは従来のヨーロッパ精神の歴史の難問であったし、また、今後も永久の問題たるを失わず、それについてただひとり真摯な思索と把握のみが問題の解決をなし得るであろう。あたかも今次ヨーロッパの大戦において諸民族によって戦わされている政治的闘争の根底に、宗教との関係をめぐって、いかに深刻な世界観的闘争の問題が存在するか。事はひとりヨーロッパのみの問題でなく、大東亜戦争の開始により、わが国にとっても二にして一なるこの世界の大戦において、如上の問題はまたわれわれの深い関心事でなければならず、殊に日本が真に世界史的民族として東亜に生きんとする場合、この問題に対する理解が将来わが国文化の発展の上に重要な交渉をもたらさずには措かぬであろう。この乏しい小著が、以上の関係において、いささかなりとも寄与するところあらば、著者の幸いとするところである。

昭和十七年七月下浣

著　者

国家と宗教

――ヨーロッパ精神史の研究――

目次

第一章　プラトン復興

一　時代の問題

国家と国家哲学の発展の歴史において、いわゆる「近代国家」と称せられるものが、その思想的核心を疑もなく近世啓蒙精神において持つとすれば、人類歴史が紀元前五世紀の後半、かつてギリシャにおいて持った古い啓蒙時代と近代国家生活とのあいだには、大なる共通点がなければならぬであろう。実際、これまでわれわれが考えて来た以上に、二者のあいだにはある本質的契合点が存する。現に近代国家の動揺と危機のただ中にあって表われる時代のもろもろの象徴は、すべてこの古い、しかし、かつては華やかであったギリシャ国民の当時の生活において、さながらに見ることができるのである。

国民の創造的共同の業として、なかんずくアテナイを中心として美しい実を結んだギリシャ民主政治の成行きと運命とはどうであったか。何よりも支配的指導者のあいだの醜い党派心と極まりない所有欲、これに対応する一般民衆の側においても自由の濫用と同じく利己的欲求、それは民主政治の頽廃と国家の破滅を招くに十分であった。これと同時に、内にあっては少数者と多衆無産者とのあいだに生じた階級の対立、外に対してはかような都市的国家相互のあいだの敵対と抗争、それは資本主義的寡頭政治と民主的帝国主義の精神とを如実に反映するものであった。殊《こと》にこれはギリシャ諸邦が全体の運命を賭して戦ったペルシャ戦争——当時の世界大戦によって激成せられ、ここに一切文物の大変動となり、思想の大混乱と社会の大変革は到るところに現出するに至った。それはギリシャ啓蒙時代の政治社会の諸相であったと同時に、あたかもまた、現代国家を危機に導くに至った象徴でもある。

かくのごときは、啓蒙精神あるいはその発展の特徴として、その根底に普遍の分裂、全体からの個の分離という主張が潜む。もって個人の恣《ほしいまま》な批判と、したがって歴史における すべての善きもの・美しきものの侮蔑ないし否定が先に立ち、それと同時に一般に個人の自由と幸福が生活の基準である功利的人生観と機械的な国家および社会観がこれに伴う。要するに、それは個人主義的相対精神の主張であり、その結果として、真の意味における学問的知識に対する懐疑、客観的真理の喪失、およそ人間と世界との全体をつつむ文化理念の消失が、その精神的思想的特質である。けだし、これは当時ギリシャにおいてソフィストたちによって雄弁に説かれた意見であって、各人の自由と幸福の達成のための、あたかもよき思想的地盤と生活の手段を与えたと同時に、なかんずく権力と富を獲得しようとする者にとって、その社会的活動に必要な理論的武器と処世の技術を供したことは、極めて自然の数と言わなければならない。

そして近代民主政治とその基づく近代国家を形成して来た理論的根拠が、主として啓蒙的自然法思想とその発展変形である実証主義哲学であるとすれば、いわゆる「近代人」が人間と世界、国家と社会、学問と文化に対する根本の態度は、かれこれ相互のあいだの歴史的隔たりにもかかわらず、その本質においては以上のごときソフィストたちのとった態度と大きな相違はないはずであろう。否、「近代精神」なるものは系譜的に見て、ソフィストの精神が近代科学の地盤と方法の上に、より正確に組織的に形成せられたものというべく、ある意味においてソフィスト的知識の近代的完成と同時にその破綻と見ることができよう。

人びとは今や、このような時代精神の行詰まりと混乱とに目ざめ、そのよって来たる原因を正視し、真に時代の精神を批判しようとする。ここに政治的真理が何であるか、国家の本質が何であるかの問題を闡明《せんめい》することによって、頽廃した悪しき国家に対して正しき国家の再建を企てる。単に社会生活の技術または法則を教える学問ではなくして、真に人間の学としての哲学、人生と世界の全体の像を形づくる文化理念をうち立てること、もって失われた何らかの意味においての普遍を回復し、人間生活に客観的な基準を与えるとともに、国家を自然的機械観から免れて真に国民を結合する全体的共同体として理解しようとする。あたかもソクラテスおよびプラトンが、人間の堕落と祖国の頽廃しゆく運命に抗して、人間と国家生活に客観的基礎と新しい理念を与えようとしたのも、こうした事情と動機に基づくのであった。ここに、ひとしく現代政治の混沌と国家の危機のさ中にあって、政治の革新と国民的新生が叫ばれるにあたり、このソクラテス的・プラトン的精神がふたたび台頭して来たとしても、少しも怪しむに足りないであろう。

近来のプラトン研究の優れたものには、いずれも直接間接、そうした現代国家の政治の混沌から出発して、新たな生の共同体意識、生ける国家的意識の実現が企図されていることは、留意されねばならぬ事柄である。それには根本において、人生と世界の全体を覆うところの新たな文化の理念が考えられており、これにおいて近世文化の一大転回の期待がかけられてある。すなわち、近世啓蒙の継続発展である近代文化がそのたどるべき道程をたどりつくして、いまや分裂と破滅に導かれるにいたって、ふたたび本源の統一と全体生活を取り戻し、民族本来の精神に立ち帰ろうとするのである。政治的国家生活は、あたかもかような文化の全体生活との結合のうちに、その生命の源泉を見出そうとする。これは文化と政治との従来の表見的な分離に対して、深く内的結合を考えるのであり、国民的生の共同体において、すべて真なるもの・美なるもの・善なるものの精神の実現を観照しようとするのである。

元来、プラトンがアカデミアの学園をつくり哲学に身を委ねたのは、ただに冥想と思索の生活のためではない。社会の腐敗の現状と、そこに漲《みなぎ》るソフィスト的時代精神に反抗して、ソクラテス的精神に倣《なら》い、真の政治の指導者を育成し、国家に秩序と理念を与え、新たに祖国の再建を企てるにいたったことは考慮されていい事実である。しかも、それはみずから壮にして政治的活動に道の開かれていた環境にあって、つぶさにアテナイ国家の現実を目撃し、それのみでなく、一度のみならずシラキウスにおいて自己の理想的国家の建設に努力したその人の最後の運命であったのである。「私は真の哲学を讃えて、それからのみ国家における正しいことや、また個人においての正しいことの一切を看取し得られると言わざるを得なかった。かようにして、真に哲学した人びとの種族が国家の支配に当るか、または国家の権力を有する種族が神々の恵によって真に哲学に生きるまでは、人類種属はもろもろの禍《わざわい》から解放されないであろう」とは、彼がすでに高齢に達したとき、その友人に宛てた書簡の一節である。(1)

その彼のいう哲学は、決して単なる個々の教説や理論ではなく、人間の全的転回、それによって人間と世界の全体の像を形づくる精神の世界の創造である。そのような広大な精神の王国と世界の像をイデアの世界において求めた時に、そのイデア界の模像として政治的国家共同体を描いたことは意義が深い。数十年の久しきにわたって作られ、かつ、彼みずからの手で完結しておいた著作の中で、最も包括的と称せられる対話篇が『国家論』(*Politeia*)であったことも、われわれの観点からは非常に興味あることと言わなければならない。そこでプラトンその人の政治的行動と社会改革の理想と情熱とが看取し得られると同時に、彼によって構想された哲学が、人びとが従来考えて来た以上に、多分に政治的・社会的性格を持つものであることを拒むわけにはゆかぬであろう。

二　新プラトン像の性格

以上、私の見るところにして誤がなければ、ほぼ同様の見地からプラトンに接近し、現代の危機と関連してプラトンの意義を究明しようとする傾向は、特にドイツにおいて顕著なようである。これは通常ゲオルゲ派と称せられるところの、シュテファン・ゲオルゲを中心とする一群の人びとであり、その主なものにザーリン、アンドレー、ヒルデブラント、ジンガーらを数えることができる。(2) そうして、ここに挙げられた人びとはいずれも同時に、他方に社会経済あるいは政治国家の問題の研究者として著名であることも、われわれの考察には興味あることであろう。彼らはおのおの問題の取扱い方のニュアンスや個々の叙述の内容について相違があるのはもちろんであるが、それにもかかわらず、根本のプラトン把握の仕方において同一傾向にあり、従来とは全く異なる新しいプラトン像を描出しようとする点においていずれも同一である。私はまず、これらを資料として、個々の問題でなく、彼らの解釈するプラトンの根本特徴と考えられるところを、本論の叙述に必要なかぎり摘出しておきたいと思う。

第一に注意すべきは、政治的国家の問題が彼の全哲学思想の中核として捉えられていることである。これはプラトンの政治的意図を重要視するがためのみならず、全体として彼の哲学の政治的性格を物語るものである。したがって、彼のもろもろの対話篇において『国家論』が重心を占め、その以前の作品も以後のものも、ともにこれに関連して考察されることも、また当然と言わなければならぬ。(3) かの静かに永遠を観照する魂の世界を描いた『ファイドン』において、理想国家が基礎づけらるべき究極の精神世界が築かれてあり、さらに生ける創造的精神、この世界を愉《よろこ》ぶところの『饗宴』において、国を造り、生み成す力の基が据えられてある。このことは、プラトンの教説の根幹である「イデア」が、前者においては純粋の観照の光として考えられるに対して、後者においては世界の本源的な力として表わされてあることを意味する。そうして、本源的な宇宙の力が国家を造り営むのは、実に「エロス」の媒介によってである。それは永遠の世界観照からこの時空の世界に還り、全体的共同社会の建設に立ち向う精神である。

ここにプラトンにおける「エロス」が、国家創造の精神、政治的社会建設の契機として、重要な意義を認められてある。「エロス」は従来一般に考えられるがごとくに単に知識の追求としてではなく、根本において世界と宇宙の産みの力である。それに、ひとり叡智を求める個々人の孤立化に終らずして、多くの同胞の間の愛の結合の精神として理解されなければならない。そしてギリシャ人にとって、これは都市的国家共同体建設の衝動にほかならない。実にプラトンにあって、善と美のイデアの高い世界を観照した者は、必ずや現実の国土における創造の業を開始しなければならず、それは取りも直さず建国の業である。彼の哲学は高い精神世界の基礎の上に生命の統一的具体化へと進展せられてあり、そして国家はあたかもこのような具体的な生の統一体のほかのものではない。かようにして「エロス」はまさに国を造る生々の力として把握されてある。(4)

因みに、『国家論』における個々の問題は、いずれも以上の点を中心として構想されてあり、ひとえに全体としての共同体の建設にかかわらしめられてある。かの哲人・戦士および一般庶民の三階級から成る固有な「身分国家」の思想も、以上のような哲学的目的と内面的必然の関連を保ち、決して近世的意味の社会階級の区別または労働分配の原理に基づくのでなく、いわば国民的文化の理念自身のうちに存する分類であって、共同の淵源と目的とを国家的全体において有する。また彼に極めて特異な財および家族さえの「共有制」の問題も、近世共産主義とは異なり、個人の平等観念ではなく、ひとえに国家の全体性を前提とし、かつ、なかんずく支配者をしてあらゆる利己的動機から解放させ、もっぱら国家的全体に奉仕させるための、いわば彼の国家の外的条件と見ることができる。これに対し、プラトン国家の内的条件とも称すべき教育の問題にしても、近代的意味のごとき国家の一機能としてでなく、国家の本質として教育が共同体の第一義である「教育国家」の観念であって、その目的は哲学的知識を求めて善のイデアに到達することにあり、結局、これによって真の社会の紐帯《ちゅうたい》であるエロスの精神を洞察せしめ、それによって生ける全体的国家を造ることにある。

このような観察からは、イデア論またはディアレクティックがプラトン哲学の根本課題でなくして、ひとえに国家と社会、人間と世界との状態についての創造的行為が前面に現われる。哲学は、これによって人間と世界との新しい形成のための国家的精神の行為であり、ギリシャ伝来の思想における国家創造の哲学である。けだし、プラトンにあっては、宇宙と国家と人間とは一大調和の実現として、同一の秩序によって運行する同心円であり、そしてその秩序は中間の国家において最も明瞭に把握されるからである。(5) 本来、ギリシャ人は個々的には神とも宇宙とも結合するのでなくして、ただそれは国家を通し、国家においてのみ可能であり、これによって初めて人間たり得るが故である。それには学問と権力、哲学と国家とが深く内的に結合されてあり、したがって、「権力への意志」「権力のための精神の戦」が高調されるものと見なければならない。

第二に、この国家哲学においてさらに中心を形づくるものは、最高の叡智を具えた一人の哲人王である。(6) 哲学者こそまさにイデアを観照し把握したものであり、それ故にまた、人間と世界とを救済すべく行為するものである。彼は単に抽象的な知識の所有者でなく、政治的指導者として建国の象徴でなければならない。哲学はかような創造的人間の精神にほかならず、国家はかような哲人の創造の業である。プラトン国家の内容的本質をなすところの教育も、このような哲人を養成するためであって、市民をして国家的全体精神を自覚せしめ、それに指導者を与えることが目的であった。さきにプラトンにおいて宇宙と国家と人間とは一大調和の実現であって、国家はまさにその中間にあって他の二者を結合する媒介者であることを述べたが、その国家のうちにあってさらに媒介者たる者がこの哲人である。哲人こそは天と地、神と人とのあいだを媒介する半神人のデモーニッシュな性格を具えた者であり、そしてそれに最も似たものはソクラテスである。(7) ギリシャ人が神と宇宙との神秘を知るのもこのような哲人の媒介によってであり、政治的生活を生きるのもこのような哲人の命令に服従することによってである。これらの現代プラトン研究者の好んで描くところのものは、こうした一個の「プラトン的ソクラテス」の像であり、一個の神的存在者としての生ける思惟と行為である。神の特別の恩恵によってただ一回だけこの地上に顕われた偉大なこのひとりの人の運命、その神にも肖《に》た存在の全人格において、もろもろの精神の原像、国家永遠の形象を見出そうとするのである。(8)

これはプラトンにおける「哲人政治」の思想であり、「哲学者が国家の王となるか、または現に国王・権力者と呼ばれる者が真の正しい哲学者となるか、言いかえれば国家権力と哲学が一つに結合し、現に二者のうちの一をのみ追うところの多くの凡庸人を強いて排除するのでなければ、……国家にとっても、また人類種属にとっても、禍の止むことはないであろう。そうしてまた、われわれが今ここに考えたところの国家はいつまでも現われず、日の光を見ないであろう」との命題の解釈である。(9) そこには精神世界における最高の支配が、同時に現実国家においての支配者たることが要請されてある。それは、もはや法をもってする政治ではなく、国家の規範は哲人たる主権者において具体化せられてあると見なければならない。哲学者の任務は、国家において自ら善美のイデアを認め、これをより純粋に人びとのあいだに観照せしめることによって、国家の全体生活を高めることにある。彼は神々の精神に従って全体を創り成し、国家と人間とをその本質に従って正しく美しく形成し、育成するように支配しなければならぬ。

プラトンにおける「正義」が、前に関説したようなもろもろの階級間の全体としての秩序と調和において成り立つ徳であり、これによってすべての市民はおのおのの能力の差異に応じて国家的全体の中に、それぞれの生活の意味と目的とを受け取るところの、成員相互と国家全体とのあいだの生の有機体的統一関係であるとすれば、それは要するに哲人的階級の支配、究極において上述のごとき偉大な哲人的国王の支配の力を意味するのであって、根元においては国家を創建するところの、世界の力そのものにほかならない。すなわち正義は世界創造の力、結局、ソクラテスあるいはプラトンその人において具現される根源的生命である。概念的な理性の要請においてでなく、美しく高貴な人間性の規範において示されてあり、それは善美の生活の形成である(10)。このようなものとして正義は、最も偉大にしてかつ最も美なる認識であり、それ故に国家に秩序と支配を与え得る力である。ここに正義は、抽象的な形式でなくして、「生の感情」であり、論理的概念でなくして、結局「国民の信仰」として捉えられてある(11)。

第三に、以上のごときは、また必然に「神政政治」の思想に導く。プラトンにおける善美のイデアはすでに同時に「聖」のイデアであるとするならば、善美の国家の理念はひとり「倫理的共同体」たるのみならず、それ自身宗教的「神の国」の理念にほかならない。最高の共同体としてイデアの世界の実現たる国家は、それ自ら人間最高の徳の世界の映像にほかならずして、国家はまたそれ自体まさに神の国である。[12] したがって、国家の支配は本質上神的第一者の性質に属する事柄であって、神が究極の統治者である。ポリスを統べ治めるということは、神のまにまに全体をつくり営むということである。これが行われるのは、祭祀と政事、精神と力が一つに結合せられた国家である。このような国家の中に生き、その神的国王に服従するということは、取りも直さず神の本質に与《あずか》り、神々とともに生きるということである。それは道徳のみならず、あまねく宗教と政治との綜合としての、最も包括的な全体生活の結成を意図するものと言わなければならぬ。

この理想は『国家論』から『法律論』(*Nomoi*)に移るに及んでもいささかの変更はなく、かえって明白に確立せられたところであって、そこには「神裁政治」の思想が説かれてある。[13] 哲学者たる国王はただ神々とその子等の国においてのみ可能であって、現実の国家においては期待し得られないとすれば、いまや「法」において国家の規範が立てられなければならない。しかるに、プラトンの法はギリシャ国民本来の「ノモイ」と同じく、近世的意味における法律でなく、道徳的生活の規範を包含するのみならず、進んで新しい宗教的規範を定め、その教義と信仰によって国民の生活内容を律せんことを要求する。人類の保護者としての立法者は、もはや単なる人間ではなく、神が特に遣わした魔神的存在・神的創造者である。ここにこれら神的英雄たる立法者と、したがってその立した法に対する畏敬は、いまや国家の拠って立つ根本信条であらねばならない。

国民と国家との新しい創造は、根底においてかような国家的宗教の規範にその期待がかけられてある。いまや歴史的な国民的信仰と神聖な伝統と式典が顧みられ、その国家共同体の結合の原理としての意義が与えられてある。かようにして聖なる祭と人間の悦びの表現として、神々の前に行われる舞踊と讃歌において、いまや国民的生の共同体の永遠の形式が与えられる。ここに国家共同生活の最高の規範が伝えられてあり、「この生の規範を決定するものは戦争でもなく、経済でもなく、神々のもとに美しく遊ぶという命令である。神々は祝祭の仲間であり、輪舞の指揮者であって、この輪舞においては人間は諧調とリズムによって宇宙存在の原始状態へと連れ戻される」(14)。これは『法律論』において、プラトンが「人びとはある何らかの遊びを――すなわち犠牲と讃歌と舞踊を、その生活の本来の内容としなければならぬ。そうすれば、人は神々に近づくことができ、これに対してもろもろの敵を防ぎ、戦において勝利を得ることができるであろう」と、アテナイ人をして語らしめたところの内容である(15)。

上述の関係からわれわれの知り得ることは、プラトンの国家は一つの「神話的原始像」として描かれてあるということである。全体を通じて「神話」的直観が重要となり、それがすべての解釈と叙述の根底に置かれてある(16)。かくのごときは、本来プラトンの哲学が、理論的な体系としてでも、形式的な方法としてでもなく、生ける「いのち」、生の精神として把握されてあることを意味する。従来ひとえに合理主義的・理想主義的に解釈し慣らされて来たのに対して、いちじるしく非合理的なもの・現実的なものの強調である。この点において、これまで一般にプラトンをもって西洋文化の起源と近代的学問の始祖として承認されて来たのに対して、それとは根本において区別して考えようとするごとくである。あるいは、むしろ古代東洋的なものとの連関を考え得べき契機があるかに見える。なかんずく従来ナトルプ、コーヘンなどによっていちじるしく形式的・論理的に解明されて来たところの、いわゆる新カント学派のプラトン観に対して、全く新しいプラトン像である。それは根本において本源的な生の統一、精神の創造の高揚、もって近代的合理主義とその文化に対する不満の表現と見られる。

かようにして彼らは、プラトンの神話的な生の統一的世界観においてもろもろの文化の統一結合を考え、これを生ける全体性において捉えようとする。これは民族または国民的共同体の理想であって、政治的国家はこのほかのものではなく、国民的な国家においてまさに宗教・道徳・学問・芸術のあらゆる価値の統体が目途されてある。実にプラトンの国家は近代国家の観念とは全然異なり、これをもって一般に人類生活の完成を目的とする完全な共同体たらしめようとするのである。それは本源的な生の共同体の観念であって、殊に古代ギリシャ固有の国民的国家観の継承、かつ純化されたものにほかならない。すなわち、ただに原始国家生活への憧憬というのみではなくして、精神的内面化と哲学的基礎が与えられたものと見なければならぬ。プラトンが、これをもって時代の力に抗して、人類救済のために国民に提示したところの国家の原像である。けだし、古来考えられた最も包括的な文化国家の理念と称すべく、知識と美と善との統一の思想であって、近世合理主義の分離に対して、彼らの提示する新しい文化理想である。それが現代におけるもろもろの文化の分裂と無政府主義的状態に対して、ふたたび生の統一の悦びと新たな共同体の理念を掲げるものとして、十分の意義が汲まれなければならぬ。

人はここに、あまりに極端に押しつめられて来た合法則的な近世文化とその帰結に対して、太古の純新な宇宙生命の息吹に接し得るでもあろう。

本章の冒頭に述べたような現代の危機に直面して、人が時代の転回を企てるときに、ここに新たな文化と国家の理念を提示したものとして、深い源泉を供するものと考えられる。それを特に力説して時代の人に古典の意義を再現した意味において、これらの新しい一群のプラトン研究者の意図と努力は高く評価せられてよいものがある。だが、それにもかかわらず、かようなプラトンの世界像をもって現代文化に臨むことは、すこぶる大きな問題と危険を包蔵する。殊にかようなプラトン解釈とそれを強調することが、現代文化、なかんずく国家哲学にとっていかなる問題と危険とを投ずるものであるか。なお、それらの危険と問題とにかかわらず、一般にプラトンが現代国家の理論の上に、重要な意味と価値を有し得る所以は、そもそも何に存するかを以下考えようと思う。

三　神話の解釈

現代はある意味においてルネッサンスがかつてあったごとく「神話」の時代と称する

ことができよう。人は何らかの形において神話を要求し、これをもって従来思惟して来た世界に代えようとし、あるいは少なくとも神話をもって哲学的思惟の根底に置こうとする。彼らはこれによって、時代が忘却して来た古い世界を開示して生の深淵を覗《のぞ》かしめる。なかんずく現代の国家の危機に当面して政治的権威が問題となるときに、人は建国の神話に立ち還り、それによって始祖の国造りの神聖な起源について考え、ここに永遠不朽の基礎を求めようとする。人びとはこれによって、近代的個人主義とその文化に代えて、古代的な普遍とその世界に復帰しようと欲する。そこに、われわれは現代におけるルネッサンス的ロマン主義の精神を認め得るであろう。上来述べて来たような一群の人びとが、プラトンにおける神話的要素を高調し、これと政治社会の問題とを結合するのは、まさにそうした精神と運動の現われと見られ得る。

それは要するに、本源的な生の統一、世界の原始像としての文化の全体的統一、神話的世界観への復帰にほかならない。神話が太古の蒙昧または単なる寓話でなくして、その国民の古《いにしえ》の信仰であり、それ故にまた、単なる過去に属することではなくして、未来にかかわる国民の理想的契機を含むのを否むことはできない。殊にあまりに主知主義的あるいは実証論的傾向に偏した現代にあって、純粋の論理機構的な世界と国家の観察にとって、その省みるべき意義の存することも認めなければならぬ。しかし、それにもかかわらず、ラインハルト自らも言ったように、神話は要するに「養う記憶」であり、国民をして「その根元について想起せしめる」ものである。[17] たといプラトンにおいては、外的ならざる内面の「魂の神話」であるにしても、[18] ここではまだ人びとが美の園の真籬《しんり》のうちに神々とともに無邪気に生き得た時代のことである。このようなものとして、われわれの考えをもってすればまだ前科学的な、学問構成のための原体験に属する世界である。人類の文化的努力と政治的社会建設の努力の行程において、われわれがそこに憩いを見出し、そこから絶えず新たな生命と力とを供給される場所ではあるにしても、われわれの努力の標的として人類の到達すべき永遠の住家ではあり得ない。言いかえれば、文化の始源的な像として、それ故にまた、現在国民の間に働いてわれわれを培うところの精神的土壌として意義あるにしても、決して絶対永遠の範型としてのわれわれの理想の境位ではないのである。

現に人類文化の発展の過程において、ギリシャ以来人類は幾多の進展の段階を経過し来たり、それらの時代はそれぞれの文化を形成して来たのであって、おのおの固有の価値をもつことが認められなければならない。人類はギリシャの後に、これとは全く異なる新しい世界観を宣示したキリスト教と、それにつづく長い中世の宗教的文化を所有している。また、ルネッサンスにおける近世的意味の学問と芸術の生誕、さらに第十七・八世紀における個人人格の発見と自由の精神文化の形成について、降《くだ》って第十九世紀後半より二十世紀にわたる新しい政治的社会文化の台頭について、経験し来たったところである。これらの時代がおのおの特有の世界を展開し、それぞれ固有の価値を有することが認められねばならぬ。この過程は決してそれ自身何ら文化の頽廃として見なしてはならぬものがある。われわれは、そこに人類の文化的努力の意味と、世界の「進歩」の意義について考えるべきものがある、と思うのである。

しかるに、これを根元にまで突きつめて、古代的な神話像と原始的世界観の復興を考えるのは、あたかも現代における歴史主義、あるいは復古主義の台頭と相通ずるものがあり、その保守的・反動的志向は覆うべくもない。彼らがプラトンの国家について理解するところは、神話的原始像以外のものではなく、畢竟《ひっきょう》、国民の本源的国家生活としての生の共同体の思想である。現代ドイツのナチス等が、その掲げた政綱または現実の行動のいかんは別として、根底において要望するところのものに至っては、必ずや以上の精神と相触れるものがある。かようにして、すでに述べたごときプラトンの解明は、現代に唱道される「全体国家」のよき範型として人がこれを役立てるとしても、不思議はないであろう。けだし、現代に論ぜられる「全体国家」あるいは「権威国家」について、これにもまさって深い精神的地盤を求め得ないであろうから。それには本源的な統一状態として、もろもろの文化よりもさらに高い度合において民族本来の生の統一体の実在と、これに対する国民の信仰が前提されてある。したがって、およそ国家の価値または意味を問うがごときは、すでに存するこのような本源的なものへの素朴な信仰の喪失を語るものでしかあり得ない。国家は支配の自己実現であるかぎり、生の共同体の実現であるかぎり、およそ国家の目的価値などを問うのは意味がない。しかるにそれが問題となり得るのは、かような本源的統一が破れ、それに対する信仰がもはや国民の間に生きていないことの証左として考えられる(19)。

正義も、すでに見たように、一つの国家的感情として非合理的な生の共同体の原理と解釈される結果は、もはや、国家権力者の把握するカリスマ的権威と、これに対する国民の側からの信仰の関係があるのみである。言いかえれば、一方には支配する少数者の神秘的直観があり、他方に一般国民のこれに対する遵奉《じゅんぽう》があるのみであって、人びとは自己自ら知り、欲することではなくして、支配者の定めた信条に対する絶対の服従が要求されるだけである。プラトン解釈の非合理主義はここに至って極まると見ることができる。かようにして、人間の自由は国家共同体の支配原理の前に消失し、そこにはただ支配する一人または少数者の自由があるばかりである。それは非人格的であって、知的直観と宗教的神秘の貴族主義である。否、国家はこれを統治する聖哲王に取ってすら避けることのできない一個の強制的権威として立ち現われる。(20) 現代「独裁政治」の理論の要望するところ、そしてまたその帰着するところも、畢竟、これと相通ずるものがある。政治的非合理性に神秘的非合理性が結合して主張されるのである。神話の価値を高調することが、政治的権威の問題にいかに重要な役割を演ずるものであるかは、さらに論ずるまでもないことであろう。

かような国家とその権威の基礎づけは、最も広汎な意味においての「国家主義」の思想である。もろもろの文化の固有な価値生活は承認されないで、それらは根本における統一状態に還元され、しかもその全体を正義において捉えることにより、政治的社会価値が前面に押し出され、他の一切の価値生活はこれによって綜合されてある。学問と芸術が国家権力に綜合されてあるのみでなく、疑いもなくあらゆる人間生活が国家のうちに吸収されることを意味する。人間たることは国家的権威のもとにおいてのみ可能であり、おのおのが真理と美の世界に参ずるのは国家を通してなされるのみならず、国家共同体が道徳の理念を代表し、人は国家において初めて人格となり得る。それのみでなく宗教の世界すらもが、ひとえに地的意味に理解され、神の国は国家を超えてでなく、否、国家それ自らが神の国の実現たることを意味する。ここに立てられるものは一つの「国家宗教」または古代的な「民族宗教」の理想であって、人間霊魂の永遠の救済はこの地の国の外には出ず、また出てはならないのである。宗教の此岸的・現実的意味の強調が政治的国家の神秘化に終るのは、けだし、必然のことと言わなければならない。

かような世界観はいかにそれが神秘的な光と生命とに充ちているとはいえ、人類文化の理想——現代がそれに向って進むべき標的ではないであろう。また、近代国家が多くの欠陥と誤謬を内包するとはいえ、以上のような国家観をもってこれに代えることは不可能であるのみならず、そのこと自体大なる危険を包蔵するものである。それが現代文化と国家に対する批判としての消極的意義について省みるべきものがあるにしても、積極的意義においては反立と混淆《こんこう》のほかにはないのである。この意味において、現代に叫ばれる国家の「危機」なるものは、現代国家自らの裡《うち》にあるというよりも、むしろこのような文化と国家観の提唱自体においてあると考えられる。およそかくのごとき時代の動揺は現代文化の意義と発展に対する懐疑的態度に基づくものと言わなければならない。否、彼らはこれによって、宗教および国家を含めて文化そのものに対する根本的抗議と、そして「価値の転倒」を希《ねが》うのである。

あたかもこの関係において、これら一団のプラトン学徒は、明らかにニイチェと共通するものを持つ。近代において神話の意味を深く理解したのはニイチェであろう。彼にとっても「神話なくしてはおのおのの文化はその健全な創造的自然の力を失う。神話をもって取り囲まれた地圏にして、初めて文化の全運動を統一にもたらすのである。……神話の諸像は識られざれども常に存する守護者たるべく、その庇護のもとにおいて若き魂は成長し、その象徴において人は自らの生命と力とを識る。そうして、国家といえども神話の基礎にもまさってより強力な不文の法則を知らず、この基礎に立って国家と宗教との関連と神秘的表象から国家の生誕を保障するのである」[21]。すなわち、科学的な概念においてでなく、神秘的な神話においてこそ最高の本質が啓示され、政治的国家の本質も実はこのような神話の世界によって闡明し得られるとするのである。そして、ニイチェはこれをオリュンプスの神々の世界、ヘレネスの創造の神話において求めるのである。

ニイチェ自身、一見そのソクラテス、プラトンに対する批難にもかかわらず、彼らの裡《うち》に作用する生の力、その神的な像、それによって新しい時代の創始者たろうとする精神に至っては、まさに彼自身の求め喘いだところのものである。近代の合理主義的精神とその文化の破壊を叫んで、非合理的な生の欲求として「いのち」の世界を望み、凡俗な人間性の克服を唱えて、創造的な人間、超人の理想とその実行の精神を掲げたのは彼である。かようにして大衆の支配を排して、一に「最上者の支配」の権利、「権力への意志」を主張し、あらゆる一切の彼岸的なものを押し却《の》けて、此岸的なもの・地的なものの神聖を論じたのは彼であった。これによってニイチェは近代の混沌に陥っている老年期の文化をふたたび若い青年時代の精神に還そうとし、近代的進歩の思想に対して原始的理想状態への復帰を翹望《ぎょうぼう》したのであった。これらの新しいプラトン学者が、いずれもつとめてニイチェに範を求め、彼を讃仰するのは決して偶然ではない。まことにニイチェその人によって旧価値の破壊、世界観の一新が企てられたように、彼らはいま彼らのプラトン像によって、近代精神の克服と時代の転換を目ざすのである。少なくともそれを示唆するのである。

かような主張にはその根底において「学」に対する嫌悪、「知識」に対する蔑視の態度が潜んでいる。ロマン的な生の非合理性の要求とその神話主義は、ここに由来するのである。しかるに、われわれは現代文化の分散と混沌に対して新たな結合点を要求するのも、問題はそれがいかにして綜合し、結合されるかの方法において存するのである。その綜合の論理と構造は必ずやその基礎でなければならず、確然たる認識論的根拠の上に立ってこそ、初めてそうした形成と統一の可能の途が開かれるのである。現代哲学の新しいもろもろの流《ながれ》が何らかの意味においてかような統一綜合を求めつつあるのも、いずれもその方法の厳密性あるいは具体性をこそ問題としているのである。しかるに、単に「詩話的」な本源的統一、生の全体的共同体思想をもってすることは、決して問題の解決ではない。否、反って、ニイチェその人がそうであったように、魔神《デモーニッシュ》的な芸術的衝動が支配的位置を占め、確固たる基礎と中心的支持点を欠く結果、ついに悲劇的なニイチェ主義の運命と同一のものに想到せしめるのである。ニイチェが彼の天才をもってして、究極においてなお一種の自然主義的世界観に陥ったごとく、国家生活についても一種の政治上の自然主義である権力主義に帰することを、われわれは慮《おもんぱか》らなければならぬ。ドイツ・ナチスの徒がニイチェに呼びかけるのも、彼らの胸奥に動く時代の一新の要求に基づくとともに、その帰結において実にそうした思想的契機を含むがためであると思われる。そして現代におけるニイチェ復興と同時に、プラトン復興――殊にゲオルゲ一派による前者の精神をもってする後者の理解の高調については、同様の危険と問題が存すると思うのである。

四　プラトンの批判的意義

現代におけるプラトン復興の性質と、それにまつわる危険と問題とについては上に述べて来たごとくであるが、プラトンにおける意義は反って他に存すると思うのである。それは、何よりも彼が単なる古代的詩話とは異なり、認識の最高原理に関して説示したと考えられる点においてである。これは彼らがプラトンについて力説するところの神話的並びに政治的性格よりも、むしろ根本においてディアレクティックな哲学的思惟要素である。そしてそれを正しく理解したのは他ならぬカントである。そこには、感じ意欲する一個の人間像、否、古代ギリシャ国民が神聖化したところの偉大な英雄的立法者または国民的宗教の創始者としてよりも、むしろ一個の「高貴な哲学者」として、その形而上学の体系的思惟が採り上げられる。かようなカントの理解が、果してプラトン自らの現実に意図したところであったか否か、あるいはプラトンその人の全貌であるか否かも、ここに問うところではない。重要なのは、カントがプラトンのイデアを先験性において捉え、もって「物自体の原型」たることの意味を初めて明らかにした点にある。(22) いうところの「善」のイデアの世界は、歴史的・経験的な世界を遥かに超越し、それにもかかわらず客観的実在性を有し、それ故にまた、決して原始的な詩話あるいは単なる空想の世界ではないのである。われわれが古代的な神話について意味を汲み得る所以も、ひとえにそうしたカントの理念によってである。

ソフィスト、ソクラテスが発見した人間の観念から、さらに宇宙万有の圏内に突き入り、一切を包括する広大な世界の形而上学的構成を与えたのは、実にプラトンである。かような意味において、形而上学の創始者としてのプラトンの意義は、すこぶる深いものがなければならぬ。彼がひとりギリシャの世界を完成したのみならず、同時にその以後のヨーロッパの世界に対して生き延びたのはこれがためである。これらプラトンの新しい研究者が好んで、プラトンとヨーロッパ、殊にキリスト教的文化とを分けようとするにかかわらず、以上の点においてプラトンはまさに西洋文化の精神的根源として、その学問・哲学の開始者である。それればかりでなく、根本においてなお区別すべきものがあるにかかわらず、ヘブライより出たキリスト教に対してすら、善き精神的地盤を供し、よくその思想的先駆者たり得たのである。それは古代世界においてキリスト教の神の座を有し得る唯一の哲学であったと称することができる。(23)

他方に、これらの最近の研究を契機として、もしプラトンと却って東洋的神話の世界との連関を考えるものがあるならば、以上の観点から問題とされなければならない。すなわち、二者がその本質において区別されるべき重要な要素も、一にプラトンの弁証法的思惟方法においてである。おしなべて東洋の古代諸国民は多く非合理的神秘の世界にとどまり、進んで物の原因ないし起源の探究、あるいは人間と世界の秩序の説明と分析のごときは、それ自身神聖なものに対する一種の冒瀆として思惟されたのが常である。これに対比して「何処へそれが連れてゆくにしてもロゴスを追うて行こうではないか」というのが、プラトンの標語であったのである。(24) そうして、それはまた、ギリシャ人を他の古代民族と分たしめる特徴であり、いちじるしくその主観的禀質《ひんしつ》と創造的精神とにより、知識に対する愛を求めて、事物を如実に眺め、それによって事物本来の意味とその相互の関係を識ることを使命とした点である。いかに多くの誤がそれに伴っていたとしても、彼らの恐れなき知力と自由な想像力は、これによりもろもろの方面において、東洋の世界とは截然と分離さるべき固有の文化を創り出した。現代に至るまで、ギリシャのもつ文化的意義は、実にそうした主観的精神・合理的精神においてあると認められなければならない。そうして、このことを最もよく明白ならしめるものが、ほかならぬプラトンの『ポリテイア』であり、その国家論においてであると思う。

そもそも、プラトンが「イデア」をもって世界の全体像を考えたのは、これによって世界の精神的本質を闡明しようとしたがためである。かようにして、彼がイデア論により、世界の全体との連関により人間社会生活の規範を立てようとしたことは、国家の世界観的基礎づけの試図と称することができる。言いかえれば、彼は国家の本質の問題をば「精神」の本質の問題と結合して考えたが故に、全体の問題の解決を「世界」の精神的本質の根本決定にかかわらしめたのであった。これによって国家観と世界観とを不可分に結合させたことにより、偉大な「国家哲学」の創始者としての位置が彼に許されなければならない。それは、言われるごとき、決して無体系な単なる「生」の表現または「詩話」的構想ではなく、まさに一個の形而上学的体系として論じ得、また論じなければならぬものである。

プラトンの国家論がギリシャ本来の伝統的国家観そのものと異なる所以も、実にそれに対する彼の哲学的思索に基づく内面的深化によってである。彼は善のイデアに根拠して正義を問題とし、それにおいて国家の理念、完全国家の組織を描いたのであった。その場合、彼自ら、その描いた国家が、ギリシャはもとより過去のどの世界においても、歴史的実在を持ったものとして考えたのでもなければ、また将来の時の経過のなかにいずれかの国土において実現されるべきことを想うたのでもない。この点において、彼の国家は原始的な古代国家の再現、または後世多く彼に倣って構想されたところの空想国家や国家小説の類とは、本質的に異なるものである。ここに現実的には不可達成的ではあるが、なおかつ、これが達成への不断の実践的努力の標的としてのイデアの意義が、あくまでも強調されなければならない。プラトンの国家をあらゆる国家の「原型」と称し得るのも、この意味においてであると思う。完全な理念に関して歴史的経験の対象は、カントの解釈によれば、単なる「例証」に過ぎず、およそ人が価値について判断するのは、このような理念によってであって、道徳的完成への接近を考えるとき、必ずやその根底に置かれるところのものである。

かような高い統一的観点とともに、プラトンの国家論において重要なのは、その「二元主義」的思惟要素である。彼のイデア論の偉大な調和と統一との構造にもかかわらず、二元の分離は覆うべくもなく残されてあり、「エロス」本来の概念をもってしても、この間隙をいかんともなし得ないものがある。殊に、このことは実践的領域においていちじるしく顕わにされ、彼の倫理思想における強味は、調和の面のほかに、実にこの現実からの超絶的要素あるがためである。すなわち、そこにはあくまで倫理的当為の性格が保持されてあり、それによって人間の実践的行為にまでの規律・法則が最後まで確保されてある。彼にあって「法則」または「戦」は、言われるごときわずかに第二義的の位置を占めるものではない(25)。理想と現実との二元の永遠の分離にかかわらず、なおかつ、この二元の克服への絶えざる戦においてこそ統一と調和が認められるのである。理念は「与えられた」現実の事実ではなくして、あくまでも「課せられた」理性の永遠の標的でなければならない。彼の『国家論』と『法律論』の基調は、決してこの外に出るものではない。これがために、それらは神秘的な帷幕をもって覆われることの危険から免れてあり、この点において、かの神話的国家とは永久に区別されるべきものがある。われわれがここに、後世「理想主義」の国家哲学の真に優れた最初の範型を、彼において見出すと主張するとしても、あえて過言ではないであろう。

プラトンの「イデア」としての国家は、カント的意味において初めて国家の「原型」であり、したがって、人類永遠の課題として立てられたことに、無限の意味が存することは明らかにされたと思う。しかし、その国家論の内容については、時代の多くの制約を免れ得ず、古代社会の国家、殊にギリシャの都市的国民国家の映像にほかならず、諸家の強調するがごとき神話的要素を多分に包摂することは疑ない。しかるに、もろもろの文化の領域の独立な発展を遂げて来た現代においては、問題はこのようなおのおのの文化の固有の価値生活を認めて、しかる後に、それらの綜合がいかにして可能であるか、ということでなければならない。プラトン自身においては、前に見たように、もろもろの価値が混沌として融合されてあり、むしろ、ものの始源的な統一でしかない。決してそれぞれの文化の固有な価値の承認の上に立つところの統一と綜合ではないのである。現代の急務はまず政治的社会価値の確立にある。それは政治的国家生活が他のもろもろの文化生活との連関においていかなる位置を占めるかの問題であり、文化価値相互のあいだにおける政治的価値の関係の問題である。われわれはかくすることによって、プラトンにおけるごとき宗教と政治との混淆、学問と国家権力との結合、要するに包括的な絶対的国家主義の帰結から免れ得るのであり、また免れなければならぬのである。

このことはプラトンにおける個人と国家との関係についても同様であって、それには個人人格観念を問題として批判的再構成がなされなければならない。これは、すでに彼の直後アリストテレス以来の問題であって、プラトン国家哲学の根本の欠陥である。政治においてはもはや、彼の哲人政治におけるがごとき、殊にゲオルゲ一派の力説するがごとき、一人の偉大な英雄像が支持点であってはならない。そのような国家は、よく一人または少数者の自由については言い得ても、人間の、したがって国民の自由についてはその余地がないのである。この点においてもわれわれはカントの理解に出発しなければならぬであろう。彼はプラトン国家の理念を、「各人の自由が他人の自由とともに存立し得るように仕向ける法則に従うところの、人間の最大自由の憲法」と解した。けだし、カントにおいてこれは国家の「原型」であって、たといこのような憲法が実現し得られないとしても、人類はこれを基準として自らの国家制度をできるかぎり、それへ近接せしめなければならぬ理念である(26)。

かくのごときは、カントがプラトンの理念を実践的なもの、したがって「自由」に関係して理解したがためであり、そしてそれには理性固有の認識が根拠となっていることは言うまでもない。プラトンの哲人政治の原理の中核である理性の支配は、もはや、ただ一人または少数者の特殊階級の支配ではなくして、理性的者であるおよそ人間の社会共同生活の原理でなければならない。真の道徳は人間の理性の洞察、その自由な確信によって可能であり、真の政治的行動も同じく学的認識に基づいて可能であることを教えたのは彼自身である(27)。ここにプラトンの「エロス」は、何よりも根本において、およそ理性的存在者のかようなロゴスへの無限の愛でなければならない。このようにして正義国家はそれ自身、超国家的・超民族的であるロゴスの支配を意味し、ここに政治上の合理主義が基礎づけられる契機がある。そうして、かような理性の政治原理を立てたと解し得られる点に、プラトンの政治哲学上の深い意味があるのである。政治は、決して詩芸におけるがごとき少数天才の創造的業ではなくして、あくまで社会共同生活におけるすべての人間の自由にかかわる事柄である。かような意味において深い意味の「合理」的精神と「自由」の精神とは、実にギリシャの世界をして東洋的神話の世界と分たしめる標識であるとともに、またプラトンの『国家論』において重要な要素を成すところのものである。

もとより、われわれはカントにとどまってはならぬ。彼がイデアの理解に際して何よりもまず主観的先験性において立てた形式的原理を、いかにして客観的現実と結合せしめ得るか、また個人自由の人格を全体的な共同体の価値といかに関連せしめ得るかの問題は、さらに展開されなければならぬ問題であるであろう。しかし、およそ近代個人主義の文化とその国家に対して、いかなる形において普遍が立てられ、何らかの方法で全体との関連が考慮されるにしても、まさにカントの構成した認識論的基礎と批判的方法との上に行われることが重要である。現在の新カント学派は言うに及ばず、ヘーゲル的弁証法哲学あるいは解釈学ないし現象学において、いずれもみなそうした方法と基礎が考察の中心となっているのである。これを古典的な神話への復帰により、強いてもその哲学的・理念的意味の再現によって、問題の解決を期待するがごときは、学の発達のために、そしてまた正常な国家の発展のために警戒されなければならないことと思う。

プラトンの哲学とその国家哲学は、まさにこれらの点について十分批判されなければならないものがある。彼をもって歴史を絶する偉大な唯一の哲人として、一切の批判と解剖の外に超出させて、永遠の神像として見ようとするがごときは、プラトンその人の偶像化にほかならない。かくのごときは却って彼の偉大な精神の死滅を来たすものであって、決してその存続の所以ではないと思う。むしろ、歴史の発展の関連の中に織り込んで、彼の正当に占めるべき位置とその残した問題とについて知ることが、彼の不滅の精神、知識への不変の愛の発展と思うのである。

事はひとりプラトンと西洋に関してのことではない。輓近《ばんきん》わが国においても、明治以来の西洋思潮の隆興に対する反省として、日本精神あるいは東洋精神復帰の声が叫ばれている。これは民族固有の歴史を顧み、その優れた文化の保持、なかんずく伝統的な全体的国家共同体思想の維持を主張するのである。ここに民族の古代的な神話の価値の強調、あるいは古典の意義の反省がさまざまの方面に台頭しているのは当然の事象である。同時に、従来西洋文化についても、近代的なものへの追随にのみ忙しくて、かえってその淵源に対して疎《おろそ》かであったわが国の思想界には、プラトンの研究、殊にその詩話的・記念碑的解釈の迎え入れられる素地のあることは、極めて見やすい事実である。人はこれを、現代諸国において、したがってまたわが日本においても、流行しつつあるニイチェ復興の声と併せ考えるときに、思い半ばに過ぎるものがあるであろう。わが国のみならず、現代諸国におけるこれらの傾向は、それぞれ省みられるべき意義と理由とを持つにかかわらず、なおこのような主張と運動には十分批判し反省を加えられなければならないものがあることは、プラトンの問題について述べたところである。

だが、こうしたわが国の思想運動の現状に対しても、他方にプラトンの正当な把握と理解は、文化的努力の方向を決定する上に大なる寄与をなすであろう。語の深い意味において合理的精神と自由への志向はそれである。明治以来とみに接受したいわゆる近代的学問の建設がまだいくばくにもならないのに、その道程において俄かに民族固有の歴史的文化を強調し、かえって世界の文化に眼を閉じるがごときは、早くも学的思索からの逃避を語るものでしかあり得ない。そこには「学問」に代って「信仰」が、「体系」の代りに「詩話」が説かれるに至るであろう。かくては一国文化の存続と進歩ではなくして、かえってその停止と衰退を招くに至るであろう。文化の進歩はいずれの国にあっても、不断の発展継続において考えられなければならず、そのために絶えざる自己否定と超克がなされなければならない。殊にその国の歴史が古ければ古いだけ、その包摂する文化の内容が豊富ならば豊富なだけ、一層そのことが重要でなければならぬ。単なる歴史主義は一種の相対主義以外のものではなく、その最初期待したのとは、かえって反対の帰結に導かれるに至るであろう。一国文化の理念は、ただに歴史的文化のみならず、歴史を通じて不断に創造されるべき新しい精神において在るのである。これが本来の日本精神の意義であったし、また、われわれの建設すべき新しい日本文化の理念でなければならない。

その場合永い歴史の行程において、おのおのの民族の歴史的特殊性をいかにして普遍的人類的なものにかかわらしめるか、所与の現実を通していかにして理性の当為を実現すべきかは、「学問」におけると同様に「政治」においての根本の問題である。そのとき、政治的真理としての「正義」は、あらゆる国民と国家の向いゆくべき理念でなければならない。

（1） *Ep.*, VII. 326 AB.

（2） これらの人々の主要な関係著作は次のごとくである。
Edgar Salin, *Platon und die griechische Utopie*, 1921.
Wilhelm Andreae, *Platons Staatsschriften*, 2 Bde., 1925.
Kurt Hildebrandt, *Platon, Der Kampf des Geistes um die Macht*, 1933.
Kurt Singer, *Platon, Der Gründer*, 1927.
クルト・ジンガー『プラトーン』昭和十一年。
ジンガーの最後の書はわが国において清水武氏の訳をもって初めて出版されたものであって、

ヒルデブラントの書とともに、三十年代に入ってものせられただけに、この派の最も新しいプラトン像と称することができよう。

（3）Singer, *a. a. O.*, S. 65. Hildebrandt, *a. a. O.*, SS. 178–179.

（4）「エロス」のかような政治的社会的性質を高調するのは、なかんずくヒルデブラントである。Hildebrandt, *a. a. O.*, SS. 203, 213.

（5）『ポリテイア』は本来、個人と国家との類比において、その根本の原則の発見が対話の主題である（*Politeia*, 368 e, 369 a）。さらにこれを世界および宇宙に及ぼして宇宙と人間の創意を説く『ティマイオス』においても、政治的国家との関連は把持せられてあり、相互に一つの調和の実現として描かれてある。Salin, *a. a. O.*, S. 9. Hildebrandt, *a. a. O.*, S. 83.

（6）殊に『ポリテイア』全十巻の半ば第五巻の終りにおいて、あたかも全著作の中心問題、国家の全本質を表わすところのこの思想について語られているのを、決して偶然でなく、重要な意義があると見る説については Andreae, *a. a. O.*, S. 54 参照。

（7）Singer, *a. a. O.*, S. 108. ジンガー、前掲書、一四四―一四五頁。

（8）Salin, *a. a. O.*, S. 5. Hildebrandt, *a. a. O.*, S. 12. ジンガー、前掲書、六五頁。

このようなプラトン的ソクラテス像を初めて描出し、その全体的把握を企てたものとして、同じくゲオルゲ派のフリーデマンを挙げることができる。Heinrich Friedemann, *Platon, Seine Gestalt*, 1914.

（9） *Politeia*, 473 d. e.

（10） ジンガー、前掲書、二二五頁。

（11） Hildebrandt, *a. a. O.*, S. 243.

（12） かような解釈からは、プラトンの理想国家をもってキリスト教の「天の国」の地上における実現と考えることに対して、厳しい批難が投げかけられてある。Salin, *a. a. O.*, SS. 9-10.

（13） ザーリンは『ポリテイア』における神政政治に代って『ノモイ』においては「法律」の支配が、すなわち Theokratie に対していまや Nomokratie が立てられると解釈したが、根本においては同じく前者の継続発展と見られることは、それに次ぐ叙述によっても分る。Salin, *a. a. O.*, SS. 369, 371 f.

（14） ジンガー、前掲書、二二五―二二六頁。Hildebrandt, *a. a. O.*, SS. 350, 364.

（15） *Nomoi*, 803 st.

（16） Hildebrandt, *a. a. O.*, S. 240. Singer, *a. a. O.*, S. 68. ジンガー、前掲書、八八―一〇九頁。

（17） Vgl. Karl Reinhardt, *Platons Mythen*, 1927, S. 159.

（18） *ibid.*, S. 26. 著者もゲオルゲ派に属し、諸対話篇を通じて、プラトンの中心を神話に求めて論じている。

（19） Salin, *a. a. O.*, S. 78.

（20） Wilhelm Windelband, *Platon*, S. 160.

(21) Friedrich Nietzsche, *Gesammelte Werke*, III. SS. 153–154.
(22) Kant, *Kritik der reinen Vernunft*, 2. Aufl., S. 370.
(23) Vgl. Eduard Zeller, *Vorträge und Abhandlungen*, SS. 80–82. Windelband, *a. a. O.*, S. 161.
(24) *Nomoi*, 667 st.
(25) Vgl. Singer, *Platon und die europäische Entscheidung*, S. 32.
(26) Kant, *a. a. O.*, S. 373.
(27) Vgl. Zeller, *a. a. O.*, S. 88.

第二章　キリスト教の「神の国」とプラトンの理想国家

一　プラトン理想国家の問題史的意義

西洋文化の始源として、また永く人類の所有として、光輝あるギリシャの文化は、紀元前五世紀の前半、すでにひとたび、その頂点に達したごとくである。その華やかであった文化の隆盛をもたらしたのは、アテナイあるいはスパルタなどのもろもろの「都市国家」(polis)生活であった。由来、ギリシャの国家における為政者や立法者の任務は、単なる存続と秩序の維持ではなくして、絶えざる創造であり、美がより高い美を創り得る能力を保って、生命の内奥の竈が共同社会においても常に燃えさかっていることを欲したことにある。(1) それは国家生活をすべての善いもの・美しいものを包括する生の共同体として認識しようとするのであり、まさに文化と政治的国家生活との本質的な統一の思想である。かくのごときはいずれの古代民族にも見られるところであるが、ギリシャ人の特質は他のいずれにも優ってこれを国民の自覚的な創造の業《わざ》に高めたことにある。国家は、かようなものとしてそれ自身独立した人格——各人がその成員としておのおのの存在と意義とを負うところの全体となり、人びとはそのすべてをこの都市国家に捧げることを要求され、また、それは彼ら自らの好んでなしたところであった。「アテナイ人はアテナイのためにつくられたのであって、アテナイがアテナイ人のためにつくられてあるのではない(2)」というペリクレスの言葉は、ギリシャの盛時における国民の信仰であったのである。

しかるに、かように盛んな国民精神文化と国家生活にも、早くも崩壊の運命が待っていた。それは紀元前五世紀の後半、ギリシャがいわゆる「啓蒙」の時代に入ってからである。人間が自己自身に目ざめ、自己の外なる一切の事象に対し、したがって在来の歴史的文化一般に対する懐疑あるいは否定がその精神である。伝統的な国家生活と従来の全体的な国民生活への反省と革命とが、その結果として招来されたことは、必然の現象といわなければならない。否、逆にいえば、かようなギリシャ人の歴史的文化ならびに国家共同体に対する懐疑または否定の精神は、すでに当時ギリシャ固有の国民的国家生活そのものの分裂と実際民衆政治の頽廃との結果であるとも言える。ソフィストたちが出て、この新しい時代の知識となり、そうした社会の現実相に対してかえって理論的根拠を与え、これが頽廃を促進したのはこの時であった。

その結果は、また昔日のごとき愛国の情熱と文化の意識は消え失せて、人びとをしてただおのがじし利益と幸福の獲得に向って追いやったのみであった。いまや「人間が万物の尺度」となり、主観的相対的な精神と功利的ないし唯物的な人生観が世を支配するに至ったことは、決して偶然でない。宗教は道徳と同じく、国家生活のための利用の動機から為政者によって作られたものと考えられ、政治生活においてもおよそ普遍的なものは存せず、ただ妥当するものは各個人の主観的恣意とせいぜいその相互のあいだの妥協のみとせられた。国家に正義の観念なく、もしあるとすれば、それは弱者のあいだに作られたものにすぎず、真の正義はむしろ強者の本源的な自然の権利において宿ると主張せられた。かような一切の歴史的文化の破壊と全体的な国民共同体の意義の否認は、実際政治の腐敗と相まって、ギリシャの国民精神文化と国家生活にとって、いまや一大危機となって臨んだ。

かような時代精神の混乱と国家の危機のただ中にあって、真の知見と洞察に基づき、人生と世界の全体を統一する新しい文化理念をうち立てるとともに、政治の根本改革を意図して、国家生活に精神的客観的基礎を与えることによって、ギリシャをその盛時に復し、人類に不変の理想を提示しようとしたのが、プラトン不朽の労作『国家論』(*Politeia*)である。(3)

ベンディス祭の帰途、ソクラテスが友人の家に招かれ、さながら時代の精神を表象するさまざまの人びととの多彩な会合において試みた対話の形式をもって展開されてゆく芸術味豊かなこの書において、プラトンが描き出そうとしたのは「正義」(dikaiosynē)とは何であるかの問題から、進んで理想国家または完全国家組織の論究である。(4) そこに考察された国家組織について、個々の制度自体にいまわれわれの問題があるのではなく、それらを貫く精神においていわゆる「理想国家」の原理を読もうとするのである。その個々の制度――かの哲学者・戦士および一般庶民から成る身分的階級国家の組織といい、あるいは財産のみならず婦人や子供の共有のごとき、いちじるしく極端に見える制度さえもの考案が、いちいち深い道徳的精神の内面から流れ出ていないものはない。外的な権勢や利害の闘争場裡である政治生活、中でも当時腐敗の絶頂に達していたギリシャの国家生活を変えて、政治的国家を高い道徳的秩序にまで昂《たか》めることが、この優れた哲学者の深い意図であったのである。それ故に、真に社会共同体の結合の紐帯《ちゅうたい》である正義の精神を啓発するために、何よりも真理と正善とに到る道を教える教育がこの国家の最大任務とせられ、否、国家それ自体が一つの「教育国家」とせられたのは、われわれの了解するに難《かた》くはない。かようにして、国家の全機構が、否、国家自体がまったく新たな精神によって築かれ、道徳がその地盤となるときに、社会は全体としての秩序と調和を見出し、人類は知見と善美の所有を回復するであろうとは、『国家論』全十篇を通ずる思想の基調である。そこには偉大な思想家の抜くべからざる確信と予言者的改革者の燃えるような情熱がある。

試みにわれわれは第七篇の初めの部分を繙《ひもと》いて見よう。それは有名な「洞窟の比喩」である。ただわずかに一方のみ光に向って入口が開かれてある地下の一洞窟に、人びとが幼少の時から足と首とを繋がれて、奥の壁に向って暗黒の中に坐っている。その背後の遥か後方に火が燃えており、そして火とこれらの囚人とのあいだには一筋の道が小高く築かれてある。その上をさまざまの形体の物を携えて、人びとがあるいは語りあるいは黙って通り過ぎる。囚人らは自分たちの前面の壁に映るこれらの人や物の影を見て真の事物と考え、壁に反響する声もこの通りすがりの陰影から聞えるものと信ずるであろう。(5)……興味多い教説がこれに続いてなされるのである。

さて、この比喩においてプラトンが含意せしめたものは何であるか。洞窟はすべてが暗黒と混乱との現実の国土であり、上方は光明と叡智との理想の世界である。人はみなこの現実の国に囚われて、名誉や利益の感覚的欲望に惑わされ、真正の徳や正義について知らない。彼らの知っているのは、ただ単なる俗識と臆見とである。しかるに、何人かがこの幽囚と迷妄から自由にせられて、叡智の世界に昇ってゆくときに、はじめてそこに正義と徳の源泉を見出し得るであろうというのが、その寓意の旨趣である。それがすなわちプラトンの教育の理想的境地であり、ここに参じ得た者のみが真の智慧ある人びとである。かような思想には明らかに、プラトンが現実の国土とそこに行われる人間の一切の所業とに対する嫌悪と、それからの解脱の要求が見える。それは確かに真摯な思想家の誰でもが持つ出世間的・超絶的な希求である。しかし、彼はこれらの真の智慧ある人びとをして、超絶世界に永く留まることを許さなかった。悩める人類に対する彼の愛執は、これらの人びとを再び現実の国土に呼び戻さずには措かなかった。光明の世界において真の知見を体得した者は、洞窟のごとき暗黒の世界に住んでいる同胞のあいだにふたたび降りて来て、正義のために戦い、さらに民衆を自己と同じ超絶界の高い理想にまで連れゆく使命を持っている。(6) 彼は哲学者にして、同時に政治家でなければならない。これは人も知るプラトンにおける「哲人政治」の理想であって、叡智の世界における最高の支配者は、同時に政治的国家の統治者でなければならぬことが要請されてある。

けだし、全篇の最頂点《クライマックス》であって、その背後には深遠な形而上学的構想が姿を顕わす。物の変転極まりない見える現象の世界に対し、超感覚的な見えざる叡智の世界こそは、プラトンにおいて異彩を放っている「イデア」(Idea)の世界であって、これが物の本体、真の実在の世界である。それは、一切の存在と知識の原因としての真理の国であるとともに、また、すべての美と善との根元としての価値の世界である。このイデア界においては、現象界におけるもろもろの事物に照応して、もろもろのイデアが低いものから高いものに至る全体としての秩序ある体系を成して配されてある。そうして、その最高統括の位置にあるのが「善のイデア」であり、これがさながら壮麗なピラミッドにも似たイデアの世界の段階的全構造の冠冕《かんべん》を飾る。『国家論』において、それは一切の生産と成長の原因である太陽そのものに似せて美しく描かれてある。(7) この善のイデアを中心として全宇宙が一つの目的ある体系として思惟され、ここにおよそありとしあるものの生命と人間理性の源泉が見出される。あたかもこの故に、前に述べた徳と正義とについての真の知見はひとえにかかって善のイデアのそれに存し、人生と社会はこれが実現の努力において意義を有し来たるのである。プラトン理想国家論の真義は実にこうしたイデアの世界を現出せしめようとすることにある。善のイデアの実現は、個人においてよりは全体としての完全な国家組織において可能であるというのが、彼の思想の核心である。国家はそれ自体超個人的な「全体的精神」[8]、少なくとも個人と並んで考えられる客観的共同体、正義はその価値原理として立てられてある。それは何よりも倫理的共同体としての「正義の国」の要請である。

それのみではない。彼が地上の政治的国家を道徳的秩序の高きにまで高めようとする改革的精神には、明らかに宗教的信念が脈うつ。何人も彼の哲学の根底にまつわっている宗教的契機を看過し得ないであろう。見える感覚の世界と見えざるイデアの世界との対立、この二つの世界の媒介の役割を演ずるものが霊魂である。霊魂は、本来イデアの世界に属し、イデアを直観するものであるが、それが感覚的存在の知覚を機縁として、かのイデアを想い回らすことによって知識が得られるとする、プラトン固有の「想起説」が成り立つ。それは単に概念的な知識の問題でなく、深い宗教的心情の告白である。

彼の他の対話篇『シンポシオン』(*Symposion*)において、霊魂の問題がいかに深い宗教的印象をもって描かれてあるか。地上の感覚世界とイデアの純粋世界とのあいだにあって魂の彷徨――それは永遠なる者を思慕して彼岸の国への巡礼である。その二元の世界の彷徨における魂の悩み、しかし同時に、それを通してついに唯一完全な形相《けいそう》における全知者に見《まみ》える悦び――それはプラトンにあって最も感銘深く叙せられてある「愛《エロス》」の教説である。そして、この「エロス」こそ、やがて同胞のあいだの愛の結合の精神として、政治的社会の建設に立ち向う契機であり、かの哲人をしてひとり善美のイデアの世界の観照にとどまらずして、降って現実世界の民衆をイデアの高きに引揚げようとして闘わしめるのも、こうしたエロスの衝動によるのである。いま一つの他の対話篇『ファイドン』(*Phaidon*)を読む者は、さらに一層高い宗教的雰囲気に包まれ、純粋に永遠の光の中に照し出されるのを感ずるであろう。そこにはソクラテスがいかに毅然として正義を守り、霊魂の不滅と死後の義《ただ》しき審判について語っているか、その厳粛ではあるが慈愛に漲る光景の中に、いかに殉教者の最期が閉じられるかを、人は襟を正さずしては読み得ないであろう。まことに、それは静かに永遠を観照する魂の世界を描いたものにほかならず、そこにおいてこそ彼の理想国家が基礎づけらるべき究極の精神の世界が築かれてあると言わなければならぬ。何が正義かと問う『国家論』も、実にそうした永遠と彼岸の問題をもって始まり、またそれをもって終るのである。[9] 形而上学的なイデアの世界は、実に義に飢え渇いた魂の思慕する真の故郷としての「神の国」であり、イデア界における最高の王座「善」のイデアは、またまさに「聖」のイデアであったのである。

かようにして、プラトンの理想国家はイデアの世界を通じて、一つの高遠な倫理的共同体、同時に神聖な宗教的共同体を指し示す。これによって国家は、神的普遍と人間個人との中間にあって、人間と社会との救済の使命を全うしようとするのである。そうして、国家がこの任務を全うし、イデアの実現を成し遂げるときに、それ自ら地上の神の国でなければならぬ。[10] かような構想は元来一面においては、前に叙述したギリシャ伝統の国民国家観の形而上学的構成であり、国家を生の全体的な共同体、本源的な統一体とする思想であって、けだし、古代国家哲学の古典的原型と言うことができる。彼はこれによって、当時ギリシャ国民文化と都市的国家生活との衰滅のときに当って、国民にふたたび建国の理想を示し、新たな文化創造のために呼びかけたのであった。しかし、注意すべきは、もはや単なる伝統的国家観への復帰でもなければ、その形而上学的基礎づけでもない。他面、はるかにギリシャ国民国家を超出し、次いで来たる新しい時代の理念――キリスト教の「神の国」を予示するものがある。それはあたかも、彼の哲学が人間と世界との全体の像を形づくる精神として、人間の全的転回と世界の創造を企図し、広大なる精神の王国の建設に向ったことの帰結であった。

この意味において『国家論』の価値は、ただに滅びゆく古代国家の衰運の挽回の目的にあったのではなく、実に人類久遠の救済と世界の新創造との業の上にあると考えられる。正義と愛の精神によって結ばれる天的な宗教的共同体こそ、権力と名誉とのあらゆる地的の力によって築かれる国家の鞏固《きょうこ》にも優って、真に永久平和の国でなければならない。彼はソクラテスをして語らしめる、「天上にはおそらく、これを見ようと欲する者、また見たところに従って自分を作り上げようと欲する者にとって、典型が保存されてある……」[11]と。すなわち知る、彼はいずこの地においてもその構想した理想国家の実現を期待したのでなく、かえって、天の彼方に完全国家の実現を指示したものと解することができる。

キリストの降誕紀元前四百年、来たるべき「神の国」とその「正義」を予示したものはプラトンであったと言えよう。人類歴史を人間精神の必然的発展の過程として見ようとする問題史的考察において、彼にはまさにキリストに先だつ予言者ヨハネの位置が許さるべきである。われわれは、ただにギリシャ的なものとして、彼とその労作が持つ真の価値と意義とを没却してはならない。その根本においてイデアと個物との二元的な世界観、個物を超えて無限の課題としてのイデアの認識への努力のごときは、無限と永遠とを却《しりぞ》けて、一切を本来の完全な調和と統体において把握することをもってその本質とするギリシャ本来の精神とは矛盾するものがある。イデアの映像として、人類永遠の理想の世界を描いた彼の国家論がまさにそれを物語る。後に再び論及するがごとく、中世キリスト教がその神学を構成するに当って、プラトン哲学を迎え入れたことは、極めて理由あることと言わなければならない。古代哲学において真に唯一の神の座を有するものとして称揚せられたのはプラトン哲学であった[12]。それほど、プラトンとキリスト教世界観とは内面的密接の関係を有するものとして考えられる。だが、それにもかかわらず、両者の人生と世界に対する態度には本質的の相違があり、キリスト教の神の国とプラトンの理想国家とは根本において区別されるべきものがある。われわれは原始キリスト教について、そのことを究めなければならぬ。

二　キリスト教出現の意味と神の国の根本特質

さて、国民生活の危機に直面して、国民をしてふたたびギリシャ建国の精神に立ち還らしめるとともに、あまねく人類永遠の救済と高い理想の提示のためにとて書かれた、プラトン国家論の運命はいかにあったか。プラトンと彼を嗣《つ》いだアリストテレスの偉大な天才の哲学をもってしても、崩壊してゆくギリシャ国家生活と国民思想を挽回することは不可能であった。それはある意味において没しゆく夕陽の最後の輝きにも似たものであった。これら天才の出現による最後の光輝とともに、ギリシャの文化と国民生活は、永久に暗黒のうちに閉ざされて行った。一旦ソフィストたちによって喚び起された相対主義的主観主義の精神は、実際政治社会の紛糾と頽廃と相まってますます瀰漫《びまん》し、国民の都市的国家生活は根底から瓦解するに至った(13)。

時代はここに一転したのである。政治的には、いまや都市国家の時代は過ぎ去り、新たに「世界主義」の日が到来しつつあった。これはいわゆる「ヘレニズム」の時代であって、ギリシャ諸邦の滅亡とともにギリシャ人は諸方に散在して、かえって、ギリシャ文化弘布の動力として立ち働くに至った。人びとはかつてはその存在のすべてをささげて惜しまなかった都市国家共同生活から解放されるとともに、一般に政治的国家生活に対する理想と情熱とを失った。プラトンが論じたところの、善のイデアが支配する正義国家の理念のごときは、もはや彼らの生活の標的ではなくなった。人はただ、変動する世界に処し、いかにしてよく自己を守り、自己の個性を生くべきかのために闘ったのである。

このことは広大なローマ帝国の治下においても相違はなかった。ローマ帝国は実にその本質において、強大な一個の強制的権力機構以外のものではなかった。その普遍的統一の秩序にもかかわらず、社会の根本原理は個人であり、人間は原子的個として存し、その上にはヘーゲルがいみじくも言ったように、同じく「原子の原子」(monas monadum)として権力を振う巨大な一人の専制的圧迫の下に立ったのである。(14) いわゆる「ローマの平和」と称せられるものも、その実質において、苛酷な専制政治の統一状態以外のものではなく、その内部にはもろもろの対立と闘争の契機を包蔵するのであった。その盛んな商業の発達も、少数一部階級の奢侈《しゃし》と一般民衆の圧迫を語るものにほかならなかった。人はこうした圧迫と闘争から免れようとし、その意識せると否とを問わず、かような不幸な状態を打ち超えて、真に内的な自由を求めて喘いだのである。

それ故に、ギリシャの末期からローマに至るこの時代の哲学が、もはや宇宙論的客観の世界から分離して、ただ移りゆく世界に処して自己を守り、いかにして愉しく朗らかに生くべきか、あるいは外物の拘束を受けることなく、むしろ進んでいかにして自己の理性の力を貫くべきかを教えるエピクロスやストア学派の人生哲学へとまず推移したことは、決して偶然ではない。しかし、それらの理想とした個性の自由は、人間の知的識見によって到達しようとする「賢者」の道であって、畢竟《ひっきょう》、少数知者の徳の教にほかならず、かつ、その少数知者にとっても、彼らが自らの態度に真に忠実であればあるほど、その境涯に到達することは不可能なことを認識し、人間自身の無力を痛感せざるを得なかったはずである。

ここにこれに次いで、いまやこの実在の世界の外に超越的な神的実在を考え、人はこれと融合一致することによって、以上のごとき自己矛盾から脱《の》がれ、そこに人間の解脱または救済を求めようとする新ピタゴラスあるいは新プラトン学派の宗教哲学へと展開するに至ったことも、また必然の過程と言わなければならぬ。しかし、かくのごときも、畢竟、自らの思惟の力によって神的実在を考え、それとの合一ないし同一化を企てる

「神秘主義」にほかならず、なお根本において一つの知的認識であり、所詮はそれに与《あずか》り得る少数者の精神的貴族主義以外のものではない。しかも、その帰結するところは、この世界と一切の世界的存在の否定——「無」ということであり、進んで積極的に真の実在の何であるかを啓示せず、したがって、人間の本質的改造の新たな生命を供するものではなかった。

キリスト教が出現したのは、まさにこうした人類の精神的彷徨と葛藤との過程の中からであり、殊《こと》に時代の倫理的・宗教的転向の努力の闘いに最後の終結を与え、これらの諸哲学が一般人心の渇求を充たし得なかったときにあまねく人類救済の福音として宣布されたことは、精神史の発展として見ても、極めて意義深いと考えられるのである(15)。

ここにキリスト教によって宣布されたものは「神の国」であり、われわれはこれによって古代文化においてまったく新しい世界の開かれるのを見るのである。元来、ギリシャ人が世界を全体として美しく完結した「コスモス」として、一つの大なる調和の相においで眺め、人間をも美しい自然の秩序と同じ調和の法則のもとに置き、そのうちにあって人間理性の力により、できるだけ善美にして幸福な生活を享受しようと考えたのとは、いまや根本において異なるものがある。人間は、そうした調和または理性的本質においてでなく、むしろ霊肉の不調和・分裂、根本において罪悪の状態にあることから出発する。人間とともに宇宙もまた、プラトンが彼の『ティマイオス』(*Timaios*)において美しく描いた世界の創造とその神的支配の秩序とは異なり、その根元において充たされない空虚と欠陥の状態に置かれたものとして考えられる[16]。したがって、人間と世界の救済は、本質的にはこの世界と人間のうちにはなく、それらを超える全然新たな力、絶対的実在者たる神から来なければならぬ。しかも、それは現実の世界を超えて、単に本体または高い精神の世界を思惟することにより、そこに神の実在を仮定し、そうしてこの宇宙の本体または神的本質と融合あるいは合致することにおいて解脱を説くがごとき、形而上学的ないし神秘主義的宗教とは根本的に異なるものがある。前に挙げたギリシャ末期の宗教哲学は、東方の密儀教などと同じく自我が自らの精神力によって、そうした本然の世界に帰一しようと企てるものにほかならなかったのである。

　プラトンにも超絶的方面があり、かのイデア論において彼岸の世界をさし示し、道徳的善のみならず、宗教的聖の理念をも髣髴《ほうふつ》せしめるものがあることは、われわれの見たごとくであるが、なおそれは「理性《ヌース》」の知的活動であり、ただそれを和げるのに美的・芸術的直観が結合されているにすぎない。それ故に、プラトンにあって宇宙普遍と人間個人とを媒介するものは、その中間における善美の国、具体的にはその国家を支配する哲人——最高の善美のイデアを認識した偉大な国王であった。これに反してキリスト教において人間と世界との救済は、いかに偉大な哲人・聖王であってもこれに期待することができず、およそ人間智を絶したひとり絶対的な神自身の業でなければならない。しかも神自身この救いの大業において決して自ら超然としているのではない。それはまさに神の側において大なる犠牲なくしてはなし得なかったところである。すなわち、神は自らその人格的生命のすべてを提げて、この救いのための闘いの中に入り込み、神のこの絶大な犠牲を通して、初めて人間と世界との和解が成り立つのである[17]。これが神によって遣わされた神の子イエス・キリストの人格とその十字架の意義であって、神と人間とのあいだの媒介者はまさにイエス・キリストであり、彼の死と復活とによって罪の贖いと「第二の人」の創造が約束されてある[18]。

実にキリスト教においてはこのイエスの人格が核心であって、その教義や形式には古代社会の多くの哲学あるいは密儀の要素が結合されてあるとしても、イエスのそうした人格において生きている神的生命の現事実は常に新しいものと言わなければならない。そうして、それはもはや認識(Erkenntnis)の問題でなくして、純粋に信仰(Bekenntnis)の問題である。

それは、何よりも人間の内面生活を基礎とし、至善なる者・聖なる者の前にあまりにも醜い自己の心情、その自覚から生ずる魂の無限の悩みと闘いとに出発する。この点においてキリスト教は、前に掲げたヘレニズム時代の哲学の傾向が、宇宙論的普遍世界から離れて、人間の福祉または解脱を問題として発展したのと同じ方向にあり、否、それをさらに徹底して、究極にまで突きつめたものと言うことができよう。しかし、キリスト教において罪悪の根元は、人間の神自身に対する反抗、言いかえれば結局、人間が人間的自我をおし立てて神的実在に迫ろうとするところにある。したがって、かかる神との離反、すなわち人間罪悪の克服あるいは救済は、いかなる道徳主義または神秘主義とも区別して、ただ神の側からの絶対の恩恵——すなわち神の子イエスを通して顕示された神の無限の愛によってである。

それ故に、プラトンにも見られるような、仮相の世界からイデアの世界へ上昇するがごとき形而上学的解脱ではなく、もはや一切のディアレクティックな知識を排して、絶対者に対する人間の回心と信従との問題である。人間が自然に具有する、否、精神的努力をもって自ら獲得する、いかなる徳と能力も問題でなく、むしろそれら一切の人間的な価値を抛棄して、神の前にする自己没却により、かえって自らは思い設けないときに加えられる新たな価値である。それは、決して道徳的な人格価値ではなくして、ひとえに人間の上にそそがれる神の恩恵の光の反射といわなければならぬ。この意味において、自己没却は永遠の自己消滅――無に終らずして、新たに真の生命によっていのちづけられるのである。今まで自ら賢しとした者がかえって賢からず、力ありとせられた者が真に力あらず、かえって罪ある者が罪なしとせられ、価値なき者が新たに価値ありとせられる世界である。それこそ事物評価の転倒、真に「価値の転倒」であり、悩める者・虐げられる者にとって真の「福音」であり、あたかも当時、ギリシャ・ローマ文化の潮流に打ちひしがれ、抑圧されていた一般民衆にとっていかに大なる「革命」であったかは、われわれの容易に首肯し得るところである。

ここにキリスト教による以上のような人間本質の転回は、まったく新しい人格観念を産み出すものであった。すなわち、もはやギリシャにおいてのように人間自身の精神的力とその人格的価値をすら問題としないことは、かえってあらゆる人間個人に神にあっての新たな人格的生命を供し、自由な個性を与えることであった。それは生々の生命をもって充たされる人格の甦生を意味し、かのストアの汎神論的世界観において帰結されたごとき、かえって世界の客観的法則のうちへの人間個性の解消に至るものではない。また、エピクロスのごとき快楽主義の倫理でなく、否、一般にギリシャ主義におけるごとき人間中心の幸福でなく、およそ人間の罪からの解放と、それに伴う祝福として、人間幸福の欲求が本質的に転化せられ、いかなる批判主義の攻撃の矢も遠く及ばない高い世界にかけられてある。かようにして、いかなる人間も神の無限の祝福を賦与されることによって、新しい存在の意義と価値とを担うに至り、ここにギリシャにおける「人間主義《ヒューマニズム》」の理想が、全然新たな生命と内容をもって充たされるに至るのを知るのである。

以上のごとく、個人人格についてギリシャにおいてとは本質的に異なる内面的転回を成し遂げたキリスト教は、社会共同体関係についても古代国家とは異なるまったく新しい理想を提示するものであった。「神の国」の観念は本来それにほかならず、個人の内面を生かす同じ神的生命が、いまや共同社会をも充たさなければならぬ。イエスの説いた神の国は、もはや、古代ローマのごとく、権力と権利のための結合や、または戦争と経済のための組織の理念ではない。あるいはせいぜい学問と芸術の創造力を維持し、これを促進するギリシャ的文化国家の理想でもない。ただ神の栄光を中心とし、キリストの霊によって充たされる純粋に精神の国である。否、神において結合する者の、いまだ見知らぬ者・敵対する者にまでの「愛の共同体」である。しかり、神を中心としてついにすべての民族・全人類にまで及び得る絶対の「普遍主義」の理想である。[19] かようなものとして、それは「ここに見よ、かしこに見よ」と言って顕われるものではない。[20] それは、世界の進展と人類歴史との終局において完成される「天の国土」であり、最後の審判を通して世界の更新と人類歴史の転回とともに実現される神の秩序である。これはその日に神の意志が地上に実現して最高の善と正義が行われるとする終末観的世界観である。だが、そのことは「神の国」がただに抽象的な理念として、永遠の当為にとどまることをのみ意味するのではなく、現実に此岸においてすでに開始されることを否定するものではない。地上にあって神の力を信じ、神の愛において生きる人びとのあいだに神の国はすでにあるのであり、[21] また、いかなる空間の隔たりにもかかわらず実存するところのものである。それがいわゆる政治的な国家または社会的な組織とは差しあたりかかわりのないことを、まず明らかにしなければならない。

由来、かような「神の国」の原形態は、古代東方のイスラエルにおいてあった。イスラエル人は明白に宇宙と人間とを創造した唯一の神の実在と人格性の意識の上に立つ。そうして、この神エホバの意志によって、彼ら一切の存在と営為、その国民の全歴史が導かれることを信ずる。かようにして、彼らが現在受ける抑圧と困窮との状態にもかかわらず、やがては栄光ある神の支配と秩序が彼らのあいだに実現されることを期待するのである。これはヘブライ主義の特色であって、この点においてもともと人間的・主観的なギリシャ主義とは世界観を異にし、ユダヤとギリシャとは古代世界においてまさに相対立する二つの異なる民族であった。[22] すなわち、ギリシャ人が人間の創造的業として偉大な「文化の国」を建設しようとしたのに対して、これは神自身の手によって、未来の理想社会「神の国」の実現を待望するのであった。かのギリシャ人の文化主義に対して、これは純粋に宗教的倫理的動機に基づくものであった。前者のいちじるしくロゴス的な性格に対して、後者のエトス的な性格を言うことができる。

しかし、イスラエルにおいてかくも熱心な宗教的意識は、同時に民族的な政治的意志と深く内的に結合されてあった。彼らにとっては、世界を創造し万有を支配する神の意志は、必ずやまた常に人類を支配し、国民の政治生活を指導する者でなければならない。旧約聖書におけるイスラエルの偉大な諸王の治績ともろもろの予言者の言葉がこれを証示する。そこには祭司の階級があり、国王はそれを通して神に立てられた者として国民の上に臨むのである。これはイスラエルに特有な「神政政治」の思想にほかならぬ。彼らはこれによって、自ら神の国の民として、神の不変の支配を地上に樹立することを希うのである。ここに「選民」の思想が胚胎する。すなわち、彼らは異邦人と区別して、特に人類の中に神によって選び分たれた国民であって、彼らのみが唯一の神を認識し、また、彼らのみがこの唯一の神に識られ、ついにはこの民族を中心として、来たるべき日において地上に神の王国の建設を想望するのである。自らの歴史の興亡の彼方に、なおよく全能の神が来たるべきメシアの顕現によって世界支配の実現にまで導くとの理想が、ここから生じたのである。彼らが待望した救世主は、実にそうした偉大な国王、地上の君主としてであった。彼はダビデの裔として生れ、あらゆる威厳と権力とを具えたところの、神から遣わされた超人間として顕われ、イスラエルを異邦人の手から救い出して、ダビデの盛時に復すものとして、国民のあいだに長く待望されて来たのである。ここに人類の悲劇の原因があり、イエスが自ら神の子としての自覚に立ち、しかも病める者・罪ある者の友として来たときに、国民は彼について躓き、ついに彼を十字架に釘づけたのであった。

イエスの説いた「神の国」は、一面、かようなイスラエルの観念——終局において顕現する神の支配者としての理想社会の要素を包有していることは否み得ず、彼はこれをユダヤ国民の伝承から摂り入れたのであった。しかし、他面、彼において新しいのは、かようなイスラエルの観念から一切の政治的国民的要素を超克して、これを純粋に宗教的内面の要求にまで高めたことである[23]。そこでは人間と社会のあらゆる罪悪が除かれ、神の栄光と義の顕われる国であり、心の貧しい者や飢え渇くごとく義を慕う者の受け嗣ぐべき国として宣べられてある。けだし、イエスの使命はひとえに宗教の内面的「単純化」にあり、宗教の真の本質をただ神との内的なる結合の直接的経験から創り出そうとするためである。それは古いイスラエルのメシア思想の純化であり、ここに「旧約」の神の国から「新約」のそれへの展開が認められ、もはや血縁と地縁とによってつながる社会的関係でなくして、純粋に神の霊の紐帯によって結ばれる愛の共同体である[24]。

それ故に、この新約の「神の国」の原理は、ロゴス的な正義においてよりも、むしろ非合理的な「愛」においてあることを知らなければならぬ。ヘブライにも愛が説かれないわけではないが、後に再び述べるように、むしろ前面に表出されるのは「義」であり、彼らの神はより多く世界の創造者、国民の立法者、歴史の嚮導者としてであった。しかるに、いまやキリストの十字架の救において神の愛が顕示せられ、ここに神の義は愛と結合されることによって、キリスト教の新たな意義が加えられるのである。もはやいかなる意味においてもギリシャにおけるごとき人間的な理性と価値とが結合の紐帯ではなくして、神の愛によって結ばれる、絶対的な新しい社会共同体の理想である。それは何らかの組織として構想されなかったと同時に、また理論として説かれたのではなかった。少なくともイエスによって宣示され、純粋の福音として原始キリスト教のあいだに保持された原型はそうである。人間のいかなる智慧もこれを解くことができず、ただわずかに「比喩」をもって語られているにすぎないが、(25) 人びとはかえってそこに、いかなる理論、いかなる体系によっても表出し得ない、生きた真理の象徴を認め得るであろう。

ここにイエスの説いた「神の国」が、プラトンの理想国家と区別されなければならぬ根本の理由が了解される。プラトンにおいても「愛」がないわけでなく、否、それが「エロス」(erōs)の概念において極めて重要な役割と意義を有したことは、前に述べたごとくである。しかし、エロスは、結局、生ける美と善なる生活に向う精神の力である。かようなものとして、それは善きもの・美しきもの・真なるものを求めて、あらゆる悩みと闘いを通して、ついにイデアの世界へ上昇し、そこに真善美を享受する発条であった。それは要するに、人間の自己実現・自己完成のために客観的対象に立ち向う精神である。ここでは、自我でない他者は、すべて主体である自我の単なる客体として把握されるにすぎない。[26] そのことは、たとい聖なる神に対してであっても相違はない。それ故に、この愛による社会共同体の関係も、根底においては善・美のイデアを共同にする人間的文化的関係にほかならない。それは同時にロゴス的であり、また政治的社会的結合の精神として、その原理の上に「正義」国家がうち建てられることを要求したのであった。けだし、エロスはイデアに対する人間の生の情熱として、この情熱が駆り立てて正義を追求せしめたのであった。ともにヒューマニズムの契機であり、正常な人間と社会の状態こそが正義にほかならぬ。対話篇『ポリテイア』や『ファイドン』における正義は、いかに高く、また厳粛に描かれてあっても、この原理のほかに出るものではない。

キリスト教の母胎であるユダヤ主義における「義」は、さすがにかようなギリシャ的な義の観念とは異なり、最初からただ絶対者である神との関係に核心が置かれてあった。これは文化的なギリシャ主義と本来宗教的なヘブライ主義との根本の相違でなければならぬ。しかし、このユダヤにおける義が本来絶対的な神との関係を離れて、抽象的な

「律法主義」(Nomismus)に堕するときに、単なる合法則性の概念となり、人はただ律法に合致して行うということによって、自ら神性を主張し、結局、これが一種の自己規定・自己実現の契機となり、本来神と人との関係がついに人間的正義の関係にうち換えられるに至ったことは、イエス出現直前のユダヤの実情であったのである。すなわち、当時いわゆる「学者」「パリサイ」の徒は、ひとり宗教的祭儀のみならず、広く人間社会生活の規範についても、聖書から律法を抽き出し、それを遵守することによって、自ら「義人」となし、正義の生活を実現するものと考えたのである。かようにして、ユダヤにおいては宗教は直ちに国民的政治生活と結びついて、神の国は直ちに政治的社会概念となりおおせたのであった。

新たにキリスト教における「愛」(agapē)の本質は、キリストの死と復活とにおいて顕われた神の愛であって、この愛を信じて絶対者である神の前に無条件的に自己をささげることである。それは律法による合法則的な行為の概念から、純粋な信仰の心情の動機への転回である。これは「律法による義」に対する「信仰による義」であって、ここに神の義は愛と深く内面的に結合されてあるのである。[27] すなわち、絶対的他者としての神の実在に出発し、この絶対的実在者に対する自己放棄が中心であって、一切の自己実現・自己規定とは根本において相容れぬものがある。人間的文化的な関係でなくして、ひとえに神的な、純粋に宗教的な関係である。故に、アガペーはそれ自身、理性的＝道徳的原理でもなければ、政治的＝社会的原理でもなくして、神に対する人間個人の信仰の関係であり、それによって神を中心として結ばれた愛の共同体の関係が神の国である。

その結果、両者の差別は、プラトンの国家がついに善美のイデアを観照した一人または少数の聖王または哲人階級の支配であったのに対して、キリスト教はいかなる階級に属するを問わず、すべての人びとが罪の赦しによって与る、あまねく人間の普遍的救済である。前者の精神的貴族主義に対して、後者は福音的平民主義と称することができよう。

ギリシャ国民国家の復興のためとともに、あまねく人類の救済のために構想された理想国家が、畢竟《ひっきょう》、一種の精神的貴族主義たる所以《ゆえん》は、哲学者である政治家が全構造の頂点に立って宇宙と一般人間との間の媒介の任に当り、人間のうちこの一者のみがイデアの世界に参じ、その秘義について知っていると主張するからである。ここにプラトン自身の神秘主義が存し、エクスターゼ(ekstase)は彼の哲学の最後の隠れ場である。この哲人的支配者のみが神と静かに交わり、善と聖なる理念について認識し、そのことによって国民から判然と自らを区別する。その他の人びとは多衆凡俗の人民として、ただこの神的支配者を畏敬し、その命ずるところに服従することを要求せられる。人びとは自らが知り、自らが体験することでなくして、支配者の権威の定めた信条を遵守すれば足りるのである。これがプラトンにおける「神政政治」(Theocratia)の思想であって、さきに見たイスラエルに固有な神政政治のほかに、われわれはここに一般に古代世界に共通な政治形態の形而上学化、その最も深化された理念を見るのである。そこでは政治的社会の価値が前面に現われ、宗教も国家のうちに包摂され、科学も芸術も一切が国家生活の裡《うち》に吸収され、厳格な全体的統制のもとに置かれる。(28) この点においてプラトンの国家は、なお一般に古代国民国家観と共通するものをそなえ、国家の原始的映像として多分に神話的性格を有するものであった。このことは他の著作『ノモイ』(法律国家論)においてさらに具体的に確立せられた点であって、この法律国家論の基礎をなすものは、もはやイデア論ではなくして、国民の既成宗教とその神学がこれに代るのである。(29)

これに反し、キリスト教においては、神と人間とのあいだには神の子キリスト自身のほかには、いかなる哲人・聖王の名においてなりとも、何らの媒介者をも必要とせず、またそれは許されない。すべての人間が信仰によって絶対的な神を中心として結合する愛の共同体が神の国である。それはいわゆる政治的な支配ではなくして、純粋に宗教的内面的のことである。それ故に、プラトンにおけるごとき、たとい精神的理由に基づくとはいえ、いかなる「階統制」(Hierarchie)の秩序でもなく、また、いかに高い倫理的意味においてであっても「共有制」(Kommunismus)の問題もなく、一般に社会組織と政治的支配としてではないのである。かくのごときは、プラトンの国家が仮相の世界からイデアの世界への上昇としての形而上学的原理に依拠しているのに対して、イエスの神の国は純粋に福音の「信仰」に根拠しているからである。前者の愛《エロス》は同時にロゴスであったのに対して、後者の愛《アガペー》はひとえに信仰と結合する。プラトンのイデア論による一元的形而上学の構造にもかかわらず、なおかつ、二元的分離は覆うことができず、彼のエロスの教説によってもついに克服し得ないものがあったのに対して、いまやキリスト教の「信仰」によって、そうしたすべての二元の対立・分離は止揚される。否、それは信仰と不可分に結合する「希望」においてであり、一切の二元的対立は神の国完成の日に実現さるべき新たな世界の創造の待望において克服されるのである(30)。

ここに、イエスによって「神の国」の宣布されたことは、プラトンにおけるごとき古代理想国家観とは異なる新たな世界の開示されたことが了解されるであろう。何よりも国民的政治的な限界から自由にされて、普遍的人類的な共同体の方向へと展開されるにいたった。(31) これはユダヤ人のメシアに対する国民的政治的待望が、まず純粋に個人的良心の問題と宗教的内面性にまで深められた結果であることは、さきに述べたごとくである。その系として本来人間の差別と分離ではなくして、人類の本質的統一と神の前に万人平等の思想が新たに形成される。(32) ギリシャの伝統的な国家観はいうに及ばず、それを深化し理想化したプラトンの国家においてさえ、この点においてはいちじるしく国民的階級的であって、閉鎖的不平等性を免れなかったところである。しかるに、いまや使徒パウロにとっては、ギリシャ人もユダヤ人もなく、奴隷と主人の区別もなく、皆同じくキリスト・イエスにあって一体となり、一つの神の国の市民であることが宣明せられた。(33)

この点においてキリスト教思想は、むしろギリシャ末期のストアの世界国家と人道主義の思想と共通するものがある。また、キリスト教がかような立場にあったが故にこそ、ローマの世界的国家組織のもとに、よく自らの生長を成し遂げ得たのであり、われわれはこの意味においてキリスト教興起の政治的社会的条件を看過し得ないであろう。しかし、そのいずれにもかかわらず、力説されるべきは、キリスト教のこれらの立場はそれ自体直接政治的社会的の綱領ではなく、神の国は政治的国家の原理たることから超越している点である。キリスト教において「平等」というのは、ただ絶対的な神の前に人はひとしく罪人であり、またその故にひとしく救済し得られるという意味であって、これをストアの自然法的個人主義におけるごとき各個人の原子的平等を主張するのと同日に論ずるを得ない。また「自由」というのも、ストアの賢者の理想とするがごとき、知的識見によって体得したところの、外的環境からの自由ではなく、あらゆる道徳的法則の拘束から解放されるとともに、罪の赦しによって新たにキリストの霊にあっての自由を意味する。

かくのごときは、ひとえに各人の魂の神への依存とそして神にあっての人類の統一、言いかえれば新たに絶対者において創造された個人人格と神を中心として結合された新たな普遍的共同体との理想である。それはギリシャならびに他のもろもろの世界の道徳のごとき、人間社会生活における徳あるいは幸福において成り立つ人格の観念と異なるがごとく、またいわゆる正義あるいは目的の共同によって結合せられる社会共同体の理想とは根本において区別して考えられなければならぬ。「わが国はこの世のものに非ず、もしわが国この世のものならば、わが僕《しもべ》らわれをユダヤ人に付《わた》さじと戦いしならむ。されどわが国はこの世よりのものに非ず[34]」とは、ピラトの審問に答えたイエスの言葉であった。かようにして、神の国の建設は権利または権力のための闘いではなく、およそそうした「生存のための闘争」とそれをわずかに「緩和する法律的制度」たることを止めて、一に「内的自由」と愛の「心情の共同体」のための闘いといわなければならぬ[35]。

実際イエス自身において、すべての政治社会の問題は最初からその関心の外にあったようである。彼は言う「まず神の国と神の義とを求めよ[36]」と。また言う「神に属するものは神に納めよ、カイゼルに属するものはカイゼルに[37]」と。けだし、イエスの宗教は道徳的人格価値からの超越であったと同様に、また実に政治的社会価値からの超越でもあったのである。ここに神の国は「天の国」として、政治的共同体である「地の国」から截然と区別されるに至り、かつてストア哲学によって、ギリシャ的、したがってまた、プラトン的都市国家から解放されて、あまねく人類の世界国家の成員として生きるべく教えられた人類は、いまやいかなる地上の政治的法律的結合からも自由にされたのである。否、ひとり政治的・道徳的のみならず、一切の文化的営みと結合からも解放せられて、新たに天の国土の市民たることを要求せられ、また、そのための資格を賦与されたことを意味する。それほど一般に超文化的・超理性的なあるものと考えられなければばならない。これは、およそギリシャ主義とキリスト教との根本に横たわる相違の問題であって、古代ギリシャ・ローマの文化に対して、いまやまったく新しい精神と世界の生誕といわなければならない。

かようにして、人類歴史の発展においてキリスト教の出現は、古代文化一般に対し、したがってまた、われわれの問題とする政治的文化との関係において、根本的転回を与えたことが理解せられる。国家的共同体はもはやそれ自身最高の価値を有するものでなく、最高の規範は政治的国家生活を超えて存する。この意味においてキリスト教にあっては、国家またはその主権者をそれ自体キリスト教の意味における神の国または神と同義において神化する根拠と余地は存しないと言わなければならぬ。(38) パウロが「すべての人、上にある権威に従うべし。そは神によらぬ権威なく、あらゆる権威は神によりて立てらる(39)」と教え、またペテロが「汝ら主のためにすべて人の立てたる制度に従え(40)」と説いたことから、直ちに国家権力の宗教的認証を与えたものとなし、これによって、たとえば後世の「君権神授説」の理論的構成を与えたものと解するがごときは、いちじるしく不当と考えられる。使徒たちのかような教説は、一切を神の意志から出たものと信じ、したがって、所与の秩序を尊重すべきことを説き、ある場合には現実秩序の不法と悪にさえもかかわらず、これに忍従すべきことを勧めるところの、彼らの純粋に宗教的愛の心情から出る受動的態度にほかならず、また、その意味においてはいずれの時代にも容認せらるべき信仰の生活態度である。決してこれによって国家それ自体のキリスト教的意義の神的価値を立て、これに対する絶対信仰を説く神政政治の原理を立てたわけではないのである。

しかし、以上のごとくキリスト教の神の国の信仰が政治的国家生活から根本的転回を遂げたことは、後にも論述するように、キリスト教がこれによって単なる超絶主義あるいは消極主義に立ちとどまり、いわんや遁世的厭世主義に赴《おもむ》いて政治的国家と一般に世間生活と文化の価値の否定に向うことを、決して意味するものではない。これを精神史的に見るときに、ある意味においてキリスト教はそれ自身、古代社会における精神の最高の純化または最後の創造ということができる。それは出現の当初において、かえってさらに高い文化の要求を包蔵するものであった[41]。古代哲学と古代社会がなそうとしてなし得なかったところを、別の原理の上にまさに成就しようとさえ約束するものと解することができる。キリスト教が新しい個人人格の自由を提示したことは、この地上の生存に新生命を導入したことを意味し、そこに人間の活動に新たな問題を提出したものと考えなければならない。それと同時に新たな社会共同体の理念——神の国の指し示されたことは、殊にギリシャの都市国家生活の崩壊し、これに代って興ったローマの世界国家の強力のもとに呻吟しつつあった諸国民に対して、今後の社会生活における新たな課題を与えずには措かなかった。

一般にキリスト教の出現は、老いたる当時の古代文化に対して、新たな生命の源泉となり、人類にとって世界の一大転回を起さずには止まなかったのである。世界歴史はここに別の意義を有し来たり、全然別の光において眺められるに至ったのである。消極的な遁世主義ではなくして、歓ばしい生の肯定と活動とがそこから開始されなければならない。イエスの教説があえて道徳の破壊ではなくして、かえってその成就であったように、(42)宗教的神の国を政治的国家から超出せしめたことは、政治社会そのものの否定ではなくして、いまや宗教との関係において国家は新たな意義と課題をもって建てられなければならない。

しからば、それはいかにして可能であるか。この「神の国」と「地の国」とはいかに関係づけらるべきであるか。それは中世キリスト教と宗教改革による近世キリスト教とを通ずる共通の問題であって、そうしてまた、現代一般哲学と政治哲学との根本課題である。プラトンと原始キリスト教とを対比して、その相違にまで突きつめ来たったわれわれは、さらにその後の歴史の発展のなかにこの差別がいかに止揚され克服されようとしたかの、極めて類型的な思惟方法を検し、そして後にこの関係が現代政治の上にいかなる問題を投じ、その決定がいかに重要な意義を有するかについて論ずるであろう。

三　二つの国の綜合の類型＝トーマスとヘーゲル

プラトンの国家論が古代国家理念の最高の形態であり、ある意味においてキリスト教の「神の国」の理念を予示するものでありながら、なおその根本においていかに相違するものであるか、キリスト教の神の国がいかに固有の特質を内包するものであるかは、すでに述べたところによって明らかにされたと思う。それは一般にギリシャ主義とキリスト教との相違を意味する重要な問題を包蔵するのであるが、二者はそのように根本において区別されるべきであるにもかかわらず、しかもキリスト教が単なる超絶主義あるいは消極的受動主義に立ちとどまらざる限り、何らかの関係においてふたたび互いに相交渉するところがなければならない。そうして、まさにそのことは、キリスト教の発展の歴史において、直ちに生じた問題であった。

キリスト教と古代文化との、さような交渉の一面――特にわれわれの考察にとって重要な一面は、キリスト教徒相互のあいだの結合として発達して来た「教団」あるいは「教会」(ekklēsia)の問題である。教団の組織は、もともとイエス自身の立てたものではなかったが、すでに初代キリスト教のあいだにおいても諸儀式の採用とともに特殊の結合として形づくられた信仰の団体であった。しかし、当初もっぱら罪の赦しと天の浄福とを標的とし、殊に終末観的「神の国」の顕現の待望に燃えていた時代においては、地上の現世的生活は関心の外にあって、一般に世間生活に対する態度がいちじるしく受動的であったことは、イエスならびに使徒の場合と異なるところはなかった。しかるにキリスト教があまねく伝播せられ、その信徒の増加するに伴い、この世のすべての国民とは区別された、彼ら自身の独立の生活圏として、他の諸団体および国家組織――一般に「世間」に対して、自らを防禦し、また主張するに至った。それがローマの普遍的統治のもとにおいて、なかんずく当時多くの世界的都市を中心とし、互いに連繫して勢力を加えて来た。しかるに、かような教団の成立発達したことは、まさにわれわれの問題とする神の国と地の国との関係について、極めて重要な新しい契機をもたらしたことを注意しなければならない。何故ならば、かような教会組織はギリシャの世界にはかつてなかったところであり、プラトン国家論のよく想図しなかったところであるから。いまや、神の国の実現を期するものは、国家自身でなくして、国家の外に教会が立ち、キリスト教はこの教会を通じて、古代文化と接触を生ずるに至ったとともに、古代政治国家と現実の交渉を有するに至った。しからば、キリスト教が古代文化を摂り入れ、新しくキリスト教的世界観に立つことにより、国家の理念は神の国との関係において、いかに形成せられるに至ったか。

かような「神の国」と「地の国」との関係こそは、人も知るアウグスチヌスの『神国論』(*De Civitate Dei*)において取扱われた課題である。ローマ的「地の国」に対して「神の国」の永遠性を論証し、当時、キリスト教を国教として採用したローマがかえって間もなく滅亡したことについて、異教側からなされた論難に対し、キリスト教の立場を弁護したこの書において、いまわれわれにとって必要なのは、神の国の地上における具体的実在として「教会」の概念が立てられたことである[(43)]。これこそ、その後の中世の全思想が、拠ってもって自らの文化を建設するに至った重要な礎石が据えられたところのものである。キリスト教はいまやこの基礎の上に、自己の固有の文化、キリスト教的統一文化の創造を要請するに至り、一般にギリシャ文化とキリスト教との一大綜合が企図せられるに至った。けだし、人類歴史においていまだ他に比類なき壮大な文化理念の要請であって、それがトーマスらによっていかに体系化されるに至ったかは、いまわれわれの立入って問題とするところではない。ここにただわれわれは、イエスの説いた「神の国」がいかに展開せられるに至ったか、それとともに、政治的国家がいかに考えられるに至ったかを知らなければならない。それは、前節に突きつめて来たプラトン的ギリシャ国家理念とキリスト教的神の国の理念との相違が、いかに止揚され、克服されるに至ったかの問題であり、そこに問題の歴史的展開において顕著な第一の類型を見出すのである。中世カトリック主義の立場がすなわちそれである。

そもそも、中世キリスト教の、したがってまた、カトリック主義の核心をなすものは「教会」の概念である。教会は前述のごとく歴史的過程において発生したものであるが、重要なことは、それが同時にキリスト教の本質と結合して考えられたことである。それは、単に信仰の団体または信徒が自由に結合した組織という意味ではなく、歴史的伝統に基づいて起り、一定の礼典(sacramentum)と司祭制度がその組織要件であり、かようなものとしての教会が、人間霊魂の救済の不可欠の条件として主張されるのである。それは本来不可視的な「神の国」が、可視的な形態において具体化されたものにほかならず、いまや単に「見えざる教会」だけでなく、同時にまた「見える教会」として、それ自体、まさに「地上における神の国」としての実在の主張である。これは、すでにアウグスチヌスによって立てられた教会概念であるとともに、あたかもカトリックの採用するところである。かくのごときは、本来超経験的なものと経験的なものとを融合して、精神的と自然的、永遠的なものと現実的なものとを統一綜合しようとの企図である。それには根本において、キリスト教の真理とギリシャ・ローマ的文化とを綜合して、それによってキリスト教自身の統一文化を建設しようとの要求が存し、トーマスをはじめ、中世スコラ哲学の構想も、畢竟、これにほかならない。ここに教会は、神の永遠の真理の啓示としてのみならず、それ自ら一つの歴史的＝社会的秩序として、固有の存在と組織とを要求するに至る。言いかえれば、ただに霊的・精神的共同体としてだけでなく、歴史的現実の世界において自ら独立の共同体として、この世界に対してもそれ自らの権威を持つ固有の団体として立ち現われるに至った。

このことは、国家との関係において極めて重要な新しい問題を起さずには措かなかった。国家は、往々解せられるように、その存在を人間の罪悪に起因するものとして、これが意義を否定されたのではなく、少なくとも人類の自然的要求に基づいて生起し、自然法によって規律せらるべき結合であるが、かようなものとしてはまだそれ自身、神的価値を担うものと称するを得ない。国家の権力は神の権威によって承認せられ、基礎づけられることによって、初めて神的価値を担い、神の国に連なり得るのである。しかるに、このことを具体的に言えば、国家自らはより低い秩序として、さらにより高次の秩序である地上の「神の国」としての教会に奉仕し、その指導のもとに立つことでなければならぬ。しかも、その指導の範囲は、本来の純粋に宗教的・道徳的な事項に限らず、中世がキリスト教的統一文化の建設を目ざす以上は、教会が自ら「道徳的かつ政治的共同体」(corpus morale et politicum)として、ついに必然に社会的、然り、政治的領域にまでも及ばなければならぬ。否、教会自らが一つの独自の政治的・法的領域として、自らの権力の支柱を必要とし、この世の上にもその権威を有効ならしめねばならぬわけである。ローマ法王の位置は、他に宗教的＝内面的要求にも基づくとはいえ、畢竟、以上の権威を具体化したものであり、これを頂点として中世固有の「普遍的キリスト教社会」(res-publica christiana)の全秩序が維持せられるのである。この意味において、国家は教会に従属――少なくとも奉仕するのでなければ、真に正しい国家としての価値なきものと言わなければならない。これは、一般に古代的神政国家に対し、新しくキリスト教の立場における中世的神政政治思想の形式であって、イスラエルの思想を継承発展せしめたものと考えられる。

しかるに、かような中世の帰結がいかに原始キリスト教からの乖離を意味するかを、われわれは看過してはならぬ。第一に、各個人はキリストにあって直接、神に結合するのではなく、神とおのおのの人間とのあいだには新たに媒介者が入って来たのである。すなわち、固有の階統的組織の司祭制度とその頂上に立つ法王の権威がそれである。人は、地上におけるこの神の権威の担当者を経ることなくしては、言いかえれば、ローマの普遍的教会の成員となることなくしては、神の国の市民となり得ない。各人の「信仰によって義とせられる」というよりは、いまや教会の掟に従う勤行《ごんぎょう》が救いへの条件である。そうして第二に、法王の宗教的な権威は同時にこの世の権威でなければならず、教会は一個の歴史的＝現実的な社会組織として独立し、これが地上における神の国としての権利を主張するに至ったのである。ここに、イエスの説いた神の国は完全に制度化せられ、それ自体、強大な政治社会組織、「国家の中の国家」として現われる。まことにそれは、神の国の観念を一個の統治意志に作り換え、そうして世界を主宰する偉大なキリスト教原理に作り上げたものであった。

だが、あたかもこの点において、われわれはプラトンの求めた理想国家――人類久遠の救済のための完全組織の実現を見るであろう。本来、プラトンと原理的に異なる特質をもつキリスト教の福音が、その後の歴史の発展において、間もなくプラトン哲学を採用し、中世の大部分にわたってキリスト教神学ないし形而上学の基礎として役立てられたと同じく、いまやプラトンの理想国家がキリスト教の神の国――その具体化としての教会国家に応用せられるに至ったのである。『ポリテイア』における無所有、かつ無結婚の哲人階級の構想が、中世キリスト教の僧院生活においていかに結実するに至ったかなどの類比は別として、プラトン国家の中核である哲人政治の理想政治が、いかにローマ法王の教会政治と相通ずるものがあるかは、極めて興味ある問題でなければならぬ。凡俗を超越して、特に神の秘密に与る哲人または司祭の特別の階級があり、そのうち最高唯一の者が権威を執り、一般の人間はこのカリスマ的権威に服従を要求せられ、またそれをもって満足すること、したがって、いずれの場合にもともに一種の精神的貴族主義の原理によって支持せられてあることがわかる。かつ、その場合、宗教と道徳のみならず、学問と芸術に至るまで、一切の文化がかような絶対的権威のいかに厳格な統制のもとに立たしめられたか。それは「教理《ドグマ》の支配」を意味し、良心の強制なくして可能ではない(44)。中世神政政治思想は、この意味においてプラトン神政国家の再現と言うべく、ただギリシャ的都市国家に代えるに、いまやローマ的普遍的教会の形式において、神の国の理想を実現しようとするのである。そして、まさにこの後の点において、ローマ・カトリック教会は実に古代ローマ帝国の形態を継承発展したものと称することができる。

かの純粋に新しい人格と愛の共同体の理想から転じて、いまや教会組織を押し立てて世間的文化の中に伍し、自ら生存競争とこの世の戦と、そのための権力を主張する古い道徳と、完全に結合されるに至ったと言わなければならない。けだし、神の国のローマ化であり、本来純粋の福音に異教的分子、なかんずくローマ的政治的要素の結合されたものと考えられる。元来、異教的分子はキリスト教の発展に伴って、自らの神学ないし哲学を構成するために摂取せられたのであるが、ここにカトリック固有の「教会」概念によって、キリスト教の「神の国」の最も組織的な歴史的展開を見ると同時に、本来それと異なるプラトン国家との対立ないし相違が止揚克服せられるに至った一つの類型を見るのである。

以上のごときことは、ひとり中世に固有な教会の概要によってのみ可能であった。しかるに、かような教会に対して、必然にキリスト教の内部においても反対が叫ばれなければならず、それが近世宗教改革の運動となって展開せられたことは、ここに詳しく論ずるまでもないことであろう。しかし、それが同時にキリスト教の外部において、ギリシャ・ローマ的な古代文化と哲学の中世スコラ哲学とその文化に対する反抗、したがってまた、教会に対する古代国家理想の復興となって現われたルネッサンスの運動と貫流したことは、極めて意味深いものがある。そうして、宗教改革の主要動向となった自由の精神が、文芸復興において新たにされた国家の原理といかにして結合されるべきかは、ついに大なる問題でなければならぬ。だが、このことは宗教改革の人びとによっては解決せられずに、後代に残された問題であり、ほかならぬドイツ理想主義哲学の流れによって発展させられ、カント、フィヒテを経て、なかんずくヘーゲルに至って頂点に達した問題である。けだし、ルッターの精神の継承であり、観念論哲学の地盤において構築せられた近世キリスト教的世界観である。それは中世カトリック的キリスト教世界観に対して、新たにプロテスタンティズムの立場においての、偉大な文化の綜合の試図であり、あたかも中世のトーマスの事業に対比されるべき、最も包括的な形而上学の構造と言えよう[45]。ここに新しく宗教と国家との関係がいかに考えられるか、キリスト教の神の国と古代国家理想との対立の問題がいかに止揚せられるかの、問題の歴史的展開における第二の類型と言うことができる。前の第一の類型が問題の中世カトリック的解決であったに対し、これは近世プロテスタント哲学の側からあえて企てられた解答である。

問題のかの中世的解決の核心は、独自の政治的社会秩序としての普遍的教会が、それ自体、地上の神の国としての存在を主張することにあった。その思想の根底に、国家はそれ自体あえて罪悪とは考えられないにしても、何か非キリスト教的本質の存在として見られるものがあった。しかるに、一個の政治社会的秩序として己を顕示した教会が、地上の神の国たるを主張する以上、同じく社会的組織にして、かつ、一般に人類共同社会生活を可能ならしめ、その秩序の維持に当る国家が、直接に自らの神的存在を要求し能わない理由はない。否、ヘーゲルにあっては、国家は単に精神の外郭にとどまるものでなく、それ自ら「絶対精神」の原理に従って行動し、教会をまつまでもなく、直接に自らその市民の宗教生活について、神の精神にふさわしく訓育すべき使命を有する。けだし、国家も宗教と同一の理性、同一の精神によって、現実界における人間自由の殿堂として、神的な内容を要請するからである。何故ならば、国家は人間の自由を保障する単なる外的機構でなく、それ自ら精神の実体として、自由そのものは国家の中において実現されるからである。国家は客観的精神の最高形態として、人倫の統体——倫理的精神の完全な形態である。国家において、高き精神生活は初めて自己意識的な統一として把握される。それは、彼の弁証法的思惟方法に従えば「即自且対自的」(an und für sich)に理性的な具体的普遍である。この意味において、国家は神的絶対精神の具体的実現として、地上の神の国である。本来、彼の精神体系において、国家意識はついに宗教意識のうちに止揚されるが、それは決して前者の消滅を意味せず、かえって前者は後者の契機として保有せられてあり、これを逆に言えば、国家はその根拠を深く宗教自体において求められ、政治と宗教とは完全に綜合せられてある。かくのごときは中世の神政政治思想に対して、まさに近世的神政国家の理念と称することができる。

それが中世と異なるのは、いまや教会の権威の媒介によらず、人間の自己意識における啓示として、新たに人間理性の自由に出発していることである。しかし、彼の絶対観念論においては、それは要するに絶対精神・神的理性の自己発展にほかならず、しかも、かような理性ないし精神の世界における具体的顕現、その客観的人倫化が国家にほかならない。われわれの看過してならぬことは、ヘーゲル哲学において、国家こそは自由が最高の権利にまで具体化された自己目的であって、この終局目的が個人に対して最高の権利であり、個人の最高の義務は国家の成員となることである。道徳・宗教のみならず、学問と芸術の一切の文化も、すべて国民生活の具体的内容として、その基礎と支盤とを国家のうちに見出し、国家はそれ自身文化の統体である。けだし、近代国家の最高の精神的基礎づけ、その宗教的神聖化と称すべく、中世カトリック教会に代って近世国民国家が精神的万能をもって現われたのであり、それは取りも直さず、古代国家理想を新しくキリスト教精神によって生かそうとするものと解せられる。そうして、この国家の精神は英雄的支配者において表現せられ、彼はまさに絶対的精神の把持者でなければならない。時代に何が必要であるかは、かようないわゆる「世界史的偉人」の心内に啓示せられ、彼は世界の発展の必然的最高の段階について識り、よくそれを自己の目的として実現する者でなければならない。すべての個人は、何が真理と道義性であるかを、これらの偉大な支配者または指導者によって意識せしめられ、これを行使する強力に身を委ねなければならぬ。

けだし、これは近世国家、なかんずく君主国家の合理的体系であり、そこにはいかにギリシャ的国家理念が近代化せられてあるか、同時に、ふたたびプラトンの理想国家と哲人政治の思想が——その他同じく身分的＝階級的構造を持っていることなどは別としても——役立てられているかを、われわれは知り得るであろう。否、プラトンの国家がいちど中世教会において変形せられたのに対して、本来の理性国家への還元として見ることができるであろう。まことにプラトンの国家理想は、近世に至ってルソーを通して、ドイツ理想主義国家哲学に流れ込み、カントに出で、ヘーゲルに至って近代的完成を遂げ、新しく近世キリスト教の原理と結合せられたのである。

しかるに、かような神政国家の観念とさきに叙述したキリスト教の「神の国」の理想とのあいだに、ふたたびいかに大なる隔絶が生じたか。あたかも中世がローマ教会を中心として地上の神の国であることを要請したと同様、否、それにもまさって「神の国」の合理的な政治的組織化と言わなければならぬ。それは、キリスト教の内面性から組織的に合理的な社会原理を形成しようとすることによって、宗教の非合理性を政治的に作り替えようとするものである。その結果、神の国は本来「愛の共同体」としての特質を喪失して、いまや、さながら国民国家的な一個の政治的王国へと転落する。およそこのような宗教と政治との綜合統一は、国家生活をそれ自体神聖化し、これによって国家絶対性の理論を導出するものと考えられる。ヘーゲルは、もはや古代国家観念とは異なり、自由の理念に出発し、それを包摂することを主張しているけれども、いわゆる弁証法的綜合の結果生じた、以上のような国家の「絶対性」の故によって、彼以後ドイツを中心として結成せられた国家万能の主張と反動思想に対して、彼自ら責任があると言わなければならぬ[46]。

そうして不幸なことには、ヘーゲルの具体的普遍である国家は、その相互のあいだにこれを調停しあるいは規律すべき大法官も根本規範もなく、ただすべての国民は世界歴史の審判のもとに立ち、もっぱら世界精神がこれを決定するのである。その意味は、世界精神が個々の民族精神を超越し第三者として外部に独立して存在するというよりは、結局、世界精神とはその時代の精神を担って立つ特定の民族精神のことであり、ヘーゲルにとっては、すなわちゲルマン民族国家にほかならない。いまやゲルマン国家が時代の文化の最高峰に立ち、それ自身、地上の神の国でなければならぬ。これは実に近世キリスト教の立場におけるドイツ理想主義哲学の発展において、ヘーゲルの絶対的観念論哲学の帰結であったのである。

かような絶対的観念論に対して、やがて極端な反動が起ったとしても、むしろ当然といわなければならぬ。その広汎な「精神」の哲学も、あたかも中世キリスト教の神学的形而上学がそうであったように、まもなく分裂と崩壊の運命をたどるに至った。本来、ヘーゲルにあって神的な絶対的世界精神として考えられたものが、単なる人間の発展となり、一切が人間的存在の制約のもとに立ち、ついには人間存在、なかんずく、その物質的経済的存在の方面のみが強調せられ、しかも、かような人間の物質的存在の関係、すなわち経済的生産関係が、本来精神の運動である弁証法を、こんどは自分の側にひきつけ、自分自身の発展に利用するに至った[47]。これはマルクスおよびエンゲルスの経済的唯物史観、すなわちいわゆる「逆立ちした」精神の弁証法から「真正」の唯物弁証法への転換である。そうして特にそのことは、ヘーゲル哲学の核心であった宗教を中心として行われたことは、われわれの研究にとって極めて興味深い一事でなければならぬ。ヘーゲル以後、その哲学は実に宗教哲学を問題として分裂したのであり、いわゆるヘーゲル左派に属するフォイエルバッハを通じて、マルクスおよびエンゲルスにおいて、宗教がいかなる取扱いを受けたかは、現代人のあまりにも熟知しているところである。

ただ、しかし、そこには「神の国」の観念が新たに人間の自由と平等の共同体である共産主義社会に置き換えられてあり、その理想とする社会と世界の実現により、初めて社会と世界の一変、真の人類歴史の開始を説くことにおいて、彼らも近世自由主義と自然法思想とを通じて、本来キリスト教的観念の摂取および変容なくしては、また彼らの世界観を構成し得なかったところである。その場合、一切の超験的な価値的のものを却《しりぞ》けながら、しかもあえて自ら一つのまとまった世界観を主張する点に、自己矛盾の存することは問わずとして、その世界観ないし哲学が極めて皮相、かつ一面的であって、その共産主義理想社会は根底においてキリスト教の理想といかに隔絶するものであるか、また、プラトンの共産主義国家ともいかに本質的に相違するものであるか。それはもはや「神の国」の価値転換であると同時に、プラトン国家理念の廃棄である。それは問題の発展ではなくして、没却のほかのものではなく、われわれはもはや永くそこに低徊するを要しない。

四　問題の批判的解決への途

上来述べて来たごとき近世社会思想発展の結果として、ついに宗教否定へと帰結したことに対して、早晩、反動が開始されねばならなかった。人はここに現代における「宗教復興」について語り得るであろう。それにはさまざまの原因があり、かつ種々の分野にわたってこれを論じ得るが、いまわれわれの考察との関連において重要なのは、それがヘーゲルの絶対観念論哲学に対する反動としてのマルキシズムの反宗教運動に対する再反動として生じたことである。近代実証主義とその基礎の上に発展せられたところの、およそ近代社会思想の極めて皮相な宗教観――一般に宗教に対する無関心からついにその唯物的無神論的帰結へと赴いたのに対して、ふたたび精神の高揚を論じ、人間と社会生活における宗教の価値を強調するかぎり、汲むべき意義はあるも、その際われわれの看過してならぬことは、その宗教復興運動がマルクス主義に対する反動として多分に政治的=社会的動機に由来していることである。すなわち、近代国民生活から消失し去った宗教を元の王座に呼び戻し、ふたたび宗教の神的権威を中心として国家社会の再構成を主張するのである。そのために、ほとんど歴史的慣習と固い法律的形式の埒内に閉じ込められていた信仰を鼓吹し、また往々、精神的に真の敬虔と情熱もなくして、ただ政治的動機からこれを絶叫するのである。その結果として、特定宗教の信条を信奉しない者はややもすれば呪われた異端者、あるいは反逆者としての刻印を押されなければならぬ。

それは、われわれがプラトンにおいてその最深の形而上学的構成を見出したごとき古代的神政国家思想の復興である。一般に古代世界は、イスラエルの人格的唯一神の神政形態はしばらくこれを別として、もろもろの氏族神、種族神あるいは民族神を中心として形成された共同体生活において、国家はそれぞれ固有の神々を有し、神は国家を通じてのみ人間と関係を有するのが常である。ここに、政治的統治者はすなわち宗教的信仰の対象となり、国家は絶対的な神的組織として顕現するのである。この形態のもとにおいては、国家の主権者は同時に宗教上の首長である。(48) これは「神政政治」の形態にほかならず、それには古い建国の歴史の初めにおけると同じく、政治と祭祀は常に一つに結合されるべきであるという主張を含み、これを徹底すれば一つの「国教」制度の要請に帰するのである。すなわち、その国の政令と道義とが一体であるのと同じように、宗教と国家も不可分に融合されねばならぬとの要求である。

かような事情のもとでは、地上の「王国」はそれ自体「神の国」であるとともに、「神の国」はこの「地の国」を外にしてはどこにも存し得ない。かような古代世界の意義は、宗教を本質的に民族と結合した形式において把握し、民族的・祖国的感情の表現として認識しようとしたところにある。そうしてまた、国家は人民に対してかかる宗教の承認を十分有効ならしめるに足るだけの力をそなえていた。けだし、その場合に宗教的神聖は、人間の純粋に内的な心情においてよりも、神的な宗教的行事、すなわち礼拝・祭典・儀礼などにかかっていたからである。すなわち、そこでは全社会生活は宗教的伝統と権威によって規律せられ、すべての義務は超個人的な権威の力によって課せられ、人はただこれを信奉し、実行することだけが重要である。かように国家的権威の定めた教義・信条に服従する結果は、一般に学的思惟の発展が排除されるとともに、政治社会の上にも理論的考察は阻止せられ、国家生活と行動についてもはやその意味と価値を問うの余地は存しない。なぜならば、政治的領域の事項は、結局、それ自体神聖な宗教的秘義と同一であり、後者に触れることなくして、前者の根本的省察は不可能であるから。

　この同じ関係はあたかもプラトンにおいても見ることができ、そこには神々と個人と社会とが一つに国家において結合せられ、国家共同体の周囲に宗教的熱情とすべての道徳的義務と社会的利害とが凝集せられてある。それ故に、国家哲学はそれ自身、全体の生の哲学・形而上学、しかり、一つの神学でさえあり得る。国家を離れて宗教的共同体なく、国民の共同生活をほかにしては宗教の領域は承認せられない。宗教はそこでは、権力の定めた一定の信条と国民の伝統との上に立てられた一つの礼拝《クルト》または祭祀として、神聖な制度として顕われる。それは古代ギリシャの都市的国家形態のように、それ自身、もはや凝固した一個の組織形態にほかならない。『法律国家論《ノモイ》』は最もよくこの論理的帰結を示すものとして意義あることは、さきに述べたところである。なお、その際関説したごとく、近時プラトンに新しい解釈を与えることにより、その復興を考える者は、そうしたプラトンのギリシャ的・異教的要素を力説するものとして注意に値する。総じて近時における宗教復興の叫びは、キリスト教の外において、そうしたいわゆる異教的雰囲気のうちに顕著のようである。それは、おおむね民族共同体の全体的国家観の復興または強調の合言葉として叫ばれるのである。これによって人びとは古代的な神政国家または神政政治の理想への復帰を目ざすものであり、それは現代にみなぎる復古主義政治思想の標徴と考えられる。[49]

しかし、われわれはこれと同時にキリスト教の世界においても、近時まさに同様の傾向の現われを看過してはならぬ。その一は中世への復帰の運動、すなわちカトリック主義の立場において、宗教の強調によってふたたび宗教と政治社会との結合の主張である。

これはマルクス的共産思想の弊害をもって、遡っては近世自由主義の相対主義的主観主義の欠陥にあると見なし、さらに根元的にはプロテスタンティズムの宗教改革精神の誤謬に基づくとし、したがって、時代の克服はひとえに中世的カトリック精神の復興に求められなければならぬとするのである。すなわち、これによって宗教と近代文化とのあいだの失われた統一を回復し、キリスト教的統一文化を確立することにより、なかんずく近代の紛糾した政治社会思想に対して有権的統一を与え、自ら時代の救済たることを宣揚するのである。その二はプロテスタント主義の立場に立ちつつ、新たにヘーゲル哲学を再生させることにより、宗教と国家との綜合の回復に向う、いわゆる新ヘーゲル主義の主張である。これは同じくプロテスタンティズムに根拠するカント哲学および新カント主義に対する反対の運動として了解せられる。詳しく言えば、カントによって基礎づけられた批判主義の結果は、各文化領域の自律を宣したのみで、これが全体的綜合を欠き、ひいて一般に現代における文化の分裂の状態にまで導き、したがって、宗教と国家生活も分離し、さらに社会生活が主観的相対主義へと帰向したことに対する不満と抗議と考えられる。ここに、ヘーゲル的形而上学の再興によって、プロテスタント哲学の立場から全体の生の統一、文化の統一的体系を構成することによって、時代の危機を克服しようと欲するのである。

そうして、かようなカトリックへの復帰とヘーゲル哲学の再興こそは、あたかも前節に論じておいたような、プラトン的古代国家理念とキリスト教の新しい神の国の理念との綜合の復活にほかならない。そこには何よりも政治と宗教との綜合が考えられてあり、そのために神の国の具体的現実化、地上的組織化が行われる。ただその場合、前者においては「教会」が、後者においては「国家」がそれぞれ前面に表出される相違があるだけである。ともにキリスト教の「神の国」の政治的制度化・法律的秩序化に至っては同様であり、ここに前者からは「教会国家主義」(Kirchenstaatstum)が、後者からは「国家教会主義」(Staatskirchentum)が成り立つのである。ともに中世的あるいは近世的な「神政政治」への復帰の主張たる点においては同一である。いずれもその強調するのは具体的普遍の観念であって、それがカトリックの場合には普遍的な「キリスト教教会」、ヘーゲル主義の場合には絶対的な「民族的国家」の概念である。そこには何よりも個人の自由——個性の概念が背後に退いて、各人の精神生活は教会の権威にまたは国家の権力に依存すること、前項にそれぞれ批評したところによって明らかである。そうして、これらのことは、いずれも古代的神政政治思想とも分ち有する、一般に神政政治の特徴と言わなければならぬ。かつ、現代のいわゆる異教復興の運動がそれ自身復古政治を意味するのとひとしく、これらのキリスト教の地盤における宗教復興の精神も一種の復古精神——反動的傾向を有するものと考えられる。されば、現代イタリーにおけるファッシズムの世界観的基礎づけを試みるに当って、ほかならぬカトリック宗教をもってする者があっても[50]、そのこと自体怪しむに足らぬとともに、また新ヘーゲル哲学が努めてナチスに追随して、その哲学的基礎たろうとすることも[51]、われわれに不思議ではない。

以上のごとき現代の情勢において、さきに論述した原始キリスト教の意義がふたたび顧みられなければならぬ。何故ならば、それはキリスト教発展の歴史において、キリスト教の本質が問題となる場合には、いつでも帰り来たって、ここに生命と原型を求めなければならぬところのものであるから。古代民族的宗教については別として、本来イエスの説いた「神の国」は、そうした神の国の政治的組織化ないし法律化からの超越であったはずである。そうして、またそのことは一般にギリシャ・ローマ的な古代世界に対して、キリスト教出現の世界歴史的意義でなければならぬ。しかるに、神政政治思想はむしろこのような古代国家観への復帰の主張にほかならない。そして中世ローマ教会がその本質において古代ローマ帝国の継承発展であるとすれば、以上の関係は中世神政政治を理想とする場合にあっても相違はない。それ故にこそ、中世および近世いずれの場合においても、キリスト教が組織化され、体系化されるところでは、プラトンが利用し得られるのである。それほど、プラトン哲学は深い宗教的・形而上学的要求に基づくものであったが、しかし、キリスト教の福音はプラトンのイデア論をも超越するものである以上、「神の国」はプラトンの理想国家からも区別して考えられなければならぬことは、われわれの見たごとくである。

イエスの神の国の特質は、宗教を政治的国家的意識から解放して、純粋に人間の精神的内面性にまで深めたことにあった。かつ、神政政治思想のもとでは、そのいかなる類型にあっても、人間は何らかの「権威」――それが教会または国家のいずれたるを問わず――を媒介として神と結合し、その信仰は一つの「権威信仰」(52)であるのに対し、原始キリスト教の意義は、宗教をかような権威への信仰から解放して、何よりも人間個人の良心の問題としたことにある。おのおのの個人が何らの媒介者をも経ることなく、直接、神の前において負うべき責任が基礎であり、これを半面から見るとき信仰の自由が存立するのである。ここに、わが国をはじめ近世諸国の憲法組織において、政治と宗教との分離が前提とせられ、信仰の自由が尊重されてあることは、当然といわなければならぬ。このことは実に近世宗教改革の成果であり、なかんずく新カルヴィン主義発展の結果と考えられる。宗教と政治との結合の上に立つ神政政治思想とは反対に、宗教と国家の分離という、かようなむしろ消極的な関係こそは、キリスト教がもたらした文化的意義として重要な真理である。そうして、そのことはひとりキリスト教についてのみでなく、およそ宗教が真に人間霊魂の救済たることを要求するかぎり、必ずや容認されなければならぬ真理である。この点において、古代国家観はもちろん、一般に国家哲学は重要なる限界に立つものと言わなければならぬ。そこには現代におけるいかなる全体主義の国家観も——それがファッショ的あるいはナチス的たるを問わず——以上の関係において個人の人格と自由を侵してはならず、また侵し得ないところのものがあるはずである。それは実に、いかなる社会有機体の理論をもってしても、また弁証法的国家思弁をもってしても、中世においてあったごとき、またヘーゲルにおいてのごとき、形而上学的独断を冒すことなくしては、教会または国家の概念によって止揚し、包摂し得ないところのものである。

しからば、宗教と政治とは永久の分離にとどまるか、そこには何らかの積極的関係が存しないであろうか。ここに想起すべきは、キリスト教の「神の国」の概念は決して個人人格と自由の概念に尽きないことである。われわれの前論の考察に従えば、神の国の宣布は新たな個人人格の創造と同時に、「愛の共同体」として新たに社会共同体の理念を提示したことを意味する。宗教をもっぱら個人人格と自由の問題としてのみ考えて来たのは自由主義の遺物であり、根本において個人主義の倫理観から出るものではない。だが、神の国はどこまでも「国」である。それは個性的人格と矛盾するものであってはならないが、しかも個々人とその単なる交互関係の理論によっては説明し尽せない社会共同体の関係自体の問題が含まれているはずである。キリスト教の理念が、前に見たごとく、一方には絶対的な「個人主義」を、同時に他方に絶対的な「普遍主義」を要請したこと、このキリスト教倫理の「両面性」はすこぶる重要な意義を示唆するものと思われる。この二者は宗教の理念においては——しかり、宗教的「神の国」の理念においてこそ——一つに綜合されるが、われわれの学問的思惟において、社会的原理としては、おのおの固有の原理として発展せらるべく、互いに他によって要請され、制約されるべき二つの観点である。すなわち、前者は個人人格の価値にかかわり、後者は社会共同体の価値にかかわる原理である。

元来、宗教――なかんずくキリスト教の超越性は、さきにギリシャ主義との対比において述べたところであるが、それにもかかわらず、かかる宗教の超越性は、この世の現実の営みと結合とを否定するものではない。何となれば、宗教は自ら固有の文化領域を形成するものではなく、自ら文化の価値を超出するものであるが故にこそ、かえってもろもろの文化領域の中に入り込み、これに新たな内容と生命を供し得るからである。言いかえれば、宗教的体験がわれわれの道徳的・社会的の関係の体験と異なるだけに、このことはかえって人間の道徳的努力に無限の課題を与え、社会的関係に新たな理想を与えるのである。そこに新たな個人人格の概念が成立するように、新たな社会共同体の理想が形成されなければならない。人は別の光において自らの理性的活動と社会的現実の中に歩み入らなければならない。キリスト教のこのような此岸的現実性、その地上生活の倫理化の意義は仏教の「浄土」思想などに比べて極めて顕著な要素であり[53]、純粋に彼岸的超越性を有しながら、自ら社会的改革の使命として作用した事実は、他と比較を絶する事実である。真に一つの宗教が超絶世界において高い理想を保有しながら、しかも同時にこの世の共同体生活における精神的地盤を確保したことは、歴史上いまだかつてないと言ってよいであろう[54]。

なかんずく、人類が互いに協力して、共同の社会を建設し、これが秩序を維持する国家的政治生活のうちに、いかにキリスト教が新しい精神と情熱を喚びさましたことか。「神の国」が意味する「愛の共同体」の理念は、人類の社会生活における協同に対し無縁であってはならず、隣人愛の精神はやがて国民共同の要求による結合関係に、新たな生命を供せずにはやまない。あたかも、各個人の霊魂が他の何ものをもっても代えがたい無限の価値を有することから、一方において新しい個人人格の概念が導出し得られると同じく、他方に神にあっての人類の愛の共同体の理念から、結合し統一するところの普遍主義の社会的原理が抽出し得られる。宗教はひとり個人の救済に終るものでなく、あまねく国民と国家、ついに全人類社会の救済でなければならぬ。

人はここに、イエス自身において、もとより天に深く根を有してはいるが、同時に地のための平和と正義の国が看過されていないことを考える必要がある。彼は「神の国」の概念を純粋に霊的内面化した点において新たな意義を付与したが、同時に、さきに触れたごとく、決して終末観的「神の国」の概念を否定しなかったことは、注意すべき事実である。一方には現在すでに開始せられる内的な神の国、他方に将来顕現せられる神の国の秩序が、互いに相反するものとしてでなく、かえって共存し得るということの認識は、この場合はなはだ重要である。彼が却けたのは、単なる幸福主義または権力主義の支配、すなわち悪に属する国であって、共同社会の建設と支配そのものではないのである。この世の不法と害悪に対する闘いが、決して人間の義務から除外せられたわけではない。

キリスト教の「神の国」の理念によって、古代的国家の理念が、個人の良心と自由を限界として、その意味を喪失——少なくとも制限せられたことを前に述べたが、他方に国家はふたたび新たな理想的課題を担って現われるに至ったものと考えられる。すなわち、人類の国家生活は、ただに地上の平和と正義のためでなくして、いまや人類を深く内的に結合する「神の国」を目ざして社会共同生活とその秩序を創り出すことである。政治は単なる生活と権力のみの問題ではなく、人類の共同生活体の理想と世界の秩序にかかわる問題である。政治の理想はそれ以上のものでないと同時に、それ以下のものであってはならぬ。ここに国家は古代世界の識らない新しい使命を負うて登場したのであって、この点において古代的国家理想は一方において失われたところを回復して余りあると言わなければならぬ。ただし、中世カトリック主義のごとく、教会が自ら独立の政治的社会秩序としてその存在と権威を主張するものにあっては、国家について直接このような理想と課題を認容しないでもあろう。しかし、国家の政治的共同体は、単に外的強制の問題でなくして、究極において、絶対的な価値に関する問題である。すなわち、それ自ら社会共同生活の関係を正しいものたらしめる価値の問題である。かようなものとして、それは単なる手段価値の領域でなくして、道徳的に完成した人びとのあいだにあっても妥当するところであり、道徳的人格と並んで、ともに直接「神の国」に連なることを妨げるものでない。かような意味において、かの古代イスラエルの国民の心が、長いあいだ、神の王国の支配の実現を待望して来たことにも、その意義を滅却し去ってはならぬものがある。否、ひとりイスラエルに限らず、一般に古来、宗教が他方に政治的要素を有し、国家における神的統治の観念と結合して発展したことは、以上の関係において意義なしとしない。

しかし、そのことは歴史的現実の国家を直ちに神の国と同一視し、あるいはその具体的実現と考えることではない。神の国はあくまでも経験的実在を超えた問題であり、ただ、われわれがおよそ絶対的価値の妥当を考えるときに、その実在を確信せざるを得ぬ底の形而上学的確信に属する。(55) 現在的な神の国——神の国の実在性は宗教的信仰において生きる事実であるが、われわれの理論理性においては、認識の限界を超える問題であって、それはいわば思惟の「局限」の問題である。おそらく人類種属の全努力をもってしても、歴史的現実のうちにもたらし得ず、その意味において実在的にはどこまでも不可把捉的な理念であるが、しかもなおかつ実践的にはこれの実現に向って人類は不断に努力しなければならず、人類の理性的行為にとって、無限の課題でなければならぬ。神の国の実在性は、神の絶対的実在と同じく宗教的非合理の問題に属し、われわれの直接的な信仰の「体験」において生き、前に述べたごとき宗教的「愛」においてこそ生きる生々の事実であるが、これを認識において把握しようとする場合、われわれの理性はその前に佇《た》ちとどまって、自らの制限を自覚しなければならない。このことは、今後いかなる哲学が思惟されようとも、たとい、いかなる方法をもって知識と信仰との綜合を企てようとも、必ずや保有されなければならぬ宗教的「非合理性」の問題である。もし、かような非合理性が無視せられ、神の実在が理論的体系の中心となり、あるいは神の国の実在が組織的に存在化せられるときには、そこに形而上学的独断と政治的独裁が成立するであろう。それは中世ならびにヘーゲルにおいて、ともにわれわれの見たところである。

以上のごとき見解は、しかし、宗教の問題について、概念や論理の介入を排斥すると言うことではない。学において必要なことは、宗教の非合理性に信仰の体験の無限の領域を与えつつ、あくまで非合理性を非合理性として、その必然性において内的連関のうちに立てることでなければならない。そこに宗教と哲学との結合点があり、一般に文化の領域が開かれるのである。われわれは宗教的体験の世界において神的実在と交わり、そこに一切の調和と憩いの源泉を見出すが、同時にわれわれはそこから出て文化の世界の中にもろもろの分裂と対立とを超えて闘わなければならない。キリスト教の本質はそれ自身、人間的文化の世界を超越した問題であるが、しかも以上の連関において、人間の理性的努力を除外するものでなく、決して文化的作業を否定するものではないとともに、いわんや、ロマン的な本源的生の非合理性のうちに隠れ場を求むべきものでは決してないのである。

この関係において、輓近《ばんきん》、ドイツにおいて唱道された「危機の神学」(Theologie der Krisis)あるいは「弁証法神学」(Dialektische Theologie)が、非合理性を強調し、文化の全面的否定の立場に立つのは、従来あまりにも合理主義的に組織せられた近代神学に対する反動としての意義は認め得られるも、それは自ら制限をもつものと言わなければならない。そうして、その場合の非合理性は、もとより純粋に神学の立場から、宗教的な固有の問題であって、したがって、しばしば誤解せられるような、それ自身、直ちに現代ナチス・ドイツの国家観の基礎となるものではない。しかし、もしそれが政治的非合理性と結びつくときには、ナチス国家観と提携し得る可能性と問題性がある。すなわち、後の場合には、一種のロマン主義的要求となり、かつて十九世紀のロマン主義がそうであったように、神の実在の問題と歴史的国家の実在とを結合するに至るのである。

現代国家哲学の動向は、さきに指摘したような、近代における宗教否定の傾向と国家概念の貧困との現象に対して、あたかもそれを宗教的非合理的な実在の問題と関連して、それを政治的国家の実在の問題の後退と見なし、したがって、新たに政治的国家の実在を基礎づけるがために、宗教的実在の問題を取り上げるがごとくである。キリスト教の世界の外に、輓近、国家権威の復興の声が国民的宗教の問題と関連して叫ばれるのも、こうした事情からであり、したがって、その国の国家組織と哲学は、究極において、その国民の神学——宗教的非合理性の問題に帰着するものと考えられる。また、かの中世哲学への復帰と言い、あるいはヘーゲル哲学の復興と言うのも、結局これにほかならず、いずれも宗教的実在が哲学的認識の問題とせられ、哲学的認識が世界実在の秩序の問題として思惟されるのである。

さらに進んで、もはや宗教的実在の問題でなく、むしろ、歴史的＝社会的実在が重要となり、これが前面に現われるに及んでは、ここに宗教的神秘に代った国家観、宗教的に普遍化された国家実在論が台頭するのである。同じく、主として近代ドイツに流行した「生の哲学」(Lebensphilosophie) ならびに「現象学」(Phänomenologie) のあるものは、いずれもこの傾向をたどるものと言うべく、われわれはその基礎において生命の神秘的要素、あるいは社会的なヴィタリスムスの契機を看取するに難くない。いまや、実にオントロギーの問題は、政治的＝社会的非合理性の問題として、国家本体論に集中したごとくである。ここに、近代に高調せられた国家実在論が時代の要求と結びつく理由があり、ナチスあるいはファッショ的国家との共同戦線において発展せられた所以が了解されるであろう。彼らに重要なのは「実在」の問題であり、それはもはや、われわれの認識の関心が接近してゆく客体としてでなく、かえって認識に先在する客観的な完全秩序としての実在である。かようにして、前科学的な普遍的実在として国家の存在が、最初にして最後の概念となって顕われ、国家実在の生命——実体的な国家の概念が、絶対的な神的実在に代えられるのである。それによって、国家は生命の実体——自らの裡に自らの理念と力とを融合する神秘的実在として、われわれの上に臨むのである。

しかるに、われわれはどこまでも、およそそのような国家の実在の認識がいかにして可能であるかを問わなければならない。それは国家の「事実的存在」の問題ではなく、「権利根拠」の問題でなければならない。ひいて、国家をして真に国家たらしめる規範的当為または価値の問題である。その場合、「正義」は政治上の合理的精神、または国家の価値的原理として、国家の実在を超えて妥当する根拠でなければならない。

かく論じ来たるときに、ふたたびプラトンの意義が顧みられなければならない。プラトンの哲学も、一面においては、そのような本体論的＝形而上学的性格を有し、なかんずく、それを政治的象徴において捉えようとする以上、国家を客観的精神実在として把握するものと見ることができ、それ故にこそ、彼の国家論が中世哲学ならびにヘーゲル哲学とも結合し得たのであった。しかし、それにもかかわらず、むしろ彼において重要な意味は、哲学が一つのテオリアであるためのロゴスの精神——認識の最高原理に関する哲学的思惟要素であって、そうして、これに基づく倫理的当為——実践的行為にまでの規範の確立にあると思われる。

これは、彼のイデア論を、あくまで先験性において捉え、価値の統一的観点として理解することである。かようなものとして、それは実在の世界を超越し、しかもそれにもかかわらず、それ自ら客観的妥当性を要求し得るところに、イデア論の不変の意味が考えられねばならぬ。ここに彼の理想国家は、何らかの歴史的実在として構想せられたものでなく、世界のいずこにおいても、また、いかなる時の経験においてもおそらく実現し得ず、ひとえに人類の実践的努力の永遠の課題としての理念の意義を持つ。国家の正義価値は、かような理念によって可能であり、それはもとより文化の世界において現実在と結合して存し、したがって、国家現象はこの価値に関係づけて考察せらるべきものではあるが、本来二者は融合し得るものではなく、価値それ自体は実在を超えて妥当するところのものである。かような意味において国家の価値を――理念を立てたと解せられるところに、政治哲学史上プラトンの意義の不朽なるものがある。彼が現代国家哲学の上に持つ、そうした意義については、私はさきに論じたが故に、ここには述べない[56]。

　ただ、その場合、彼の宗教・倫理・政治のあらゆる価値の本源的統体としての絶対的国家観、包括的な形而上学的文化国家観が、批判的分析を受けなければならないように、われわれが現代国家哲学の上に、プラトンの意味を汲もうとする場合には、一般にその批判的再構成をなすことが必要である。なかんずく、本論の関係において重要なのは、彼の哲人政治の原理は、もはや、ただ一哲人王の「教理《ドグマ》」の支配であってはならず、万人が同じく理性的者として生きる、およそ人間の社会共同生活における合理的な支配の原理が立てられなければならないことである。人間の自由の確信と理性的要求がその基礎たるべく、そこに政治上の合理主義が成り立つ根拠がある。もはや、いかに深い哲学的意義においてであろうとも、およそ「神政政治」からの脱却を意味し、教理の支配といかなる形の「権威信仰」とからも解放されて、各人の良心と理性によって理解せられ、要求せられるところの政治的共同生活への発展でなければならない。それには、プラトンと一般に古代ギリシャの世界においてまだ発見されなかった人間人格と自由の形成が前提でなければならない。これと相まち、それとの相関関係において、共同体の価値を立てることが、新たに問題となるのである。

それは究極において歴史的＝実在的な国家を超え出たところの、カントの言う「純粋実践理性の国とその正義」[57]の問題である。だが、それはもはや、単にギリシャ的な正義にとどまらずして、各人の自由の信仰により、プラトンその人すらもまだ識らなかった新しい世界、「神の国とその義」[58]によって、常に支えられ、導かれるところのものである。

（1） クルト・ジンガー『プラトーン』（清水武訳）、三五頁参照。
（2） Ernest Barker, *Plato and his Predecessors*, 1918, p. 27 に拠る。
（3） こうしたプラトンの国家論の書かれた動機とその思想的ならびに社会的条件については第一章二三―二六頁参照。
（4） *Politeia*, 368 d.
およそ人生において何が正義であるかの問題から出発したこの書が、にわかに転じて国家における正義の問題に移り、ここに本書の主題とする理想国家論の内容が展開されるのである。
（5） *Politeia*, 514-515.
（6） *ibid.*, 519 d.
（7） *ibid.*, 509 b, c.
（8） Othmar Spann, *Gesellschaftsphilosophie*, 1928, SS. 167-168.
（9） *Politeia*, 330 d, e; 621 c, d.
（10） Wilhelm Windelband, *Platon*, 6. Aufl., 1920, S. 161.
（11） *Politeia*, 592 b.
（12） Paul Janet, *Histoire de la science politique dans ses rapports avec la morale*, Tome I. 1913, p. 125.
（13） ギリシャ都市国家崩壊の原因としては、民衆政治の腐敗、大都市国家による小都市の圧迫、また、この大都市国家相互のあいだにおける不断の闘争、外には北方マケドニアの侵入、さらに根本にはあまりにも小さな都市的国家組織自体の諸点が挙げ得られるであろう（F. J. C. Hearnshaw, *The Development of Political Ideas*, 1928, pp. 14–15）。

しかし、これらのいわば外的原因のほかに、国民思想の頽廃の内的原因がなかったならば、かくまで早くその終局は来なかったであろう。本章は初めからあくまで重点を、そうした精神的展開の客観的必然性に置いて論じようとするのである。

(14) Hegel, *Philosophie der Geschichte* (herausg. von Glockner), S. 411.

(15) ここにもキリスト教の発生について社会的ないし経済的条件の研究は、その本質を把握せしめるものでなく、かえって精神の発展の内面的必然性の関連においてのみ、そのことが可能であることを注意しなければならぬ。

ただし、これら当時のギリシャ・ローマ時代における人生哲学、殊に宗教哲学とキリスト教との交渉は興味ある題目たるを失わないが、主としてプラトンとキリスト教の関係——殊に社会理想を中心とする本章においては、ただキリスト教発生に至る精神的思惟過程として問題を指摘するにとどめなければならぬ。

(16) かような人間霊肉の闘いの悩みと、同じく被造物としての宇宙万有の呻きを最も深刻に叙述しているものとしては、なかんずくロマ書第七および八章が参照されるべきである。

(17) Rudolf Eucken, *Die Lebensanschauungen der grossen Denker*, 1919, SS. 139–140.

(18) コリント前書第一五章四五—四七節参照。
(19) Ernst Troeltsch, *Die Soziallehren der christlichen Kirchen und Gruppen*, 1919, S. 41.
(20) ルカ伝第一七章二一節。
(21) 同第一一章二〇節参照。
(22) Vgl. Karl Hildebrand, *Geschichte und System der Rechts- und Staatsphilosophie*, Bd. I, SS. 7-8.
(23) Adolf Harnack, *Das Wesen des Christentums*, 1900, S. 34.
(24) ユダヤが長いあいだローマの侵入のもとに、また当時エドム国の成上り者ヘロデ王の専制のもとに抑圧されたため、「神の国」の支配の顕現に関する旧約の予言にもかかわらず、到底その不可能なことを想わしめた時代において、かようなイエスの新しい「神の国」の宣言は、ユダヤ人に対しても、かの学者・パリサイ人らの特殊階級は別として、一般窮民にとって大なる福音でなければならぬ。そうしたユダヤ主義からキリスト教の生起した政治的社会的条件の一般については *ibid.*, SS. 28-29 参照のこと。
(25) マルコ伝第四章三〇—三二節、同第一〇章一五節等。
(26) 波多野精一『宗教哲学』二一〇—二一一頁参照。
(27) わが国において、特にこの「信仰による義」を高調力説したのは故内村鑑三先生である。かくのごときはルッターの宗教改革の精神であったし、さらに遡っては使徒パウロの信仰であった。最近そうしたパウロの信仰を研究したものとして山谷省吾博士の力作『パウロの神学』を挙げることができる（なかんずく、同書一五五・一五七・一六〇頁参照）。

Vgl. Otto Pfleiderer, *Das Urchristentum*, 2. Aufl., 1902, Bd. I. SS. 246, 252ff.

(28) プラトンに有名なる芸術家追放論はその表われであって、ひとり神々を讃美し、英雄を頌讃する詩のみが許される（*Politeia*, X. 607）。また、宗教もついに国家共同体のための祭とせられ、この見地から一定の信条が規定されてある（*Nomoi*, VII. 800–801）。

(29) この点において現代のヒルデブラント、ジンガーら、ゲオルゲ一派の新しいプラトン研究は極めて興味があり、ある意味においてプラトンのキリスト教に対立する点を明白にしたものと言うことができる。第一章参照。なかんずくプラトンの神政政治思想については同三五―三八頁参照。

(30) Vgl. K. Hildebrand, *a. a. O.*, SS. 168–169.

(31) いわゆる「原始キリスト教」において、あるいは同じく聖書の記述においても、ツェラーも指摘するように多様の要素があり、この問題についても、いわゆる「ユダヤ的基督者」はつとめてユダヤ的国民主義の制限内にとどまろうとしたのに対して、キリスト教をあまねく世界的人類的宗教の線に沿うて確立したものは同じくパウロであった。

Vgl. E. Zeller, Das Urchristenthum (*Vorträge und Abhandlungen*), SS. 283, 250.

(32) Paul Wendland, *Die hellenistisch-römische Kultur*, 1912, SS. 230–231.

(33) ガラテヤ書第三章二八節、コリント前書第一二章一三節参照。
(34) ヨハネ伝第一八章三六節。
(35) E. Troeltsch, *a. a. O.*, S. 57.
(36) マタイ伝第六章三三節。
(37) 同第二二章二一節。
(38) 原始キリスト教のかような態度はローマ国家の誇りと相容れず、長いあいだキリスト者に対して加えられた惨酷な迫害がこれを立証する。しかるに、それがついに国教として採用されるに至ったのは、客観的条件として、一つにはすでに自ら諸国民の信仰を摂取した結果、唯一神教に傾いていたと同時に、二つには後に述べるように、普遍的組織として発達した教会に対して国家が協力を求める政治的理由が存したためである。Vgl. Paul Wendland, *a. a. O.*, SS. 249, 255-256.
(39) ロマ書第一三章一節。
(40) ペテロ前書第二章一三―一四節。
(41) Vgl. Max Wundt, *Griechische Weltanschauung*, 3. Aufl., SS. 117-118.
(42) マタイ伝第五章一八節、ルカ伝第一六章一七節参照。
(43) J. N. Figgis, *The Political Aspects of St. Augustine's "City of God"*, 1921, p. 68.
(44) W. Windelband, *Platon*, SS. 177-178.

(45) Vgl. Richard Kroner, *Von Kant bis Hegel*, Bd. II. S. 259.

(46) Vgl. Ernst Cassirer, *Freiheit und Form*, 1922, S. 570.

(47) Vgl. R. Eucken, *Die Lebensanschauungen der grossen Denker*, SS. 481–482.

(48) ラテン語 rex(国王)は本来ギリシャ語 rexein(犠牲をささげること)から出て、国王は同時に祭司を意味することは、この関係を示すものとして興味がある(Hegel, *Philosophie der Geschichte*, S. 383)。

(49) ドイツ・ナチスにおいて、ローゼンベルグ一派の運動が、「本源的なゲルマン感情」あるいは「ゲルマン的道義感」に呼びかけ、排他的な種族意識と国家意識を鼓吹した結果は、従来のキリスト教会の宗教運動に反対することはもちろん、ユダヤ的なキリスト教そのものにあき足らず、オーディンの古い国民的「神話」と「神秘」を強調することにより、一種のゲルマン的民族宗教復興の傾向となって現われたことは、以上の関係において理解されるべきである(Vgl. Alfred Rosenberg, *Der Mythus des 20. Jahrhunderts*, 1934. *Das Wesensgefüge des Nationalsozialismus*, 1933)。詳しくは第四章参照。そして同じくドイツにおける前掲ゲオルゲ一派のプラトン解釈——その神話的原像としてプラトン国家の復興の主張は、右と一脈相通ずるものがあるように、私には思われる。第一章参照。

(50) イタリーにおいてムッソリーニと法王庁とのあいだの実際政治上の協調はしばらく問わずとして、カトリシズムとファッシズムとの結合を早くから試みたものとして J.S. Barnes, *The*

Universal Aspects of Fascism, 1928; The same, *Fascism*, 1931 参照。

(51) すでにナチス以前から、その傾向を代表する者としてシュパンは言うまでもなく、新ヘーゲル主義の代表者ビンダーのナチスへの接近を示すものとして、その『法律哲学』の改版(Julius Binder, *System der Rechtsphilosophie*, 1937)を挙げることができる。

(52) かような意味において「権威信仰」(Autoritätsglaube)の語を使用したのはフィヒテである(Fichte, *Staatslehre*, 1813, SS. 129-130)。

(53) 和辻哲郎『原始基督教の文化史的意義』二三二頁。

(54) A. Harnack, *Das Wesen des Christentums*, S. 108.

(55) W. Windelband, *Einleitung in die Philosophie*, 2. Aufl., SS. 394-395.

(56) 第一章五〇―六二頁参照。

(57) Kant, *Zum ewigen Frieden*, S. 159.(フェリクス・マイナー出版の全集に拠る。)

(58) マタイ伝第六章三三節。

第三章　カントにおける世界秩序の理念

一　哲学の課題

近世歴史は「人間」の発見をもって始まる。(1) 永い中世を通して、神学と教会とがすべてのものの中心を占め、哲学と科学は神学の侍女の用をなすにとどまり、国家と政治は教会と宗教に対し従属的価値を認められるにすぎなかった。ルネッサンスは神的啓示の学に対する哲学的思惟の独立、また教会の権威に対する国家権力の独立、言いかえれば人間とその作業としての文化の価値の回復であった。それがギリシャ主義への復帰であり、人文主義の主張であったことは言うまでもない。しかし、ただに古い精神の復興でなくして、時代は同時に宗教改革を喚び起した。これによっていよいよ固められ、支持せられた人間個人意識は古代ギリシャ哲学を新たにしたルネッサンスの精神と、その超脱し来たった中世スコラ哲学の精神との結合を問題としたことは、けだし、学的思惟発展の必然の過程というべきである。これを第十七・八世紀にわたる広義の啓蒙時代とする。いまや人間自らを中心とし、人間の経験と理智とをもって、自然と世界、人生と道徳、国家と法律、それのみならず神と神の国の一切を論証し、批判し得る能力を、自己みずからに要請するに至った。

しかるに、ルネッサンスといい、啓蒙といい、その主要な契機となったものは自然科学研究の精神である。それ故に、この時代のあらゆる学的考察において、自然科学的研究の精神が興味の中心となり、したがって、世界と人生の自然機械論的または決定論的観察が主要な動向となったことは、決して偶然でない。このことは、この期における哲学の二大系統である唯理学派ならびに経験学派について、共通の傾向であった。したがって、彼らの突きつめた人間は、要するに、自然機構における原子的個か、または心理的経験的な個人にほかならなかった。

啓蒙時代にもまさって各「個」が高く均しく値づもられ、「個人」が強烈に意識せられた時代はないであろう。あたかもギリシャ啓蒙期におけるがごとく、人間が万物の尺度となり、個人の理智がすべての評価の基準となったのである。すでに教権から解放された宗教についていては、一方においてわずかに自然決定論的な神学説を立てることにより伝統的宗教との結合を試み、または神および霊魂に関する哲学的思弁によって伝統的教義の理論的基礎づけを試みたのに対して、他方に唯物的・心理的研究の結果の極端なものは、宗教および教会に対して単に国家的政治の手段価値を認めるにすぎず、あるいは一般に懐疑的・無神論的帰結をたどるに至った。また、ルネッサンスにおいて確立した国家法律秩序についても、一方においてわずかに自然機械観的な形而上学的基礎の上に、国家権力の絶対主義を支持する者があるのに対して、他方にはあくまで個人を中心として、国家について単に手段価値をのみ認め、または一般に権力に対する懐疑的論結を下すに至った。そのいずれにおいても、個人が出発点であって、自然法と契約説に依拠したことは同じである。国家相互の関係については、一方に国家権力の絶対主義の立場からはもちろん、いずれかの意義において国家権力を認容する者もともにひとしく、国際の自然状態を前提として国際的秩序を全然否定したのに対し、他方にはこのような国家相互の対立のあいだに、わずかに契約説の類推により法的関係の存在を論じたか、あるいは自然法説と個人主義の理論を徹底して、単なる世界主義を論ずるに過ぎなかった。

あたかもこの時代は、現実政治の上においては革命と抗争の時代である。イギリス革命とフランス革命と、アメリカ合衆国の独立といわゆるヨーロッパの権力平衡主義をもたらしたこの時代は、一般政治思想においては自由と独立の世紀である。国内においては個人の自由と権利が主張せられ、国家相互のあいだには国家の自由と独立が高唱せられた。それは、自由の精神の自覚であり、人道主義の意識の発現であった。しかも、「自由」の何であるか、「人道」の何であるかについて、その本質の積極的説明に至っては、当代の自由思想家もあえてこれを与えず、ただ、彼らの取り扱ったのは単に政治社会制度としての合法性の問題にとどまった。したがって、一般に歴史および伝統の秩序権威に対する懐疑的・消極的傾向をとるに至ったのである。(2)

個人の自覚、自己自身の理性をもってする批判、それはあらゆる真の学的思惟の出発点であるギリシャ哲学の盛時を魁したものもこれであった。宗教がその神聖の伽藍から、立法がその権威の王座から、一度は出て人間理性の批判に服しなければならぬ。カントもこのような「批判の時代」の精神に育まれた啓蒙の児であった。(3) およそ啓蒙思潮の貢献は特に消極的意義を有する点にある。人間が自己みずからに喚びさまされるためには、伝統的精神と外的習律とからまず理性自身が自由になることを必要とする。しかし、他方に啓蒙思想の成し遂げ得なかったのは積極的構成においてである。それがために根本に欠けたものは一つには認識論的根拠であって、当時、思弁的形而上学が構想せられたか、または感覚的経験論、その窮極においては懐疑論が説かれたかである。次には同じく道徳説においても普遍妥当の客観的原理を立て得ずして、主観的幸福主義が説かれたか、あるいは認識の根拠の否定とともに懐疑説に終ったかである。

時代が新たに発見した人間理性によって、すべてを批判しつつあったあいだに、さらに根本的に「理性」そのものの批判をなすことにより、「人間」の批判をなしたのはカントである。かようにして『純粋理性批判』(*Kritik der reinen Vernunft*, 1781)とその以後の批判書はものせられ、批判哲学は樹立せられたのである。いま、それら批判書の内容と全哲学組織の構造について叙説することは、もとよりあえて本章の企図するところではないが、ただ本論と交渉を有するかぎりにおいて全体の連関を概観するであろう。

まず『純粋理性批判』においての第一の課題が、認識そのものを問題とし、経験がいかにして可能であるかの論証にあったことは、啓蒙思潮に対するカントの新たな位置の展開を示すものである。これによって、悟性の法則に基づき純粋数学および純粋自然科学を基礎として、一般に「知識」の先天的原理を立てたとともに、従来の本体論的形而上学の可能を否定したのである。これは思弁哲学の独断に対する論難であって、ここに感性の世界、自然の世界においては純粋(理論)理性は無力とせられ、理性の三理念である「意志の自由」と「神の存在」と「霊魂の不滅」は単に規制的原理を成すのみであって、経験の対象となることができず、したがって、知識の限界の外にあるとせられた。しかし、自然の世界に対立する自由の世界においては、理性の実践的使用のために、そこに広大な領域を取り残した。否、道徳および宗教論の礎石はすでに『純粋理性批判』において置かれたのであった。

ある意味において『純粋理性批判』においてのカントの主たる関心は、むしろ実践道徳哲学の樹立にあったとも見られるが、進んで道徳の先天的原理を定立したのが、『実践理性批判』(*Kritik der praktischen Vernunft*, 1788)と、これに先だつ『道徳形而上学の基礎』(*Grundlegung zur Metaphysik der Sitten*, 1785)である。ここに感性界の必然的因果の法則からまったく独立に、実践理性それ自らの法則として普遍妥当な道徳法則が定立された。後にやや詳しく述べるように、ここに「意志の自由」が必然に要請せられる。この道徳論に対しては、唯理哲学の完成説も経済哲学の幸福説と同じく他律的であって、経験的条件に制約される点において何ら異なるところがない。この点においても啓蒙哲学に対するカントの超出が認められる。カントにおいてのごとくに、自然と自由、存在と当為が厳しく対立せられたことはないであろう。人間はその二元性によって、一方には他の実在と同じく単に自然的存在者として必然の世界の隷属者たるとともに、他方に理性者として自由の世界の立法者である。前者の意義における人間としては単なる自然機械的因果の法則に支配されるけれども、後の意義においては因果の法則に依存しない意味において自由の法則の原因であり、人は自由の主体である。

理論および実践の二つの世界において理性そのものを批判することによって、彼は「人間」を批判したのであった。人間が人間たるの特質、そして彼が重心を置いたのは、「現象人」(homo phaenomenon)としての人間でなくして、「本体人」(homo noumenon)としてのそれである。後者の稟質《ひんしつ》において人は初めて自然人と異なる道徳的人格者たり得る。カントは、ルネッサンスが発見した「人間」を批判することによって「人間その者」(Menschheit)、「人格」(Personalität)を発見したのである。それは人間の理念であって、経験的・自然機械的な人間はその理念にまで高められるに至った。もはや、一者が他者と比量せられる「個人」でなくして、これを超越する「人間その者」であった。

かように『純粋理性批判』においてその対象とせられたものは必然的因果律の世界であり、『実践理性批判』においては自由の世界である。ここに自然と自由の両世界は対立せられ、永久の二律背反を構成する。第一批判書における二律背反の解(ここには主として、因果律と自由を問題とした第三アンティノミーについて言うのであるが)は、終局的解決を与えたものでなくして、自然感性界は「物自体」に対する「現象」の世界として、両者おのおのそれ自らの法則形式を有し得ることを証明する、単に消極的解決にほかならなかった。しかるに、進んで自然と自由との綜合を可能ならしめる積極的解決はないであろうか。その綜合の一形式は、すでに『実践理性批判』における「最高善」の概念に認めることができる。それは、後に至ってふたたび細説するように、道徳的原理において拒斥せられた自然的要素をば、徳の原理を制約とすることによってとり入れ、自由と自然との二元的分離を綜合する概念である。純粋理論理性の批判において、単に認識の規制理念として経験の限界に置かれた「神の存在」と「霊魂の不滅」は、いまや積極的に「意志の自由」と同じく確信の対象として、「最高善」の概念に根拠して、実践理性の必然的要請とせられ、ここに、いわゆる「実践理性の優位」が主張され、また、カントの『宗教論』(*Religion innerhalb der Grenzen der blossen Vernunft*, 1793)の端緒が開示されるのである。しかし、他方に自然自身について機械的因果律によるほかに別個の解釈をすることにより、知識の問題として自由と自然とのあいだの二律背反は解決し得られないであろうか。それは、自然を全体として、これに「合目的」な解釈を与えることによって成し遂げられた。『判断力批判』(*Kritik der Urteilskraft*, 1790)の一つの課題は美の先天的原理を見出すことにあったと同時に、他の重要な課題はかような自然の合目的観であった。一旦峻別せられた自然と自由の両世界は、これによって綜合せられるに至ったのである。しかもそれは、形而上学的でなくして、道徳的観点において、人間が理性者としてその本分を実現するかぎり、全体としての自然について認められる目的観にほかならぬのである。

ここに第三批判書をもってカント哲学体系は大成せられ、人間理性(広義における)の諸能力である知識・道徳および審美の諸領域において、おのおの普遍妥当の先天的原理を立したのであるが、その哲学は畢竟《ひっきょう》するに「人間の哲学」であり、全哲学組織を通観するとき、その中核をなすものは「人間」の概念である。しかも、必然の法則に従属する自然的存在者としての人間でなく、道徳法則に根拠する意志の自由の主体としての人間である。カントにおけるごとく「人間」が最も尊貴な相において表象されたことはないであろう。それがルソーの『エミール』といかに密接な思想的関連を有するかはあまりに著明な事実であるとしても、カントの試みた表出はロマン的でなく、近世科学的知識の批判的基礎においてである。ルネッサンスによって発見された人間が、ここに批判的方法において倫理的根拠を与えられたのである。それは同時に、宗教改革が深め、かつ固めたところの個人人格思想の哲学的構成でもあったのである。

しかるに、カントの哲学思想はこれをもって完結せられたと称するを得ない。「人間」の観念は個人において終始するものでなく、必然に社会における個人相互の結合関係を予想する。人と人との結合関係において最も重要なのは公的共同体としての政治的社会体である。これは、もともと個人に出発する道徳哲学のほかに、政治哲学の領域の存する所以《ゆえん》である。プラトンおよびアリストテレスにおけるがごとく、カントにおいても国家および政治論は哲学的思惟の必然的帰結であった。いまや、国家の内部にあっては国家権力との関係において個人の自由が問題とせられ、国家の外部にあっては世界の政治的秩序との関係において国民の自由が問題とせられる。かようにして「人間」の概念は必然に、人間社会の本質的要素である「人道」の観念を包含するのである。そして「人間の哲学」はまた「人道の哲学」を意味するに至るのである。本来、純粋に個人に出発する道徳的観念から、いかにして社会共同体的な政治上の観念が導き出されるか。

カントにおけるその理論の跡づけは、次節において政治の道徳的基礎を究明するときに述べるとして、ここには彼の政治論が、往々言われるがごとき、単に当時のアメリカ合衆国の独立またはフランス革命の経験的政治事象に刺戟されて試みられた偶然の一節でなくして、まさに道徳哲学に根拠して構成せられた新たな形而上学の問題であることを注意したいのである。

カントの批判哲学は一面、形而上学に対する闘いと称すべく、新たな認識論的根拠に基づいて在来の形而上学を否定することにより、哲学史上一大転向を作ったのは彼であった。だがそのことは、古来の偉大な哲学者においても見られるごとき人間の形而上学的要求を否定したものではない。彼のこれに対する興味は、コーヘンの指摘しているように、三批判の後にさらに進んで積極的な批判的論構をなすに当り、一旦廃棄したこの古い名辞をも排斥せず、新しい意味において形而上学を立てようとしたことによっても認められるであろう。(4) すなわち国家・法律の問題について一七九七年に公けにした『法律論の形而上学的原理』(*Metaphysische Anfangsgründe der Rechtslehre*)はその試図の一つと見るべく、『徳の形而上学的原理』(*M. A. d. Tugendlehre*)とともに、『道徳の形而上学』(*Metaphysik der Sitten*, 1798)としてまとめたが、これは『実践理性批判』の補充的位置を占めるものである。その内容は、すでに一七九三年の『理論においては正しくとも、実際においては用を為さずとの俗諺について』(*Über den Gemeinspruch: Das mag in der Theorie richtig sein, taugt aber nicht für die Praxis*)の中にも説かれてあり、しかも、その末節はともに国際の法律秩序および政治組織についての叙述である。これと関連して人類永久平和の哲学的考察を試みたものが、なかんずく『永久平和のために』(*Zum ewigen Frieden*, 1795)の論考である。さらに、カントの政治論は歴史哲学と関連して早くから構想されたところであり、一七八四年の『世界公民的見地における一般歴史の理念』(*Idee zu einer allgemeinen Geschichte in weltbürgerlicher Absicht*)がそれである。人間が個人または民族としてでなく全人類種属として、国家の内外の関係において完全な政治秩序を立て、それによって普遍的な世界公民的状態をつくるのが歴史の終局目的である。この歴史哲学との関係は重要であり、その他の一連の論作に基づき、本論の終りに叙述しようと思う。(5)

ただ、彼自身、政治については他の領域において成し遂げたような体系的論構なく、また、あえて企図しなかったところであるが、これらの論著は相まってカントの政治哲学思想を形成し、政治に関する新たな形而上学的研究として、三批判に対する補充的位置を占める。それ故に、彼の国家・法律論は、また往々評せられるがごとき、単に老後の述作ではなく、まさに哲学の課題として、カントの全哲学体系における思惟発展との必然的連関を有し、これによって全哲学思想が完結せられるのである。同時に、国家・法律論の窮極目的である世界秩序論が全哲学思想の終局を形づくるということができる。以下、カントの諸論作について、国家、特に世界秩序論を主題として、いささか全哲学思想との根本の関連において解明し、世界の新たな政治秩序の問題に対していかなる基礎を供し、理想を与えたか、それによって一般政治思想、別しては新たな国際政治学の上に、いかなる業績と同時に問題を残したかを考察しようとするものである(6)。

二　世界秩序の道徳的および宗教的基礎

カントの哲学体系の全構造においてその頂点を飾るものは、前節に叙述した全体の組織の梗概によっても明らかなように、「道徳」である。彼自身の説くところによれば、道徳哲学こそは、「人間の理性的目的に対するすべての認識の関係の学」としての哲学の体系において、「人間の全的規定」を意味する人間「終局目的」の学である(7)。しからば、カント哲学体系の統一的頂点を占める道徳と、私がさきに、彼の哲学思想の完結であり、全哲学体系の終局であると言った国家・法律との関係は、いかに考えるべきであるか。国家・法律論の窮極目的である世界政治秩序の倫理的基礎は何であるか。これがまずわれわれの考察を要する問題である。

カント道徳学説の核心は「断言命令」であり、無制約の当為である。他の何らかによって制約せられる当為は妥協的であって、その命令たるや仮言的にすぎないが、かような道徳上の「中間物」を排斥して、それ自身を目的とする純粋実践理性の法則こそ、実践道徳の原理である。それは、あらゆる経験的実質に従属しない普遍妥当の形式的原理であって、「汝の意志の格率が同時に普遍的立法の原理として妥当し得るように行為せよ」において、よく表出せられてある。(8)

かように道徳法則が純形式的であって、実質的経験の法則に依存しないことにおいて、意志の「自由」が存する。すなわち、道徳法則が普遍妥当的に定立せられる先天性において、「自由」の観念が認識せられるのである。自由は、理論認識の領域においては一つの規制的理念であって、悟性の法則によっては論証し得られず、単にその蓋然性のみが想定せられたにとどまったが、実践理性の道徳の領域においてはその先天的必然性が確認せられるのである。ここに理性は自然の因果的法則に従属しないという消極的意義のほかに、さらに自己自身の法則を定立することにおいて積極的意義を有し来たるのである。これが「意志の自律」であって、自ら立てた自己本来の法則以外の何ものかに従属する「他律」と区別せられる。カントは同時に、道徳法則の実在根拠として自由を前提とすることによって、道徳法則の形式的なことを証明したけれども、彼の批判哲学において重要なのは、むしろ、普遍妥当的な道徳法則を認識根拠とすることによって、自由が確立せられることである。「汝為さざるべからざるが故に汝為し能うのである」(„Du kannst, denn du sollst.“)。

　これがカントにおける「自由」と道徳の「法則」との関係であって、道徳法則の表現するものは自由にほかならず、また、自由は実践理性の法則それ自体である。両者は同一であって、ともに純粋理性の本質から出る概念である。故に、カント哲学を「自由の哲学」と呼ぶのは「法則の哲学」と言うのと同義である。このことはある意味では理論哲学についても言い得るが、特に実践哲学に関しては、道徳法則の先天的必然性において自由が存し、「自由」はすなわち「法則」においてである。

　かような自由が「人格」の観念を構成する。すなわち、人は意志の自律によって、彼自身の法則を自己の裡《うち》に有し、自己みずからがその立法者である。これがすなわち、「人間」の理念であって、前節に説いたように、カント哲学は窮極において、「人間」の批判的建設であったのである。もとより人間は一方に「現象人」(homo phaenomenon)としては自然の機構に従属するが、他方に「本体人」(homo noumenon)としては自由の主体である。単なる人間が人格者であるのはこの後の意義においてである。自然の人間はもとよりあまりに不神聖であるが、人間そのもの、すなわち人格としての人間は神聖である。(9) 人間が目的自体であるのはこの人格者たることによってである。

「人間その者」「人格」の観念は人間の理念であって、人類がたとい唯一の個的実在者である場合を想定するときにも妥当する概念であり、前掲の「汝の意志の格率が常に普遍的立法の原理として妥当し得るよう行為せよ」という原理は、人間がたとい道徳法則の前に唯一者として立った場合にも、自己自身に対して必ずや遵守しなければならぬところであるが、人間は多数個人の共存を前提とし、かような道徳法則の形式は人と人との交互関係を予想する。その場合、おのおの人間は自由意志の主体である人格として普遍客観的法則を自己の意欲に対して立法する存在者であるが故に、すべてが同一の道徳法則によって組織的に結合せられた一つの「国」を形づくる。それは、人間相互が自他の人格をおのおの自律的意志の主体である「目的自体」として形成する倫理的共同体である。これが「目的の国」(Reich der Zwecke)[10]の観念であり、道徳的存在者の共同体であり、「人格」の理念の客観的実在として「道徳の国」(Reich der Sitten)[11]である。ここに断言命令は他の形式によって言い表わされる。「汝ならびに他のおのおのの人における人間その者を常に同時に目的として使用し、決して単に手段として使用しないように行為せよ[12]」と。万物は人間の欲するがままにこれを単に手段として使用することを許される。だが、ひとり人格者である人間は、いかなる場合にも、決して他の目的に対する手段としてのみ取り扱わるべきでなく、必ず同時に目的それ自体として遇せらるべきである。すなわち、人間は道徳行為の主体であると同時に、道徳行為の客体としての人格者たる所以である。

「自然の国」に対するこの「目的の国」としての倫理的共同体である「道徳の国」において、各人は人格者として、この国の客観的法則の立法者であるとともに、その法則に服従する臣民である[13]。人は倫理的共同体において自由であると同時に、道徳法則によって制約せられる。否、道徳の普遍客観的法則に根拠してのみ人は自由の主体たり得るのである。されば、目的の国においての断言命令は他の形式によっても言い表わされる。

「ただ可能な目的の国における普遍的立法をなす成員としての格率に従って行為せよ」(14)と。これがカントにおける社会共同体の倫理的原則である。しばしばカントを単なる個人主義の倫理思想として評する者あるも、およそ個人主義は彼の哲学思想から遠いものであった。個人を超越することにより、個人——啓蒙思潮が発見したる個——に、普遍的客観性を与えようとしたのである。それはあたかも、ギリシャ啓蒙期においてソフィストによって問題として提起せられた「人間」に、普遍的基礎を発見しようとしたソクラテスの事業を成就したものと考えられる。個人主義の道徳説でもなく、また直ちに社会団体を基礎とする倫理説でもなく、その純粋な形においては超個人・超団体の道徳学説であった。それ故によく個人と、同時に社会共同団体の倫理として妥当し得るのである。

すでに述べたごとく、人間は意志の自律によって自ら道徳法則の立法者であるが、いわゆる「意志の自由」は一つの当為であり、「善の原理」の不断に実現を要求する永遠の課題である。けだし、他方に人間性の本源において、あらゆる道徳的心情を破壊して道徳的原理に背き、自然的傾向性が行為の格率として最高の妥当を要求するところの、カントの称して「根本悪」(radikal Böse)と規定した問題の存する所以であって、それはもっぱら人間意志を支配する道徳行為の心情に関し、人間自らをもってしてはもはやいかんともなし能わない境位である。(15) この曲った人間の心情を変じて道徳的善意志に向わしめ、「善」の原理の勝利と「悪」からの解脱に到達することは、ひとり道徳的努力をもってしては期待し得ず、人は必然に宗教に趨《おもむ》かなければならぬ。すなわち、われわれの一切の義務を、人間みずからの意志の原理としてでなくして、神の命令として認識することにより、ここに人間無力の補いとして神の意志が「協働」するのである。ただ、その場合、彼の道徳論の核心である意志の自律といかなる関係にあるか。かくては、いうところの宗教は道徳と比較して、何に本質的差異を認め得られるか。カントは果して宗教にそれ自身固有の意味原理を明らかにし得たであろうか。とにかく、彼の宗教論はもっぱら道徳を基礎として成立するのであって、これが彼の道徳説を深化せしめた所以であると同時に、その宗教論に否み能わない難点を残した所以でもあると思う。このことは本章の終りにおいてふたたび論ずるところがあるであろう。

かようにして、カント全哲学体系の中心である道徳説は宗教に導く。そして道徳はひとり個人道徳にとどまらずして、必然に人格者相互の関係である共同体の倫理に導いたように、宗教は個人の問題にとどまらずして、必然に神と人間全体の普遍的共同体の関係に導く。ここに倫理的共同体である「道徳の国」は必然に「神の国」に連なるのである。それは善の原理の永遠に確立せられる世界であり、そこではもはや人間みずからが立法者でなく、いわば普遍妥当性の具現者である神自身が立法者であって、人間は「神の国の市民」として臣民の位置に立つ。それは全人格の内面的更生を成し遂げたすべての者の共同体、いわゆる「見えない教会」の観念であって、歴史的な「見える教会」の理念でなければならない(16)。

以上、道徳は人間行為の動機・心情・意志の内的自由を問題としてついに宗教に導き、神の国を要請するに至ったが、他方に心情は行為において実現せられ、内的自由は外的自由を要求する。ここに「道徳の国」の原理は外的な「法律の国」としての国家の観念へと導く。

国家は多数個人の単なる集積でなく、経験的な幸福の原理から独立して、先天的法律原理に基づく結合として、それ自身また一つの理念である(17)。ここには道徳法則とならんで、国家の法律は「一人の恣意が自由の普遍的法則に従って、他人の恣意と調和し得るための諸制約の総体」である。この制約のもとにおいて、各人の格率は「汝の恣意の自由な使用が普遍的法則に従って、各人の自由と並立し得るよう外的に行為せよ」にある。(18)法律のかような形式的原理は、さきに掲げた『道徳形而上学の基礎』における断言命令の第一形式の、外的社会生活への応用と解すべきである。道徳の国が内的自由の共同体と称するならば、国家はその必然な自由の外的形式としての法的共同体である。これはカントにおける「道徳性」(Moralität)と「合法性」(Legalität)の区別から生ずる帰結であって、前者が徳の固有の義務の動機によって行為することを命ずるのに対して、後者は他の動機を認容する、行為の合法則性の問題である。元来、道徳は必然に行為を問題とし、法律もまた心情を問う場合があるから、必ずしも道徳の国と法律の国を、それぞれ心情それ自身と行為それ自身とに区別する意味においての、内的および外的の共同体に分かち得ないとしても、同一行為についても価値判断の観点は両者それぞれ異なり、道徳の重点は内部関係にあり、外部関係は法の問題として重要となるのである。(19)かような意義において道徳の国と法律の国とは内外相関連し、一方に外的自由をもって内的自由を保証することにより、国家は個人人格およびその共同体である道徳の国の外的制約となり、他方にこのような国家の強制を道徳的自由意志に基づかしめることにより、法的命令に従うことを道徳上の義務となし得るのである。

これはカントにおける道徳と法律、したがって政治との内面的関連として解釈し得られるところであるが、なお両者の相関関係は、法律の国においても道徳の国におけると同じく、各人は普遍的法則の服従者として臣民であると同時に、自ら普遍的法則の立法者である点においても認められる。それは法律における意志の自律の問題であって、ここに国家的秩序の基礎が置かれる。道徳の場合と同じく、一切の経験的実質的原理から独立した、先天的形式的な国家の普遍的法律において「自由」が存するのである。それ故に、各人の自由は国家の概念と不可分な先天的原理であって、[20] 自由は国家の客観的秩序を根拠として初めて可能であり、普遍的法律によって個人相互の自由と平等の関係は成立するのである。かくのごときはまた「人格者は互に常に目的として遇すべく、単に手段としてのみ遇してはならぬ」という道徳の国の原理の応用であって、「人間」の哲学はまた「人道」の哲学を意味するのである。

以上叙述して来たように、カントにおいては道徳を中心として、一方は宗教に導き、他方は法律に連なり、かようにして「宗教の国」と「法律の国」とは「道徳の国」を境として、互に接合する。いずれも目的自身、人格者相互の関係において成り立つ体系的結合であって、無秩序の国はなく、法則の世界、目的の国である。それは必然の法則に基づく「自然の国」の諸体系との比論において自由の世界の結合体系である。[21] これをプラトンの『国家論』(*Politeia*)と比較するときに、われわれは深い意味を見出すであろう。何故ならば、プラトンのこの書を読む者は、それが倫理の書であって、その国家は倫理的共同体であるばかりでなく、さらに神政政治思想を予示するものがあって、その中には後世、道徳・宗教および政治社会の各領域に分解されねばならぬ諸契機の混淆しているのを知るであろうから。[22] それは、プラトン哲学が真善美の各文化価値のまだ批判的分析を経ない形而上学的構想であるのに対して、カントがそれらの各領域に固有の価値原理を定立した批判的方法の結果であって、プラトンにおけるごとき善のイデアまたはその他の一つをもって最高の絶対価値とすることなく、むしろ宗教・道徳および政治の各領域における文化の価値の自律とその相関関係の思想が確立されてあるのを知るのである。かようにして、遠くプラトンの偉大な理想国家の構想がカントによって初めて批判的構成を得たものと称して過言はないであろう。

このような観念の国家における人類の結合は、他の社会的結合と違って「自目的」であり、人間の外的共同関係においての「無制約な第一義務」であって、他のすべての外的義務の不可欠要件(conditio sine qua non)である最高の形式的制約として、[23] その相互の関係においておのおの「道徳的人格」として認められなければならぬ。(24)かように国家をそれ自身超個人的な人格、目的それ自体として把握した点において、かの啓蒙の個人主義思想に出発して、国家にそれ自身の価値を認めず、国家を単なる自然的機構として考え、あるいは人格完成のための手段と見做した多くの自然法学者を超えたカントの特質を看取することができる。彼も法律および国家を道徳法の実現を可能ならしめる外的条件として思惟したけれども、その関係は単に目的に対する手段の従属的関係でなくして、道徳の国と法律の国とは、その内面的連関を保ちつつ、しかも相並んで、それぞれの価値を認められたのである。彼において、倫理説が道徳の客観的世界秩序の定立であるのに対し、法律論はその応用としての客観的法律国家秩序の世界の設定である。これは、「法律の国」を道徳と同じく実践理性そのものの要求に基礎づけ、それ自身一つの断言命令とした論理の必然的帰結である。これが、多くの人びとがカントの国家論を倫理説とともに個人主義の学説であるとする見方に対し、私の直ちに賛同し能わざる所以である。もとより、国家が目的それ自身であり、道徳的人格者であるのは、一個の実在として、そうであるのではない。個人の場合においても、それが人格者であるのは、前に述べたごとく、具体的実在者としてでなく、道徳的当為の可能において成り立つ自由の主体としての「人間の理念」であるように、国家についてもそれが人格者であるのは普遍妥当の法的規範を可能ならしめる理念としての共同体においてである。ただ、カントの国家論は主として法的観点から構想され、したがって、その国家はひとえに法律国家であった点に制限を有する。さらに独自の「民族」共同体の概念を認め、有機体的生の全体として国家を説くに至ったのは、フィヒテに端を発するロマン主義などによってなされた国家哲学の展開であるとともに、また、多くの批判的再吟味を遂げねばならぬものがあることは、次節において述べるであろう。

しかし、カントが道徳哲学に出発して、国家を個人に超越する目的それ自体、一個の道徳的・法的人格として基礎づけたことは、国家哲学への新たな寄与であるとともに、世界政治秩序の倫理的根拠を据えたものと言うことができる。ここに世界における国家相互の関係の倫理的当為は、国家がそれ自体統一的人格として自他の国家を常に同時に目的として遇し、単に手段として使用してはならぬということである。しかるに、国際政治の現実は、あたかもこの命法に背反する格率によって支配せられてある。それは何か。現実の戦争行為か、しからずんば戦争への不断の脅威である。カントの精神に従えば、各国はこれによって、一方には自他の国家そのものを目的として遇しないとともに、他方に自国ならびに他国の人民を手段として使用するのである。国際法と国家法はこの事実を規定して、国家の国家に対する「戦争の権利」と、国家が人民をして戦争に従事せしめる権利を認める。けだし、これは、現実の国際政治組織と国際間の客観的法律秩序の欠缺《けんけつ》の故に、単に「許容せられた権利」であり[25]、なお「自然状態においての哀しむべき緊急手段」にほかならぬのである[26]。

しかるに「戦争」そのものは何か。カントにあっては戦争は「最も大なる禍害[27]」「人類の鞭[28]」である。しかし他方に、彼は戦争が秩序と法の尊重のもとに行われるときは、人間に壮美の感情を喚び起し、同時に、危機に曝された国民の思想を高め、これに反して、長い平和がかえってあくなき営利心を蔓延せしめ、同時に、低い我欲と怯懦《きょうだ》心をもたらし、国民の思想を低下せしめる傾向のあることを指摘した[29]。また、後に述べるように、歴史哲学の問題として、人類歴史の進行における自然の合目的的関係から見て、戦争を文化発展として解釈するのに躊躇しなかった。それにもかかわらず、われわれの裡なる実践理性は要求して言う「戦争あるべからず」と。これは拒否すべからざる理性の「ヴィトー」である[30]。何故ならば、戦争は人格としての個人および国家相互のあいだの倫理的命法と相容れないからである。戦争は前述のごとく、現実の実証的な政治法律秩序の条件のもとにおいては一つの制度・権利として、たといその許容し得られる論拠を有するにかかわらず、道徳的価値判断においては、常に拒斥せられる所以は、そこにある。

それ故に、国際の外的秩序を規律する国際法の理念は、国際の道徳的秩序の法則に照応して、国際のこのような自然状態から脱却して、あたかも個人相互がその自然状態を脱して国家としての公民的状態に入り込んだと同じく、国際の公民的国家的状態の創設を要求する。それは戦争の一時的休止でなく、制度・権利としての戦争の止揚を意味する、世界の完全な政治秩序の要請である。かようにして、それ自身妥当する国際の客観的・普遍的法則秩序を立てることによって、おのおのの国家と国民の自由が確立されなければならぬ。カントの政治理論は、道徳学説との関連においては「自由」すなわち「人格」の観念に根拠して、一つには国家における個人の自由の理説であり、二つには国際における国民の自由の問題であったと言うことができる。しかもそのいずれの場合においても、自由は主観的恣意でなくして、それ自身妥当する実践理性の客観的法則によって確立せられるのである。そうして、ついに世界の完全な普遍的公民的秩序に基づき、国民の自由とともに個人の自由も完成せられるのである。けだし、人道の観念の窮極の要請であって、国際政治ないし世界秩序論は「人間」の哲学に根拠する人道哲学の頂点を飾る。ここに第十七・八世紀において高唱せられた「自由」の権利と「人道」の観念の批判的基礎が見出されたのである。

以上は、カント道徳哲学の核心である「自由」、すなわち「人格」の観念を中軸として、一般に国家、進んで国際政治と道徳ないし宗教との関係を吟味したのであるが、なおカント道徳学説の頂点を含める「最高善」の概念を中心として論ずることにより、世界政治秩序の道徳的および宗教的根拠を考察しようと思う。

前段においてわれわれの出発点としたカント道徳説の特質は、純粋に形式的な点にあった。すなわち、すべての実質的な自然的傾向性から独立して、純粋意志自身の法則が定立せられた。かような道徳の普遍必然的規定原理は、人間に対しては命令であって、主観的な感性的動機に対する実践理性の抵抗として道徳的強制を伴い、したがって、それは「義務」の法則である。義務の追求におけるわれわれの裡なる道徳的心情の能力、すなわち道徳の形式的法則による自由に根拠して自然的傾向性との対抗において成立する人間格率の強さに、「徳」が存するのである。(31) それ故に、義務の法則は「徳の原理」

であって、主観的・実質的な「幸福の原理」とはまったく相容れない。これはカントが当時の主として経験哲学に基づく幸福説または快楽説の道徳論に対抗して、「汝崇高にして偉大なる名よ」と呼びかけた「義務」の教説である。(32) 義務あるいは徳と幸福とが、彼のごとくに峻《けわ》しく対立せられたのはなく、両者は全然異質の概念である。この点においては、禁欲を教えたストアの倫理説も快楽を説いたエピクロスと相違はなく、両者ともに徳および幸福原理の同一性を見出そうとして、ただその方法において異なるだけである。(33) したがって、幸福を排斥する義務の客観的原理を説いたカントの道徳哲学は、古代ギリシャの倫理学説より近世イギリス経験哲学のそれに至る、すべての道徳学説に対する批判的考察であって、あたかも認識論においてと同じ業績を、道徳論においても成し遂げたものと言うべきである。義務と幸福との対立、そして前者の法則による後者の原理の克服、ここに道徳律の神聖が存し、同時に彼の道徳が「厳格主義」(Rigorismus)をもって呼ばれる所以がある。

しからば、カントの全道徳哲学において「幸福」の要素は永久に否定せられたか。否。義務が唯一の実践的原理であり、徳が理性的実在者の欲求能力の対象として「最上善」(oberstes Gut)であるが、他方に幸福は有限な理性者としての人間の避けることのできない要求であり、また、徳に値する幸福の享受を拒むことは完全なる理性者——かくのごときものを想定するとすれば——の意志とも一致しないと言わなければならない。ここに「最上善」と区別して、「最上かつ完全な善」(vollkommenstes Gut)としての「最高善」(höchstes Gut)の概念において幸福の要素が包摂せられ、徳と徳に値する幸福との結合が必然的に考えられなければならない。その場合、徳と幸福とは最高善の二要素であって、しかも二者は同質でなく、したがって、徳と幸福との原理は実践理性の「二律背反」を構成する。

およそ、カント哲学——理論ならびに実践を通じて——の基本問題は二律背反である。理論理性においては因果的法則における自然必然性と理性の自由との結合がいかにして可能であるかが問題であって、これが解決は現象の世界と物自体との区別によってなされたことは、前にも触れた点である。しからば、実践理性における徳と幸福の原理の二律背反の解決がいかにして可能であるか。その批判的解決の詳細な論理の跡をたどることはここに目的とするところではないが、要するに前の場合と同じく、そしてまた、さきに人格の観念において約説したと同じく、人間を一方に「現象的実在者」としては自然の機構に従属させるとともに、他方に「本体人」としては自然から独立な、かつ自ら道徳法則の立法者である自由の主体として考えることによってなされた。すなわち、自由な人格は道徳的法則において自然の世界の原因性を規定し得るが故に、原因としての道徳的心情はその結果である自然の幸福とのある関係をもつとしても、何ら矛盾は存しないのである。[34]

徳と幸福との綜合である最高善の可能は、一つには徳の完成のため永遠に継続する同一理性者の存在、すなわち、人格としての「霊魂の不滅」と、二つには徳と調和する幸福の可能なために、道徳性に必然的一致をもたらすところの、自然の最上原因としての最高叡智「神」の存在を要請する。[35]これは実践理性の必然的要請であって、ここに道徳は宗教に連なり、カントの道徳説は「最高善」の理念によってその絶頂に達したのである。

以上のごとき神の存在と霊魂の不滅とを必然的制約とする徳と幸福との調和の実現はもとより感覚の世界に属しないで、最高善は実践理性の対象の「無制約的総体」、その「終局目的」として超絶世界において客観的実在性を有する。その意味は、決して理論理性の認識の領域においてでなく、あくまでも理性の実践的使用の問題としてであるから、独断説の過誤を犯すことなく、批判的特質は支持せられたのである。

一度拒斥せられた「幸福」の要素はここに初めて回復せられ、人間は徳とそしてそれに値する幸福を享受し得る。否、そのように希求し得るのである。さきに叙述した「道徳の国」に隣する「神の国」は、ここに人類の倫理的共同体における神的道徳秩序と、それを飾るにふさわしい福祉の国として待望し得られるのである。ともに人類の上に置かれた永遠の課題である。

義務の客観的道徳法則と主観的幸福の原理との対立、そして最高善の概念による二者の綜合を説くカントの道徳説が、われわれの当面の問題とする世界政治秩序の上にいかなる関連をもつであろうか。

すでに見たように、カントにおいて政治は道徳説とならんで、義務と法の概念に基づく先天的形式的原理として、「自由」の理念の確立であった。これは先天的に認識し得られる政治であって、物質的または精神的のいかなる意味においてもの幸福・利益・安寧などを目的とするような一切の経験的制約に依存しない(36)。もし幸福・利益などが目的であるならば、自然状態は法的状態の創設にも優って、より多くのものを与えるでもあろう。しかるに、カントにあって、政治はこれらの目的の意欲を対象とする経験的原理でなく、純粋に「正義」の形式的原理であることに、幸福主義の痕跡を存するルソーとは――多くの点についてその影響を受けたにかかわらず――根本において分たれ、むしろプラトンと吻合《ふんごう》するところがある。[37]「もし正義にして滅びるならばもはや地上に人類の生存する意義はなく」、また「もし正義にして何らかの価に譲歩するならば正義たることを止む」。[38] 彼にあっては「正義をして支配せしめよ、世界は滅ぶとも」("Fiat iustitia, pereat mundus") の命題は、また政治の原理である。[39]

しかるに、他方福祉・安寧は人類に欠くことのできない目的であり、したがって、政治はこれらの目的と離れて存せず、ここに福祉・安寧を意欲の対象とする功利主義または幸福主義の原理が成り立つ。これは前述の先天的・形式的原理に対して経験的・実質的の原理である。形式的原理が道徳および法の原理を政治の制約とするのに反し、実質的原理は政治上の利益のもとに道徳および法を従属せしめる。前者は正義および自由それ自身が制約であるのに対し、後者は恣意の対象としての利益と幸福が最高の制約である。カント自身の説明によれば、前者は「政治叡智の問題」(Staatsweisheitsproblem) あるいは「道徳的問題」(problema morale) であって、自由の先天的原理に根拠して目的の達成をわれわれの義務とすることによって絶対的必然性を有するに対し、後者は「政治才智の問題」(Staatsklugheitsproblem) あるいは「技術的問題」(problema technicum) であって、

もっぱら自然の機構を利用してその意欲を達しようとし、したがって、経験的制約を常に前提とする。(40)

それ故に、正義は福祉または安寧と相対立し、二者の原理はまさに政治における二律背反を構成する。ところが、政治は、一方に道徳および法と内面的関連を有するが故に、自由の理念を要請するとともに、他方に人類の福祉・安寧が政治の対象として不可欠であるから、幸福的要素を全然拒絶することができない。したがって、両者は何らかの方法をもって同一概念に結合せられ、政治上の二律背反は解決せられなければならぬ。しからば、その批判的解決はいかにして可能であるか。さきに述べたような道徳説においてカントの企てた、徳と幸福の二律背反の解決と同じ論理的方法によって解決し得べく、そしてそれは実に政治における人類の最高善としての「永久平和」の観念においてであると思う。道徳上の最高善が徳とそれに値する幸福の批判的綜合として要請せられたのと照応して、「永久平和」は、政治が義務と法の原理によって規律せられ、これと調和するに人類の安寧・福祉の綜合せられたものとして、まさに実践理性の意欲の総体である。ただ、この綜合において、道徳上の最高善の場合に徳が常に最上の制約であったように、永久平和の制約は正義の形式的原理であって、安寧・福祉は被制約者として常に従属的関係に立つものと解しなければならぬ。[41]

かようにして、政治上の最高善としての永久平和の基礎は道徳説である。ところが、道徳説が必然に宗教に導いたように、永久平和の政治論は宗教と必然的関連を持つ。永久平和の可能なためには、個々の人間あるいは個々の民族を超えた人類種属全体の、歴史における無限の政治的努力の進行が前提せられるとともに、人類のかような努力と一致する安寧・福祉の状態の創造者として、歴史の正しい審判者「神」の存在が要請せられる。これは、政治が一方に宗教と必至的関連を有するとともに、他方に歴史哲学の問題となる所以である。「最高善」の理念は道徳的秩序を飾るのに、それにふさわしい浄福をもってする「神の国」を指し示したのに対して、政治的正義を飾るのに人類の安寧・福祉をもってするのが「永久平和の国」である。カントにおいて、前者が倫理的共同体の理念として「神の国」を指示するとともに、後者は法的共同体として普遍的世界秩序の理念である。この永久平和の政治的国土と神の国との関係については、なお歴史哲学の問題として後に論述するところである。

それ故に、永久平和はカントみずからが認めて言うように、哲学上の「千年期」(Chiliasmus)である。[42]それは空想でなくして、その可能の根拠はまさに純粋実践理性の道徳法則においてある。実践理性は道徳的当為を基準として、終りに永久平和の国の建設を人類の義務として命ずるのである。かように批判的論構の跡をたどり来たった後において、永久平和論を彼の倫理説の完成、哲学体系の終局と称しても、いちじるしくカントの真意を傷つけるものではないであろう。

永久平和は、道徳上の最高善とともに実践理性の法則に根拠する一つの理念であって、経験的現実の世界に実現せられると否とによって、毫末もその価値を減じないのである。それ故に、同じ世紀の経過においてサン・ピエールやベンタムが考察したような、経験主義または功利主義の原理に基づく継続的な平和でなく[43]、また、さきに特に第一次世界大戦後、感傷的な人道主義あるいは宗教的独断によって唱道せられた平和論とは、けだし、相去ること遠いと言わなければならない。しかし、他方に道徳的義務に関する政治原理の問題として、その招来を努力する実践的意味において、それ自身客観的実在性を有する。この意味においてそれはまた決して狭隘《きょうあい》なショーヴィニズムの排斥するがごとき一片の空想ではないのである。なぜならば、永久平和は実践理性の断言命令に倫理的根拠を有し、永久平和の国土の建設は人類不断の政治的努力として諸国民の上に課せられた義務であるからである。われわれはまず「純粋理性の国とその正義」を求めるべき

である。しからば、われわれの目的とする政治的最高善としての永久平和は、おのずから与えられるであろう。(44)

三　世界秩序の組織原理

カントにおいて政治は、法概念に根拠して、道徳と相まって同じく人間「自由」に関する先天的形式的原理の問題であって、自由はその内的および外的関係のいずれにおいてもただ法則の普遍妥当性において成立すること、否、客観的法則と自由は同義であること、ここに道徳上の「人格」の観念が構成せられるとともに、国家は内的道徳の国に対する外的法律の国として目的それ自体、一個の人格であること、したがって、国際関係において諸国民の自由が決定せられ、人類の自由が確立せられるためには、必然に客観的法的秩序の創設が要求せられること、そして政治の主観的格率に基づく戦争の止揚を意味する「永久平和」は道徳論における徳と幸福との原理の綜合である最高善の概念に照応する政治上の最高善として、正義とそれに伴なう安寧の綜合であり、ここに倫理的共同体の理念である「神の国」と関連して「永久平和の国」の理念が要請せられること、これが前節における叙説の論結である。

しからば、永久平和の国は果して何であるか。その政治組織はいかにあらねばならぬか。これは世界秩序の組織原理の問題であって、新たな国際政治学の課題である。カントの述作においてこれに関する意見を窺い得るのは、なかんずく『永久平和のために』と『法律論の形而上学的原理』のうち国際法および世界公民法に関する部分であるが、この点についての彼の論述は当時の政治的経験に制約せられていて、(45) その後における国際法および国際政治の発達を経て来た現代から見るときに、幾多の補正を要するものがあるのは否み難い事実ではある。それにもかかわらず、彼の論説が世界政治秩序の原理に関し、現在および将来に持つ意義と示唆を認めなければならぬと思う。

国際政治学が基礎づけられるための、国際政治の概念と原理について論ずることは本章の意図ではないが、従来の一般政治学の研究に対し国際政治が新たに学的構成を得るためには、独自の対象と領域を有しなければならぬはずである。これまで政治学が国家の政治を中心とし、人類の社会生活において単なる並立、否、対立関係にある国家の政治秩序および組織についての研究を主としたのに対し、国際政治は国家相互の結合関係に観点を置き、国際の普遍的政治秩序および組織についての考察である。前者はその世界観において個別的国家をもって政治の究極の秩序とするのに反し、後者は諸国家のあいだに客観的政治秩序とその組織の可能を承認する世界観に立つ。国家政治の観点においては国家相互間の政治の格率は個別国家を中心観念とし、せいぜい現在の国際法または外交政策の規定原理をなすものであるが、国際政治は国家政治の格率とは異なり、国家間の、それ故にまた世界の、普遍的政治組織の問題を中心とする、それ自らの秩序原理の定立でなければならぬ。

かように見るときに、カントがあるいは永久平和論において「予備条項」として、あるいは法律哲学の国際法の条下に国家の諸権利として掲げたもののごときは(46)、まだ国際政治そのものの客観的規定原理と称し得ないものがある。なぜならば、それらの規定は国際の客観的政治組織の創設を問題とせず、現実の諸国家の対立関係を前提としているからである。すなわち、国家相互の関係は、個人が国家を創設した以前の比論によれば、まだ「自然状態」であり、国際の政治は個別国家を中心観念として規律せられ、その結果むしろ国家相互間の対立、殊《こと》に戦争を中心として考えられている。この意味においては、グロチウスが国家間の状態を「自然状態」として把握し、そのもとにおいても可能な自然法の原則に根拠して、戦争および平和の国際法規を設定したのと――たとい両者の国家観は根本において異なるにしても――同じ道の展開にほかならない。それ故にかような状態のもとにも可能な単なる多数国家間の同盟・連盟のごときは、いずれも国家人格・国民自由の保障でなくして、国際における物理的権力の平衡に過ぎないのである。それは、カント自らもスイフトの諷示を引いて批評しているように、一羽の雀が止まることによっても、ただちに崩壊するほど、さように巧妙に、あらゆる重力の法則に基づいて作られた建築にもひとしいものである。(47)

しからば、諸国家の単なる並立ないし対立の関係が揚棄せられ、国際間の自然状態に換えて、永久平和を可能ならしめる必然的制約としての、国際の客観的政治秩序の組織原理は何に求められるか。それは国際政治の学的考察にとって基礎問題である。この問題についてのカントの意見は、世界の政治秩序を国際の普遍的「連合」の形式によらしめ、同時に国際法の理念は新たにこの上に根拠しなければならぬ、という彼の主張において表わされている。(48)一般に政治をば法規範を中心として見るカントは、国際政治組織の問題を法律秩序との関係において論ずる。すなわち、国家組織においてはその内部的関係は法律秩序を有するけれども、国家の外部的関係は国家結合以前の個人間の関係のように無法律状態としての自然状態であり、必ずしも現実に抗争関係でないにしても、それは常に強者の権利の行われ得る状態である。それ故に、国際政治の第一原理は、かような状態に代えるのに、個人が国家においてそうしたように、国際に法的公民状態を設定することにほかならぬのである。

ここに、この客観的秩序原理としての国際の法的組織と各国家の自由の原理との結合が、いかにして得られるか。カントは国家の場合には、個人の自由と国家的秩序とを結合するために、後に再説するように「原本契約」の観念をもって説明した。それは啓蒙時代の自然法学説に基づく個人主義理論の国家契約と同じ形式ではあるが、すでに述べたように倫理上ならびに政治上の超個人主義に立脚するカントの論説は、いわゆる国家契約説と区別して考えられなければならぬ。すなわち、契約は発生的問題としてでなく、純粋に論理上の問題として理念としての原本契約を意味し、その結果、国家も単なる機構でなく、個々人の意欲に依存しないで、これを超越する普遍的意志としての法的国家である。これを実践理性の命法に根拠せしめることにより、個人は必然に国家組織において結合せられ、国家の強制的法的秩序において初めて個人の自由が存立するとせられた。

国際の場合においても同じく原本的社会契約の理念に基づいて客観的政治秩序が要請せられてあるが、その政治形式は個人と国家とのあいだの類推から生ずる国家的組織ではなくて「連合組織」(Föderalismus)であり、「国際国家」(Völkerstaat)でなくして「国際連合」(Völkerbund)でなければならぬことが特に強調されてある。けだし、国家の場合と異なり国際政治組織については、各具体的国家の意志に依存せしめ、国際の客観的秩序原理と構成国家の自由の原理との調和を、諸国家の自由な連合組織において企てたものと解せられる。何故に国際国家の形式を排斥して諸国家の連合の形式を採択したか。彼の考えるところによれば、国家組織は国際国家の場合においても支配者と服従者との関係であって、したがって、本来みずから主権の主体である国家が世界的国家の主権的支配のもとに隷属するというのは、それ自体国家観念の矛盾であり、また、かような国家間の法としての国際法の観念と相容れないとする点に論理的根拠を有する。(49) なお、実際上の理由として、世界国家組織のもとにおいては、諸民族が自由を確保しようと欲して、かえって一層自由のために危険な専制政治に陥いる傾向があり、また、世界的国家の広大な領土的外延はついに統治上の困難を招来し、したがって、ふたたび諸国家の分裂となり、戦争状態を現出するであろうと言うのである。(50)

しかるに、本来実践理性の道徳法則に根拠する抽象的・一般的な法律国家の観念からは、あたかも個人が国家を組織した場合と同じく、国際においても諸国民相結合して、世界に一つの国家を構成するのを妨げるべき論理上の理由はないはずである。現にカントみずから、かような世界それ自身の普遍的政治組織である「世界国家」または「国際国家」(civitas gentium)の観念を肯定している。理論と実践との関係についての前掲の論文においては、個人の公民的憲法組織である国家との比論により、各国家が服従しなければならぬ法的強制秩序としての「普遍的国際国家」が、永久平和を確立する政治的組織であることが承認されてある。それは単に理論上正当なのみで現実政治においては衒学的構想にすぎないものでなくして、まさに法律原理に根拠し、国家および人類の結合関係における当為として、おのおのの国家が遵守すべき原理であるが故に、また実際においても可能である。すなわち、法と義務に対する実践理性の当為に根拠せしめることによって、「国際国家」の客観的実在性を主張し、かくしてこれが要請を国際政治の根本原則として措定したものと解せられる。(51) これは、カントが特に「世界王国」(Weltmonarchie)に対して区別した「世界共和国」(Weltrepublik)――彼の称する「共和政」の固有の意義については後述――であって、それは啓蒙思想家ヴォルフなどが、個人の幸福を究極の目的として、これが達成のために君主の専制政を主張したのとは、政治の根本原理を異にするとはいえ、これらのいわゆる啓蒙的専制政治思想が、自然法に根拠し、人類政治組織の極限において思惟した「世界国家」(civitas maxima)と同一理念といわなければならぬ。[52]

ところが、永久平和論などの前掲の論述においては、さような「国際国家」または「世界国家」の観念は、理論において(in thesi)のみ正当とせられ、現実政治の仮定としては(in hypothesi)抛棄せられ、ただ国際政治を指導する「積極的理念」としてのみ妥当し、いまやこれに代えるのに「消極的代用物」(negative Surrogat)として「国際連合」が提唱せられたのである。[53] この二者の関係は、全人類を統合する一大世界共和国の理念は実際には不可達成的であるが、経験界において可能なその因素としての国際連合が永久平和の外的制約として論ぜられたものと解することにより、一応矛盾なく説明することができるでもあろう。それ故に、この点におけるカントの論述は、むしろ経験的現実政治の見地に従うものであって、自然認識と善意志についてのごとき普遍妥当の必然的法則を論証すべき彼の哲学方法を徹底したものと言うを得ないであろう。けだし、シュタムラーのごとき純粋に形式的・概念的な法律哲学の立場からすれば、カントの先験的批判哲学の方法が最後まで徹底されていない、として非難せられる点である。[54] 現に、彼は永久平和論において、かような国際連合の客観的実在性を論証して、ある強大な啓蒙的国民を中心として組織され得る国際連盟のごときを挙示した。また法律哲学においては、第十八世紀の初葉ハーグに開催されたヨーロッパ諸国の国際会議を例説して、平和を維持すべき国際組織は諸国家の任意の加入・脱退を認める国際会合にあるとした。[55]

しかし、カントが現実政治の問題に即して考案した国際の「連合」の形式を契機として、われわれは進んで世界の政治秩序および組織の原理を立て得ないであろうか。彼が理念として承認した「世界国家」は、個人が国家を構成した比論において、全人類が世界公民的組織としての一つの世界的国家秩序のもとに統一せられることであって、その国家と個人との中間に主権的諸国家組織の存立の余地がない。それは、古くはギリシャにおいてストアが自然法思想に基づいて要請した「人類国家」または「世界国家」の理想であって、ストアの個人主義の系を成し、原子的個に連なる抽象的普遍にほかならない。このようなものとして、それはよくローマの世界的法律国家の理念たり得たのであった。これらのギリシャ・ローマの遺産を受けついだ中世は、充たすにキリスト教的信仰の内容をもってし、それによって全人類を包括する世界に一つの「キリスト教国家」

(respublica christiana)を建設しようとし、これを一つの普遍的実在として概念したことにおいて、その特色を持つ。だが、それは、かような普遍的実在概念に出発するスコラ哲学の「実念論」(Realismus)の形而上学的思弁と、根本において「神の国」の可視的実在としての普遍的教会を中心とする中世固有の宗教的ドグマを前提とするものであった。このような中世的キリスト教世界観の崩壊、したがって、普遍的概念を単なる名目にすぎないとなし、ひとえに個の実在を主張する「唯名論」(Nominalismus)の勝利は、近世ルネッサンスにおける人間個人の自覚を喚び起した。しかも何らかの形において、その乗り越え来たった中世的普遍との綜合を要請せざるを得ず、ここにふたたびストア的自然法思想の復興とともに、さらに広大な近世的形而上学に根拠して、前述ヴォルフなどに見るような世界国家が構想せられたのであったが、それは根底において同じく啓蒙的個人主義に相即するものであった。そうして、カントが理念として「世界国家」を承認したときに、この影響のもとにあったことは、否み得ないところである。

しかるに、個人の自覚と相まって、同時に勃興して来た近世主権国家、殊に漸次形成せられて来た民族的国家において、特殊な全体性を主張し、それにおいて個人と世界との中間に具体的普遍を考えるに至ったことは意義が深い。かようにして世界主義に対して国家主義の確立せられたことは、世界秩序の基礎となるべき民族的国家の倫理的ならびに文化的価値の発見というべく、新たに道徳的＝政治的財の獲得のための理想的努力と称することができる。しかし、民族的国家の特殊的普遍をもって絶対性を主張するときには、世界に同じ多数の国家共存の事実に省みて、畢竟、各国家を中心とする主我的立場を出ず、世界的普遍性の理念の否定に導かれざるを得ないであろう。そのことは、たとい諸国家のあいだに同盟・連結が成されたとしても相違はない。依然、原理的には国家主義を出るものでなく、前に関説したような物理的強力による機械的平均を意味する「権力平衡」でしかなく、その平衡の罅隙《かげき》に乗じては、ついに強者の権利の支配の状態を現出するに至るであろう。

かような近世国家主義の帰結に対しては、何らかの意味においてふたたび世界主義への要望が高まることは、当然といわなければならぬ。しかしながら、われわれは中世的普遍主義へはもとより、古代世界主義とその近世的形態である世界国家の理想へ復帰することができない。なぜならば、その拠って立つ宗教的ドグマあるいは形而上学的思弁は、これを新しい世界秩序の基礎として到底承認し得べくもないからである。この点において、将来いかなる世界の秩序が考えられようとも、近世の国家、なかんずく民族的国家の理想は、不変の礎石を形づくるものとして、あくまでも維持されねばならぬものである。

しからば、国家主義と世界主義と両要素の綜合の可能の道はないか。相対峙する国家原理を否定しないで、しかもこれを超えて世界における客観的政治秩序の原理は立て得ないであろうか。ここにわれわれはカントが提起した「連合」(Föderalismus)を、新たに観点を換えて考える必要があると思う。一般に国際の「連合」と称せられるものにも二種の概念が思惟し得られ、一つは、諸国家の単なる連合主義に基づく結合であるのに対し、他は、諸国家を統括する、それ自身一個独立の政治的共同体である連邦主義による世界的国家である。なぜならば、すべての「国家連合」(Staatenbund)は必ずしも「連邦国家」(Bundesstaat)ではないが、連邦国家は必ず連合組織であるから。そして、国際の連合主義は連邦主義におし進められることによって、世界主義と近世国家主義との批判的結合として、よく国際政治秩序の新しい原理たり得べく、それに根拠して人類共同体の普遍的政治組織として「世界連邦国家」の理念が要請せられると思う。ここに、国際政治は世界の普遍的政治秩序を確立することにおいて、人類全体の共同の理想的努力としての「世界政治」であり、その組織は国際の単なる連盟または連合でなくして、全人類の一つの普遍的共同体としての「世界国家」となり、それとともにその法的規範は現実の国際法の観念から「世界法」への転回を成就するものと考えられる。

カントの構想した国際の「連合」から、以上述べたごとき「世界連邦国家」の観念に到達することによって、国際政治の客観的秩序の問題が解決されると思うのである。しかるに、カントが世界的国家の形態を否定し、単に諸国家の連合を説いたのは、その理論的根拠として、諸国民がおのおの国家を組織している関係上、これらを一つの国家に融合し得ないというのであった。しかし、彼のごとく実践理性の命令に根拠する法律論を中核として政治国家を論ずる立場からは、個人が相結合して諸国家を構成したと同じく、諸国民がさらに結合して、普遍的共同の法律的強制のもとに、高次の一国家を構成するのを否定すべき理由はない。ただ、その場合には、個人と普遍的世界国家とのあいだの中間組織として、諸民族によって形成される諸国家を認容すべき論理上の根拠を見出し得ないであろう。

世界国家主義と民族国家主義の批判的結合として、「世界連邦国家」の理論的基礎は、ひとり実践理性の法則とそれに根拠する政治理論をもっては、それを説明し尽すことは困難であろう。それは、カントのごとき単に法律組織的な形式においてでなく、むしろ彼の後にロマン主義や歴史学派の影響のもとに発展した民族の観念と民族共同体の基盤において把握することが重要である。しかも、いわゆる民族を、単に生物的・種族的な存在としてでなく精神的・文化的本質との関係において、民族「個性」の概念において把握すること、そうして、かような個性価値の政治的表現として、歴史的現実性において国家を理解することが条件である。かようにして、おのおのの国家共同体は、唯一独自の歴史的個性の価値として、みずからその存在を維持し、主張しなければならない。

しかし、国際社会はかような国家相互の共存を遂げるべき場所である以上、互にその個性を尊重して、いやしくも危害を加えてはならない。この意味において、カントの言ったように、各国家は互に「目的」自体として遇すべく、決して単に手段として取り扱ってはならぬのである。ここに国際政治の原理はまさにこうしたもろもろの国家の個性的要求の綜合・調和において求めらるべく、地球上の諸国民相互の結合によって、世界に普遍的な秩序と組織の樹立が要請せられなければならぬ。それは、もはや一国家のみでなく、他の国家にも妥当し、したがって、それ自体超国家的な規範を前提とする。世界のいかなる地域における不正・不法も他の場所において同様に感じられるほど、諸国民が密接に結合を意識して来た現代においては、以上のことは決して単に空想的あるいは抽象的な政治概念ではなく、カント的意味において、人類が永久の平和に近接してゆくために、諸国民協同の努力を傾倒すべき実践的課題でなければならない。

かくのごときは、かつてベンタムが功利主義の原理に基づいて考案し、そして多分に第一次世界大戦後の国際連盟の思想的根拠となったような、国内と同じく国際においても、単に「安全」を維持するがための、多数国家間の利益の計量と均衡の上につくられた機構とは、原理的に区別して考えられなければならぬ。しかし、またこの点において、カントがその基礎を掘り下げて、深く実践理性の法則に根拠し、道徳的人格との類推により、一般に「法律的人格」として、抽象的形式性において立てた「法律国家」とその相互の連合をもってしても、いまだ甚だしく不十分と言わなければならない。それには、前述のごとく、一方におのおの個性的な民族諸国家の自覚と、他方に世界人類の共同社会の認識とによって、諸民族協同の努力によって、超国家的な政治秩序を建設することが、いまや国際の政治原理でなければならない。それは、単なる国際の連合主義であるよりも、むしろ世界の普遍的秩序の創設である。

この主張は、もろもろの民族的国家を否定し去って、ついに世界に一つの国家を立てろと言うのではない。各国家と世界の政治秩序との関係は、国内の場合における個人と国家との関係の比論をもっては考えることができない。世界は民族的国家のごとくそれ自体個性を有する一つの全体者でなく、むしろもろもろの民族個性諸国家の一般的包合者である。かようなものとして、その包合の組織と形態がいかにあろうとも、必要なことは各個性国家の自己限定的な自由の意志を制約とし、それによる諸民族共同社会の普遍的秩序の建設でなければならぬ。従来のような国家主義の主我的な自己主義の立場において、国家を世界の究極の秩序と考えるのでなく、また、世界主義のように個人と世界とを両極として、そのあいだについに民族共同体それ自身の固有の秩序の解消を理想とするのでなくして、民族個性国家の本源的な価値を承認し、その相互の協同によって、国家的秩序を超えての、世界に新しい秩序の創造の理想である。かようにして、国際の戦争と少なくともそれへの不断の脅威の状態に代えて、客観的な法的状態を確立することが可能となるであろう。

ともあれ、カントは世界秩序の組織に関し、全人類的社会共同体の一つの公的強制組織としての世界国家を避けて、諸国家の自由の連合を説いた。しからば、世界における諸国民相互の関係はいかに考えられるか。彼が国法ならびに国際法と相まち公法の一体系として、かつ、まさに永久平和のための制約として掲げた「世界公民法」(Weltbürgerrecht)においては、普遍的「友好」(Hospitalität)の原則に基づき、国民相互の交通によって可能な諸権利として表わされてある。その論拠とするところは、私法上の占有および所有権を基礎づける土地の「原本的所有」(communio fundi originaria)の理念に類比し、すべての国民の地表における土地の本源的共有の観念である。ただし、その意味するところは、土地の法律的共有(communio)でなくして、限られた地表に相互の交通によって可能な通商(commercium)の権利にほかならない[56]。カントがこの権利の制約を普遍的友好または好遇にあるとした意味は、おのおのの国民が他の国民を互に敵として取り扱わないことであり、したがって、それから生ずるものは「賓客権」(Gastrecht)ではなくして、「訪問権」(Besuchsrecht)であり、しかも単に訪問を要求し得るにとどまり、これを強制し、いわんやこれによって他国の土地とその利益を掠奪するがごときは、この原則に背反する不法の行為であるとし、かくして近世文明諸国の植民政策を攻撃したと同時に、かような好遇の方法により、地上の諸国民のあいだについには遠隔の地にわたって、世界公民的関係が成立するとした[57]。

しかし、世界秩序の新しい組織原理として、カントの提言した並立的主権国家間の連合を、民族個性諸国家の連邦主義において理解するときに、世界における諸国民相互の関係は、以上のような普遍的友好とそれから生ずる単なる通商・訪問の問題にとどまらないであろう。戦争の防止と平和の確立は、カントの考えたごとく、商業の自由によってのみ保障せられるものでなく、それがかえって戦争を惹き起し、少なくとも戦争に劣らない大なる害悪を醸成する事実は、これを認めなければならぬ。世界の諸国民のあいだには、ひとり政治においてのみならず、進んで経済・商業の関係においても綜合・調和を必要とし、そのために原料・労働力・市場などについて有無の融通と公正な分配が要求せられるであろう。そしてそれは、ひとり諸国民のあいだの自由の交通によってのみ可能な問題でなく、同時に、他の領域におけると等しく経済生活においても、地球上の諸民族のあいだに、広かれ狭かれ、相互の協同に基づく組織的計画に俟たなければならぬものがある。諸国民が互に分離・隔絶していた時代はいざ知らず、相互に緊密に接合し、世界が歴史的現実となり来たった現在において、以上のごときは何ら空想的な要請でなく、前記の国際の政治組織とともに、カントが国際法の補充として立てたいわゆる「世界公民法」の内容として、人類が永遠の平和に向って近接してゆく条件でなければならない。

なお、ここに重要なのは、カントが世界の政治秩序を論述するに当って、むしろそれ自体は国内政治の問題に属する各国家の公民的憲法組織の形態に論及し、その「共和的」(republikanisch)でなければならぬことを説いて、前述の国際の連合組織とともに、これを永久平和の外的制約とした点である。(58) けだし、国家法の問題は、国際法および世界公民法とともに不可分離の関係において、カントの法律体系を構成するが故に、この問題について約説するであろう。ただ、この形態は彼の国家論の核心であって、これについて詳説するのは国家論の全体にわたって叙述することとなるから、いまは彼が用いた「共和的」の観念について見るにとどめなければならない。

国家は国民の普遍的結合意志の共同体である。「原本契約」(contractus originarius)は歴史的にその可能を証明し得る「事実」(factum)でなくして、理性の単なる「理念」である。しかし、立法者は法律をもって全国民の結合意志から生じたかのごとく、そしてまた各臣民はかような結合意志に一致したかのごとく、行動しなければならぬという実践的意義において、それは客観的実在性を有する。ここに自己の同意を与えた法則のほかには服従しない意味において「人間」としての「自由」、また法律上拘束し得る能力を認められた元首を除いては互に同一の強制法のもとに立つという意味における「臣民」としての「平等」、および共同体の成員として自己自身の権利と力によってのほか、他人の恣意にその存在を依拠しない意味における「公民」としての「独立」が成立する。(59)「共和的」というのは、要するに、以上の諸原則の可能な国家原本契約の理念に基づく国家体制の原理である。すなわち、国家が国家であるために持たなければならぬ、理性の先天的原則に根拠する国家根本組織の理念としての「純粋共和政」である。これは明らかにルソーの社会契約論の内容をとり入れ、それに批判的構成を与えたものであって、彼にとっては国家そのものの本質から来る必然的政治体制の問題である。彼はこれをまた「基本契約の精神」(anima pacti originarii)とも称し、これを単に支配者の数的基準により君主・貴族および民主政に分類せられるような国家の「支配形式」(forma imperi)の概念から区別して、これら後者は単に国家憲法の機構に属し、主観的に習慣と伝統が必要とするあいだだけ継続する形式的文字にすぎないとした。(60)

しかるに、カントが共和政の理念から導出したものは、専制政治または独裁政に対して、立法権と執行権の分離を意味する国家の「統治形式」(forma regiminis)の原理であり、国民がその代表者を通して権利を行使する代議制にほかならぬのである。(61)これは疑いもなくモンテスキューの権力分立の原則である。ルソーは、人も知るごとく「一般意志」(volonté général)において成り立つ国家主権は不可分であって、それは立法権それ自体であり、また人民のあいだの代議者により代表し得ないものとして、権力分立と代議制を排斥した。(62) しかし、カントは、モンテスキューの三権分立の観念を理性の断言命令によって要請せられる法律原理にまで高めて、実践理性の推論の形式に照応せしめ、かつ、国民の普遍的結合意志をそれぞれ三つの人格によって対立せしめ、その相互を、一方に同格と、他方に依属の関係に置いた。そして共和政をかような原理に基づく「それ自体合法的かつ道徳的」な政治組織としたのである。(63)

かように権力分立と代議制の原理とを国家原本契約の理念と結合せしめるのに「共和政」の概念をもってしたのは、とりもなおさずモンテスキューとルソーとの両者の政治原理の綜合の試図と解することができる。ここに、カントは「共和政」を「民主政」と区別し、民主政は人民の総員が立法者であるとともにみずから執行権を主張する結果必然に専制的であり、他方に君主国は立法および執行の二権が併合せられる余地があるが、フリードリヒ大王のように国君みずからを国家の公僕となすことにより代議制の精神に適合せしめ得るとし、進んで「国家権力を把持する人格者の数が少なく、これに反してその代表の度合が大なるほど、国家憲法は共和的になる可能性がある」との一般原則をさえ措定した(64)。けだし、現今の用語をもってするならば、「立憲君主政」において理想的政治形態を認めようとしたものと解されるであろう。しかし、統治方法として君主国につき議会制と権力分立を論じたとするならば、民主国においてもまた、人民が直接支配をしないがために、代議制を採用し、かつ、立法権から執行権を分離・独立せしめる方法も考え得られる理である。殊に、永久平和と関連して彼がこの形態を掲げた所以は、そのもとにおいては国民はみずからの負担を残すがごとき戦争に対して彼ら自身容易に同意しないと言うのであって、かくして共和政を戦争防止の唯一の可能な制度と見なすとすれば、同様のことはいわゆる民主政についても主張し得られるはずである。要は、君主政・民主政いずれの場合にも、専制政または独裁政に対する立憲政の主張であり、そして、まさにそれを永久平和の制約と考えた点に、カントの意義が顧みられなければならぬ。

かようにして、カントの国家論の核心は、議会制と権力分立の形態を通していわば純粋立憲政の精神である人間の自由の確立と国家的法律秩序の基礎づけにあったごとく、国際の政治論における意義は、諸国家協同の結合組織において各国民の自由の保障と国際の客観的政治秩序の樹立の要請にある。それによって、諸国民が自然状態に代えて法的関係のなかに入り、あまねく世界の公民と見なされ得るかぎりにおいて、普遍的な世界公民的秩序の理念が要請せられたのである。

四　歴史の理念

世界の客観的政治秩序の原理として、カントについて前節に闡明《せんめい》した、諸国家の協同による国際の結合とそれによって可能な世界の普遍的公民秩序は、歴史の進展において果して達成し得られるか。そもそも、政治上の最高善として要請せられた「永久平和」の理念は、人類歴史において実現性を有しないか。これは歴史における政治的進歩の問題として歴史哲学の問題であるが、カントにあって、それはいかに解釈せらるべきであるか。

これについて、われわれは何よりもまず『世界公民的見地における一般歴史の理念』(*Idee zu einer allgemeinen Geschichte in weltbürgerlicher Absicht*, 1784)を挙げなければならぬ。人類を種属全体として見るときに、個々の人間または民族の、ときには賢明であるが、多くの場合に愚劣な意志と行動を示すにかかわらず、人類歴史の全体について、そこに一つの合法則的な秩序を発見し得ないであろうか。すなわち、個人または民族には隠されてあるとはいえ、識らずして彼らが追求している「自然の意図」が存しないか。人類歴史についてかような自然の意図を発見することが、右の論文におけるカントの試みであった。人間は他の被造物と異なり、地上における唯一の理性的実在者であることを特質とする。しかるに、万物の自然的素質はいつかは完全に発達すべく定められてあり、そして人間の特質とする理性の使用は人類種属の全体を通して発展せられる。人類に対して「自然」の欲するところは、理性によって本能から自由に、みずからの幸福と完成を図ることにある。[65] 生々の自然の体系における人間の特徴は、彼自身の設定する目的にしたがって自己を完成すること、言いかえれば自己自身を創造することである。それが人間の本分であって、人類種属の上に課せられた無限の課題である。[66]

ここに人間の自然目的的観察から倫理目的的考察への移入があり、そうしてこの点を強調したのが『人類歴史の臆測的起源』(*Mutmasslicher Anfang der Menschengeschichte*, 1786)である。人間が自然の声に服従していた生活から理性の声に呼びさまされ、他の万物を手段とし、みずからを自然の目的として定立するに至る。[67] 所与の自然と生得のすべての能力とを用いて、人類は自己の運命をみずからの手によって開拓しなければならぬ。ここに、人間の労苦が伴うとともに、また進歩の存する所以がある。それは、人間が原始の単なる本能的共同生活から脱して、自覚した理性者として完全な社会共同生活への首途である。人間の自然的素質から自由への最初の一歩、道徳性の発展が開始せられ、理性の支配を意味する道徳的自由が人間の到達すべき課題として立てられるのである。メディクスの解釈に従えば、『一般歴史の理念』に関する前の論文においては、摂理としての自然が追う目的について論ぜられたが、いまや、人間が理性的努力をなすことによって、かえって自然が受ける目的について論ぜられ、「自然の意図」に代って「地の意味」が生れたのである。(68) ここに、ルソーが「自然」に対立せしめることにより一度は否定した「文化」の概念の積極的根拠があり、やがてルソー自身も基礎づけるに至った社会国家の存在の理由があるのである。(69)

人間が社会的共同生活において相互の自由を保障し、普遍的法則によって各人の自由が共存し得る公的社会組織を創設することが、人類の理性の課題として要請せられる。人類が自然状態から独立してかような完全な公民的社会を達成するところに、人類自身の作業、文化の任務が存するのである。この公民的社会組織を、ひとり国民の内部的関係においてのみならず、必然に国民相互の外部的関係においてもひとしく設定することが要求せられ、かようにして世界の普遍的公民社会組織の達成が人類の最終の課題となる。(70) これが国際の政治秩序の問題であって、ここに永久平和の制約として世界政治秩序の理念が要請せられるのである。

かくのごとき人類の理性的努力に基づく社会の合法的組織のもとにおいてのみ、人類が有するすべての自然的素質が完全に発展せられる。それ故に、かかる政治社会の達成は人類に対する自然の意図であって、自然もこれに対して手段を供し、人類の努力を促すために助力を与えることによって、自然の目的を遂行する。これは『永久平和のために』の論考において永久平和の「保障」として説かれたところであって、自然はまず人類に必要な状態を備えてその用に役立たしめる。いわゆる自然の「予備的設備」と名づけられるものであって、地上のあらゆるところに人間が生活し得るよう自然はあらかじめ万物を備えてあり、人類をその意志にかかわらず、いかなるところにも追いやり、そこに社会を組織せしめる。(71) そのためにまた、自然は人間自身の裡に必要な素質を植えつけてある。人間の「敵対性」(Antagonismus)あるいは「非社交的社交性」(ungesellige Geselligkeit)がこれである。人類は一方においては互に協力して相結合する性質を持つけれども、他方においては互に抗敵して分離する傾向性を持つ。道徳的当為・理性的法則に従わないで、他者を排擠《はいせい》し、自己の幸福を追求する利己心の因子はここに潜む。しかし、これあるが故に、人間生得のすべての能力は発展せられ、文化は促進せられるのである。このことが政治においても利己心と戦争とによって人間を国家および国際政治組織の樹立にまで導く。(72)すなわち、一団の人類は外部の攻撃に対抗し得るがためにも、共同の法的強制のもとに国家的秩序をつくることを余儀なくせしめられる。国家相互間においては国際の競争と戦争とに対して相互に独立を確保することにより、かえって相互の平衡と平和が維持せられるのである。このような諸国家の対立は現実の国際法の基礎とするところであるが、それ自身まだ自然状態にほかならず、国民がその内部において各人の安全のために闘争の状態から脱して共同の国家秩序組織を立てたように、国際においても諸国民が平和的関係において相互の商業的利己心を充たすがためにも、ついに戦争状態から離脱して、普遍的世界政治組織の設立へと促される。

人類がここに至るのは、道徳上の義務に基づく当為に従う人間の努力としてでなく、人間の傾向性をもって行われる自然の機制作用によってである。人間がなすべくしてなし得ないところを自然が補ってなさしめるのである。それ故に、世界公民的社会組織と永久平和は立憲的国家体制とともに、人間がたとい道徳的理性者たる稟質においてでなくとも、悟性をさえ有する以上、必然に解決せられ得るところであり、たとい「天使の国」においてでなくとも「悪魔の国民」においても可能である[73]。されば、永久平和と世界公民的社会組織は、一方には道徳上の義務の法則、したがってまた、自由の原理に根拠して要請せられたと同時に、他方に自然の機制による必然に根拠して可能となったわけである。

しからば、自然が人類について意図し、その営む作用にもかかわらず、なおかつ、人間みずからの理性に基づく自由が毀損《きそん》されずに、いかにしてそれと調和し得べきか。『世界公民的見地における一般歴史の理念』の論考においては、人間の理性から隠された、むしろ形而上学的「自然」の意図あるいは「摂理」として観察せられたが、『永久平和のために』の考案においてもまた同様の論調が存し、平和を保障するものは超感覚的の「偉大な芸術家」である「自然」の世界過程を予定するところの、より高き原因をつくる叡智としての「摂理」そのものにほかならぬことが説かれてある。かような形而上学的論調から完全に脱却して批判的に歴史哲学思想を構成したのが、『判断力批判』における「自然の合目的性」の概念によってである。因果的必然の法則のもとにある自然の世界に、実践理性の道徳の世界において初めて問題とせらるべき目的の観念を導入することによって、自然の機械観のほかに自然の目的観を立てたのが、すなわちそれである。『実践理性批判』において道徳の問題として理論理性に対する実践理性の優位が主張されたのに根拠して、ここにはさらに知識の問題として「自然」を「自由」に従属せしめることによって、悟性の世界と理性(実践的)の世界との二元の綜合が可能とせられた。それを可能ならしめる一般に判断力(反省的)作用の批判的解説により、いかにしてその先天的原理が発見せられるかが第三批判書の課題であったが、いまここにわれわれの問題とするのは、その結果、自然を全体として目的体系において観察するときに、人間が自然の「最終目的」とせられたことである。その所以は、人間が自然に依存せずして、自由の主体として、自然ならびに自己自身に目的関係を設定する意志を有するからである。それによって、他のあらゆる自然物は互に依存する目的および手段の系列において考えられる。「文化」は、人間が一般にその欲求のために自然を利用するところの単なる「熟練」(Geschicklichkeit)の問題でなくして、自然的欲求から自由な理性的目的のための「訓練」(Disziplin)の意味において、人類種属が「自然」に与える最後目的である。そしてかかる最後目的を完成する外的形式こそは、人間が国家における普遍的法律秩序の公民的社会と、進んですべての国家の組織的結合としての世界公民社会組織の創設にある。[74] 自然はそれ自身の機構において、また人間の自然的傾向性に基因する戦争などのすべての現象を通して、人類種属全体の文化的作業としての政治的努力に対し合目的的に考察せられ得る。ここに、自然は理論認識の領域とは全く別に、人間に対する関係において初めて価値と意味とを受けとり、人類歴史は単なる社会現象としてのほかに、文化との関係において意味と価値とが発見せられたのである。

『判断力批判』における以上のごとき自然の合目的的関係において考察せられた世界公民的政治組織の問題は、あたかも『一般歴史の理念』考において、人類歴史を通し「自然の隠された意図」として、普遍的世界政治秩序の完成を要請したのと同一思想内容を構成するものである。[75] しかし、かような構想は、当時ヘルデルが試み、また後に別にヘーゲルが展開したごとき、歴史の形而上学的構成ではない。カントにおいて歴史哲学の課題は、人類歴史を一つの体系において観察するときの先天的「嚮導原理」を立てることによって、一般歴史の「理念」を与えるにあったのである。[76] これを『判断力批判』における批判的表現をもってするならば、自由の法則に従って結合する完全な普遍的世界政治秩序の創設と、これによって最高善としての永久平和の実現において、すべての物の終局目的を立てることにより、歴史は意味と価値とを獲得するのである。その所以は、ひとえに人間が道徳的義務の法則に根拠して自由な人格者たるが故であって、したがって、カントの歴史哲学の重心は倫理的目的主義にあり、歴史の意味は人類の自由な理性的努力に存するのである。これは彼以後のドイツ理想主義の歴史哲学が発展せしめたところの、歴史における「自由」の概念であって、カントにあってはこれは同時に実践的当為の理想的努力の歴史にほかならない。それは、ついに世界の実在と諸体系の全体をばその窮極原因との関係および道徳的目的の世界における最高立法者との関係において解釈する「倫理神学」に帰結したとはいえ、本体論的形而上学に陥ったのでなくして、あくまでも実践的意図においての確信であり、信仰にほかならないのである。(77)

しからば、一般歴史の理念であり、また自然の合目的的解釈においてすべての物の終局目的である普遍的世界秩序の創設、およびカントにあってそれと不可分の関係にある純粋立憲政の国家組織の実現に関し、歴史の進行における経験的事実においては、われわれは何ものをも証明し得られないか。カントは答えて「幾分を」と言う。そしてこの幾分の証明を『分科の争』(*Streit der Fakultäten*, 1798)において試みるところがあった。彼は当時偉大な歴史的事象たるフランス革命を指摘し、すでに述べたごとくその性質上攻撃的戦争を不可能ならしめる国家形態の理念の具体的立法であるとして、これにおいて政治的進歩の可能のみならず、その事実をも承認している。それはただに理念の問題としてでなく、一定の条件が具われば事物の原因結果の関係において経験界に生起し得る事実としての理論的論証である。[78] 同様に前の世界大戦後における国際連盟についてみても、たといそれが極めて不完全な組織であり、またその企図の動機に多くの不純なる要素を含み、原理的にも誤まった功利主義思想の上に築かれているにはしても、新たな世界秩序の創設への理想的努力の顕現として、将来も必ずや繰り返し起るべきこの種の大なる歴史的事実を、われわれは不当に低く評価しないであろう。

歴史上のかような事象は、まさに義務と法的原理に基づくところの、自由と自然との綜合の理想的努力の顕われであって、一般に現実政治がいかに頽廃しゅこうとも、永久に消滅することなく、経験的政治家のこれに反対するいかなる計画を以てしても、ついにこれを奪い去ることを得ないであろう。歴史を個々の人間または国民についてでなく、全人類種属の歴史として考察するときに、かような政治的努力は無限の経過において幾度も繰り返され、おそらく多くの失敗と苦い経験との後に、いつかは達成せらるべきであり、結局、カントにおいて政治の進歩は一つの道徳的確信、実践的信仰である。[79] 彼は純粋理性批判において試みたごとき、歴史的経験の可能の法則を発見することにより、理論科学としての歴史を構成しようとしたのでなく、あくまで歴史の哲学的思惟として、歴史的事象に関係して先天的意味と価値とを与えたのであった。

それ故に、政治の進歩は直接これを経験的事象について合法則的に論証することができず、フランス革命のごとき、またおそらく国際連盟のごとき政治的経験はただ歴史の「象徴」(signum rememorativum)であり、全体として見た人類種属の志向にすぎない(80)。それは無限の人類歴史における一象徴であり、一断片ではある。しかもこの象徴こそ実践的意義において客観的実在性を有することにより、匡正《きょうせい》しがたい人類の現実政治に対しても、その未来について大なる希望を繋がしめるに十分である。歴史上しばしば起る、かような事象に顕われる理想的努力において、人類は過去のみならず、全種属を通し、永い後世に進歩が継続せられる。これが人類の「啓蒙」であって、カントが言うように、啓蒙時代は歴史上すでに過ぎ去った一時期でなく、歴史そのものが啓蒙の連続にほかならず、人類は常に「啓蒙の時代」においてあり、政治は絶えず進歩の途上にあるのである(81)。古代から現代に至る人類歴史を通して、諸国民が良き公民的社会組織の建設に向っていかに努力し来たったか——たといそれがしばしば崩壊しつつも、なお残存する啓蒙の因子によって絶えず継続せられ来たったか、また、各時代の哲学者が人類のこの努力に対して理想を指示し原理を樹立するために、いかに思索と論構を重ね来たったかを知るであろう。かようにして、カントの意味する純粋立憲政の国家とともに世界の普遍的政治秩序の創設は、歴史の理念、歴史哲学の終局目的であり、人類に課せられた永遠の理性的課題である。

如上の理念は、歴史における人類――自然的種属としてでなく、社会的結合をつくる全体としての人類――の生活において、特に政治的公民的共同体の理念である。それは前に述べたように、カントにあっては行為の合法性を主要問題とする意味において外的共同体である。これに対し、義務を義務自身のために行為すべき心情を主要問題とする道徳的人格の倫理的結合は内的共同体である。しからば、人類のこの二つの共同体の、歴史における関係はいかにあるべきか。これは、さきに叙説した倫理的共同体の理念としての「神の国」と政治的共同体としての「地の国」の関係の問題である。(82)

カントがフランス革命について人類進歩の象徴を見たのは、必ずしもこれによって生じた国家組織の変化または偉大な政治家の功績そのものでなくして、かかる歴史的事象に際会して公衆において認められる「観察者としての思惟の傾向」を指摘したのである。

すなわち、この事件に対する人びとのほとんど情熱にも近い関心と、みずから危険を冒しつつもあえてそれを公然と表示する態度の普遍的非利己的な点において、人類種属の道徳的性格の表現を認めたのである。(83) 純粋立憲政といい、国際的結合といい、歴史に顕現する経験的政治の変革は、実際においては往々一人あるいは少数者の政治的名誉心またはある階級ないし民族の経済的利害などが動因となって行われることがあっても、それらの政治現象は人間の自由と平和の確立について道徳との関係において意味と価値とを認められるのである。国家が個人間の闘争を終止せしめたと同様に、世界政治組織は国民間の戦争を止揚することにおいて、人類種属の道徳性発達の障碍を除くことにより、政治は道徳の保障を与えるのである。これは、カントがある個所において、人の心が善になるのを待って初めて良き政治組織が生ずるのでなくして、かえって良き憲法組織の発達によって国民の道徳的教養が期待し得られるという、プラトン的思想を開陳したところの意味である。(84)

国家ならびに国際の政治的共同体は、人類をして国民または世界公民として政治善のためのみならず、進んで道徳善にまで到達せしめるがために、種々の文化的施設によって知的・道徳的・宗教的さえの教養を授ける。しかしながら、政治的組織によるこれらのあらゆる企画と施設にかかわらず、人類の道徳的進歩はこれによって到底実現し得られないであろう。けだし、道徳善は人間の心情に関する問題であって、他から徐々に習得されるべきでなく、自己自身の修養による内的変化、しかも改良でなくして心的革命によって達成せられる問題であるからである。このことについては国民の教養の任に当る政治家・教育者といえども被教育者と何ら異なるところがなく、まずみずからが教養されなければならぬ。また、たといプラトンの理想国家に説かれてあるがごとき、善のイデアを体得した少数の哲人があるとしても、彼らから何ものをも期待し得ないであろう。事は少数の個人と個人との関係ではなく、人類種属としての全体の問題である。歴史上の人類は理性的実在者として共同善の目的に定められてあり、政治善のためには普遍的秩序としての世界公民的政治組織が要求せられると同じく、道徳善のためには普遍的結合としての倫理的共同体が要請せられる。これは外的強制を伴わない道徳的法則に従う自由の「普遍的共和国」であるが、その建設は人間自身の力の及ぶところでなく、他のより高き道徳的実在者を前提とする。人間の心情の内奥を洞見し、徳とそれに値する結果の結合せられた最高善を授ける「道徳的世界の支配者としての神」の実在を前提とする。ここに神を立法者として、その命令のもとに「神の国の民」としての人類の普遍的共同体が要請せられる(85)。すでに見たように、カントにおいて道徳の国は必然に神の国の理念にまで導き、これは人類の努力によってでなく、最高叡智者の摂理によって初めて成就せられるのである。この意味において人類の進歩は、彼が他のところにおいて言うように「下からでなく上からの事物の次序」に従うのである。したがって、倫理的共同体の理念である神の国は、摂理によって行われる歴史における人類進歩の「積極的条件」であり、政治的共同体である世界の普遍的政治組織は、人類の文化的努力の成果として、道徳的進歩と矛盾する戦争の止揚のための「消極的条件」と称することができる(86)。

それ故に、神の国と世界の普遍的政治秩序とは、人類の二つの組織的全体として、人類歴史がそれに向って進みつつある理念である。カントの歴史哲学において、前者は内的本質をなすと同時に、後者はその外的形式をなし、両者不可分離の関係にある。したがって、歴史の理念は世界の公民的政治秩序の達成にあるということは、また、歴史の理念が神の国の実現にあるというのと同義である。ともに可能な経験の対象となり得ない理想の国であって、現実可見の宗教的共同体としての教団組織の拡大、あるいは今後行わるべき諸種の国際的連合運動のいかなる企図をもってしても、経験的歴史の過程においては実現し得ない底のものである。それ自身「不可達成的理念」であり、構成的原理でなくして「規制的原理」である。(87) その歴史の時の経過においていずれの日にかその実現を主張するならば、形而上学的独断をあえて冒すものであり、一場の甘い夢想にとどまるであろう。だが、かような理念を要請し、思惟の対象とすることは哲学者の権利であり、現実の政治秩序および可見の教団組織をして、それに向って徐々に近接せしめようと努力することは人類の道徳的義務である。(88) 神の国と世界の普遍的政治秩序とは、依然、実践的意図においての人類永遠の課題であり、歴史哲学上の理念である。

世界において可能な最高善は、自由とそれによって制約せられた福祉との綜合である。歴史の終局はかくのごとき最高善の達成にある。(89) 人間が道徳的法則に基づく徳と徳に値する幸福との綜合である最高善を享受するのは、倫理的共同体の理念としての神の国においてであり、政治的正義と安寧の綜合である「永久平和」の最高善を可能ならしめるのは、世界公民的共同体の理念である。それ故に、世界の普遍的政治秩序は神の国と同じく共に、本来「可想世界」(intelligible Welt) に属する「目的の国」「叡智的共和国」(respublica noumenon) の問題として、歴史の理念を形づくるものと考えられねばならぬ。かくすることによって、カントは、アウグスチヌスが「神の国」(civitas Dei) から分離した

「地の国」(civitas terrena)を、前者と同じく歴史哲学の理念にまで高めたということができよう。

ギリシャの古代から近世に至る政治哲学史の一つの主要な問題は、「神の国」と「地の国」との関係を中軸として展開して来たものと見ることができる。プラトンの理想国家論はさきにも述べたごとく、政治的要素と倫理的要素および宗教的要素とさえの本源的な合一であった。アウグスチヌスはまったく政治と宗教とを分離し、歴史哲学の終局目的をひとり神の国に置いてこれに絶対価値を認め、政治的国家は経験的歴史の進展においてついには消滅の運命を有するにすぎないとした。もとより、その関係は不可視の神の国と現実的国家との関係であったのである。しかるに、彼が神の国の地上における可視的具体化としての教会につき、国家に対する優越性を認めた点に根拠して、中世固有の思想は醸成せられ、トーマスに見るがごとく、その結果は教会に対する国家の単なる従属的価値の承認であった。これに対しルネッサンスと宗教改革の精神との交流の意義は、宗教の個人的内面的深化をもたらしたと同時に、社会生活における政治的国家それ自体の固有の価値の主張にあったが、いまだその哲学的基礎を欠いた。これが批判的構成をなすことにより、初めて地の国にそれ自体の価値を認め、神の国との関係において相互の理論的基礎を与えようとしたのがカントであると思う。それは中世キリスト教社会理想の批判的分析であり、これによって神に属するものは神に、カイゼルのものはカイゼルに復《かえ》る途《みち》が開かれたのである。原始キリスト教がみずからは古代社会に全然新たな世界「神の国」を宣布したと同時に、古代理想主義の意図した政治的社会をば人類の文化的作業の領域として、別にそれ自体の規定原理の発見のために残したところに生じた空虚を充たす端緒がここにつくられたのである。

本章の冒頭に述べたところの、古代ギリシャ主義の復帰を意味するルネッサンスの精神と中世キリスト教の精神との綜合の問題が一応ここに解決せられ、啓蒙思潮はカントによってその積極的構成を得たのである。それは政治的国土を神の国との関係において人類永遠の理性的課題、歴史の理念にまで高めることによってであった。カントはこれを近世自然科学的認識論に根拠しつつ、道徳の観念を媒介とすることによって成し遂げたのである。すなわち、宗教と政治をともに実践理性の先天的原理に根拠せしめ、政治国家は根本において道徳義務に基づく法律原理に根拠する「法的共同体」であるに対し、神の国は道徳理性の要請として神の存在を前提とする「道徳的共同体」にほかならなかった。彼の宗教論があくまで道徳主義の上に立つ合理主義当然の結果として、その神国観は、畢竟《ひっきょう》、道徳の応用にすぎない「徳の法則に従う共同体」論にほかならぬ。(90) そしてそれは、中世の永いあいだ、知識の指導に従った思弁的「存在」の概念から、「人格的」「倫理的」なものへと移行した近世宗教改革思想発展の必然の過程であり、その批判的構成と見ることができる。(91) しかし、カントがあまりに合理主義的、かつ、道徳主義に偏した結果は、宗教のすべての表象をひとえに道徳法則の批判の前にもち来たって、信仰の世界を理性化し、道徳化する多くの危険がある。(92) 彼の宗教論の主著『単なる理性の限界内における宗教』も、宗教哲学としてよりも、むしろ神学の問題に応用せられた道徳学説にとどまった観がある。そこには宗教に固有な本質と意味の原理は闡明せられてなく、それを推し進めるときには、一種の道徳宗教・理性信仰となる傾向を否み得ないと思う。一般にドイツ理想主義の発展は、ルッターに精神の淵源を汲むにかかわらず、哲学的構成に当って、それからの漸次的乖離を生ずるに至った。ルッターの精神に忠実であったと思われるカントにおいて、われわれはすでにその契機を認め得るであろう。

しかし、彼が批判主義哲学に根拠して、一方に理論理性の認識批判をなすことにより、本体論的形而上学の可能を否定し、他方に実践理性の純粋意志の限界内において信仰を思惟の対象とせしめることにより、宗教に新たな批判的基礎を与えたことは、極めて重要な意義を有するものであった。これによって、啓蒙的理神論のごとき思弁的形而上学の宗教論を根底から覆し、理性的認識の彼岸に宗教本来の世界を指示したことは、不朽の業績といわなければならぬ。また、そのために積極的基礎を実践道徳に求め、それと宗教との必然的な意味の連関を理解しようと企てたことは、すこぶる理由のあることであった。なぜならば、宗教は何ものにもまさって道徳的心情の純粋性、良心に出発し、かつ、絶対者である神と人間的自我との人格的結合関係を本質とするからである。そうして「神の国」とは、その核心においてかように神を中心として結ばれた人格の愛の共同体の理念以外のものではないからである。

カントは以上の構想において、あたかもかような「神の国」と並んで、いわばその外的形式として、諸国家の結合に基づく世界の普遍的秩序を要請し、それに歴史の理念的意義を与えたのであった。彼はこれによっていわゆる「地の意味」を与えたのである。殊に人類の協同作業としての政治について、従来の国家の政治に対して、新たに国際政治の領野を開示し、世界の普遍的政治秩序と永久平和の理念を指示したことは、政治理論史上におけるカントの偉大な業績である。国際政治思想、否、一般に政治国家論は第十八世紀の末葉、彼によって初めて認識論と道徳説の根拠の上に哲学的基礎を与えられたのであり、それは「人間」の批判に始まる「人道」の哲学思想の全体系の終局を構成するものであった。しかしながら、その構成はもっぱら道徳を中心とし、彼の宗教論に見るように、その政治理論も、畢竟、道徳原理の応用たるを免れなかった。しかるに、「人間」と「人道」の哲学によっては、本来超個人的な政治的国家生活に固有の本質をまだ闡明し得ない。もっぱら実践理性の先天的形式的法則から抽出せられた法律と法律国家の観念が、歴史的現実の世界における政治的国家生活の意味の理解に十分でないことは、すでに述べたごとくである。

しかし、いやしくもかような国家が民族の共同体としてその倫理的目的が問われる場合には、必ずや正義の価値原理が立てられなければならず、そしてそれはひとり特殊の民族、特殊の国家のみでなく、超民族的・超国家的、したがってあまねく人類世界に妥当する規範でなければならない。この意味において、カントに即してわれわれが演繹したごとき、「正義」とそれにふさわしい人類の「福祉」との綜合としての「永久平和」の理念は、おそらく将来熄《や》むことのない国際の戦争にもかかわらず、それを超えて、否、そのただ中においても、必ずや諸国民が協同して、これの達成のために不断の努力を傾倒すべき政治上の「最高善」でなければならない。

(1) Burckhardt, *Die Kultur der Renaissance in Italien*, 2. Aufl., SS. 241f.

(2) Janet, *Histoire de la science politique dans ses rapports avec la morale*, Tome II. p. 573.

(3) *Kritik der reinen Vernunft*, Vorreds, S. 15, Anm.
本章に引用するカントの著作はフェリクス・マイナー出版のカント全集に拠る。

(4) Cohen, *Kants Begründung der Ethik*, 2. Auflage, S. 329.

(5) 歴史哲学上の文献としてはなお一七八六年の『人類歴史の臆測的起源』(*Mutmasslicher Anfang der Menschengeschichte*)等がある。他に一七八四年の『啓蒙とは何ぞやの問題の解答』(*Beantwortung der Frage: Was ist Aufklärung?*)、一七九八年の『分科の争』(*Streit der Fakultäten*)および『実践的見地における人類学』(*Anthropologie in pragmatischer Hinsicht*)は、ともに政治および歴史哲学に関する述作である。

(6) カント哲学一般に関する参考文献はここに枚挙の遑《いとま》も、必要もないであろう。しかし、特にその政治理論を取り扱ったものは比較的少なく、
Lefkovits, *Die Staatslehre auf Kantischer Grundlage*, 1899.
Ralischer, *Kants Staatsphilosophie*, 1904.
Weisfeld, *Kants Gesellschaftslehre*, 1907.

Vorländer, *Kant und Marx*, 1911.
Dreecken, Staatslehren bei Kant. (*Zeitschrift für die gesamte Staatswissenschaft*, Jahrgang 1921, SS. 338 ff.)
Dünnhaupt, *Sittlichkeit, Staat und Recht bei Kant*, 1927.
Borries, *Kant als Politiker*, 1928.
等が数えられる。他の問題からカントの政治論に関説したものは限りないが、わが国では今中次麿氏の論文「カントの政治思想」(同志社論叢第八号)および船田享二氏著『カントの法律哲学』等がある。ここに取り扱う世界の政治秩序に関しては、
Willy Moog, *Kants Ansichten über Krieg und Frieden*, 1917.
F. Staudinger, Immanuel Kants Traktat: Zum ewigen Frieden. (*Kant-Studien*, I. SS. 301 ff.)
Vorländer, *Kant und der Gedanke des Völkerbundes*, 1919.
H. Kraus, *Das Problem internationaler Ordnung bei Immanuel Kant*, 1931.
朝永三十郎博士著『カントの平和論』等がある。

(7) *Kritik der reinen Vernunft*, S. 691.
(8) *Kritik der praktischen Vernunft*, S. 39. Vgl. *Grundlegung zur Metaphysik der Sitten*, S. 44.
(9) *K. d. p. V.*, S. 112.
(10) *Grundlegung*, SS. 59 f.

(11) *K. d. p. V.*, S. 107.

(12) *Grundlegung*, S. 54.

(13) *ibid.*, S. 59.

(14) *ibid.*, S. 65.

(15) *Religion innerhalb der Grenzen der blossen Vernunft*, SS. 32 ff.

(16) *ibid.*, SS. 112-117. ここに後で述べる国家と相ならんで教会固有の存立の根拠があり、国家と教会とのこのような分離の思想は、本来ルッターに淵源するが、むしろカルヴィン主義の発展に通ずるものがある。

(17) *Metaphysische Anfangsgründe der Rechtslehre*, § 45.

(18) *ibid.*, Einleitung, §§ B, C.

(19) Radbruch, *Grundzüge der Rechtsphilosophie*, SS. 44-46.

(20) *Über den Gemeinspruch u. s. w.*, SS. 87 ff. *Rechtslehre*, § 46.

(21) *Grundlegung*, S. 65.

(22) Hildebrand, *Geschichte u. System der Rechts- u. Staatsphilosophie*, Bd. I. S. 167.

(23) *Gemeinspruch*, S. 87.

(24) *Rechtslehre*, § 53.

(25) *Rechtslehre*, §§ 55, 56.

（26） *Zum ewigen Frieden*, S. 122.
（27） *Mutmasslicher Anfang der Menschengeschichte*, S. 62.
（28） *Religion innerhalb der Grenzen der blossen Vernunft*, S. 35.
（29） *K. d. U.*, S. 109.
（30） *Rechtslehre*, S. 185.
（31） *Metaphysische Anfangsgründe der Tugendlehre*, SS. 216, 236, etc.
（32） *K. d. p. V.*, S. 111, u. a.
（33） *ibid.*, SS. 143, 144.
（34） *K. d. p.* V., I. Teil, II. Buch, 2. Hauptstück, I, II.
（35） *ibid.*, IV, V.
（36） Vgl. *Anthropologie in pragmatischer Hinsicht*, S. 287.
（37） Rousseau, *Du contrat social*, Liv. II. chap. III.
Kuno Fischer, *Geschichte der neueren Philosophie*, Bd. V. S. 140.
（38） *Rechtslehre*, S. 159.
（39） *Zum ewigen Frieden*, S. 160.
（40） *Zum ewigen Frieden*, SS. 158–159.
（41） ここに試みたところと同じく、「最高善」の概念において、道徳と政治との同一の論理的関係を認めるものに Metzger, *Gesellschaft, Recht u. Staat in der Ethik des deutschen Idealismus*, SS. 106–107.

(42) *Idee zu einer allg. Geschichte u. s. w.*, S. 16.

(43) サン・ピエールの『永久平和案』(Abbé de Saint-Pierre, *Le projet de paix perpétuelle etc.*, 1713-1717)は有名であって、ルソーがこれを紹介し、カントもまた同情を以てその著作中に論及している。ベンタムのそれについては世に多く論ぜられていないが、その Principles of international law (Manuscript), 1786–1789. の第四章 "A plan for an universal and perpetual peace" は「ユティリタリアニズム」哲学の政治論を知る上に看過し得ないものと考える。

(44) *Zum ewigen Frieden*, S. 159. *Rechtslehre*, S. 186.

(45) 彼の平和論が、その公けにせられた同じ一七九五年のバーゼル平和条約に刺戟されて書かれたものと想像せられ、すでにその構成自体が平和案の形式を採用しているのもそのことを証するに足りる。

(46) 永久平和の「予備条項」として挙げられたものは（i）将来の戦争に対する材料を秘密に留保して締結せられた平和条約はそれとしては効力ないこと。（ii）独立国家は(その大小を問わず)他の国家により相続・交換・売買または贈与によって継承してはならぬこと。（iii）常備軍は時とともに廃止せらるべきこと。（iv）国家の外的紛争に関して国債を起してはならぬこと。（v）いかなる国家も他の国家の憲法および政府に強力をもって干渉してはならぬこと。（vi）国家は戦争中、将来の平和における相互の信頼を不可能ならしめる敵対行為、例えば暗殺者の使用、降伏条約の破棄、交戦国において謀叛の教唆をしてはならぬこと(*Zum ewigen Frieden*, SS. 118–122)。法律哲学においては「戦争への権利」「戦争における権利」「戦争後の権利」および「平和の権利」に分類して論述しているが(*Rechtslehre*, SS. 172–180)、深い哲理を蔵するわけでなく、これらはそれぞれ戦時国際法および平時国際法の研究として、その後に発達し来たった跡を顧みるときに、カントも当時の政治的・法律的経験に制約せられたことを示すものである。

(47) *Über den Gemeinspruch etc.*, S. 112.

(48) *Zum ewigen Frieden*, II. Definitivartikel. *Rechtslehre*, §§ 54, 61. *Idee zu einer allg. Geschichte etc.*, S. 12.

(49) *Zum ewigen Frieden*, S. 131.

(50) *Über den Gemeinspruch etc.*, S. 110. *Religion innerhalb etc.*, S. 35, Anm.

(51) *Über den Gemeinspruch*, SS. 112–113.

(52) Gierke, *Johannes Althusius u. die Entwicklung der naturrechtlichen Staatstheorien*, 3. Aufl., S. 236.

(53) *Zum ewigen Frieden*, S. 134.

(54) 拙訳、シュタムラー「近世法学の系列」(『国家学会雑誌』第三十七巻第九号一三六―一三七頁）参照。

(55) *Rechtslehre*, S. 181.

(56) *Rechtslehre*, § 62.

(57) *Zum ewigen Frieden*, III. Definitivartikel.

(58) *Zum ewigen Frieden*, I. Definitivartikel.

(59) *Über den Gemeinspruch etc.*, SS. 87–94. *Rechtslehre*, § 46.

(60) *Rechtslehre*, § 52.

(61) *Zum ewigen Frieden*, S. 129. *Rechtslehre*, S. 170.

(62) Rousseau, *Du contrat social*, Liv. II. chap. II., Liv. III. chap. XV.

(63) *Rechtslehre*, §§ 45, 48. *Streit der Fakultäten*, S. 132.

(64) *Zum ewigen Frieden*, S. 129.

(65) *Idee zu einer allg. Geschichte*, I. II. III. Satz.

(66) Vgl. *Anthropologie*, S. 275.

(67) *Mutmasslicher Anfang der Menschengeschichte*, SS. 51–54.

(68) Medicus, *Kants Philosophie der Geschichte*, S. 42.

(69) Vgl. *Anthropologie*, SS. 281–282.

(70) *Idee*, V. VII. Satz.

(71) *Zum ewigen Frieden*, SS. 145-146.
(72) *Idee*, IV. Satz. Vgl. *Anthropologie*, S. 286.
(73) *Zum ewigen Frieden*, SS. 145-146.
(74) *K. d. U.*, § 83.
(75) *Idee*, VIII. Satz.
(76) *ibid.*, IX. Satz.
(77) *K. d. U.*, § 89.
(78) *Streit der Fakultäten*, SS. 131-132.
(79) *ibid.*, SS. 134-135.
(80) *Streit der Fakultäten*, S. 13.
(81) *Was ist Aufklärung?*, S. 141.
(82) 一八三頁参照。
(83) *Streit der Fakultäten*, S. 131.
(84) *Zum ewigen Frieden*, S. 146.
(85) *Religion innerhalb u. s. w.*, SS. 111-113.
(86) *Streit der Fakultäten*, SS. 140-141.
(87) *Anthropologie*, S. 288.

(88) *Streit der Fakultäten*, S. 140, Anm.

(89) *K. d. U.*, SS. 321 f.

(90) *Religion innerhalb*, SS. 111 f.

(91) Eucken, *Die Lebensanschauungen der grossen Denker*, S. 279.(安倍能成訳参照。)

(92) 殊に『分科の争』の第一編「哲学科と神学科の争」について参看。キリスト教の信仰に理性的説明が試みられ、そしてそれの不可能なもの、しかも実は信仰の中核を成すところのものが、いかに多く否定せられ、少くとも無用視せられているかを知るであろう。

第四章　ナチス世界観と宗教

一　近代ヨーロッパ精神の展開

近世ヨーロッパ文化の一応の統一と綜合は、これをカントにおいて見いだすことができるであろう。われわれは彼の哲学において、近世ルネッサンスの人文主義と宗教改革のプロテスタンティズムの精神との綜合、少なくともその契機を見得るのである。彼はこれによって、すべての非合理的なもの、したがって宗教的生命をも単なる悟性の法則のうちに分解し去ったところの啓蒙思想を止揚克服したのであった。彼の「理性批判」と批判主義哲学は、当時神学界から疑惑と非難をこうむったにかかわらず、実は彼みずから言うように、かえって信仰にその場所を得させるためのものであったのである。

とはいえ、カント哲学は、人間精神生活のおのおのの領域において、それぞれ理性の先験的原理の樹立——それによるもろもろの文化の価値の自律——が先に立ち、さらにその根底においてそれらの包括的な統一綜合についての思想は、彼には決定的な意義を持つものではなかったと見なければならぬ。それ故に、国家の領域についても、結局、人格の自由と関連して、道徳の世界と並んで実践理性の法律の世界として、その普遍妥当の根拠が与えられたにすぎなかった、と言えよう。それはどこまでも人間理性の自律の思想が中心を占め、したがって神の実在のごときはわれわれにはこれを識《し》る権能を有しないものとして、宗教の本質はむしろ思惟の極限、あるいは理性の限界の外に置かれたというにとどまり、進んで理性と信仰、哲学と神学、国家と宗教の綜合統一そのものは達成されたと言うを得ず、また、そこにかえって彼の批判主義の特質を認めることができるであろう。

しかるに、これら二者のより積極的な綜合は、ドイツ理想主義哲学発展の過程の中に、フィヒテを経てヘーゲルに至って完成せられたものと解し得られるであろう。すなわち、彼において哲学の任務はまさに「神の認識」「世界の予言」であり、それによって信仰と知識との融和こそがその哲学の根本性格であった。彼の哲学の原理である「精神」または「理性」と称せられるものは、絶対的ロゴスとして、畢竟《ひっきょう》、キリスト教の「神」の観念のほかのものではなく、神の実在をば世界と国家に結びつけて歴史的現実の上に論証することが、彼の課題であったのである。したがって、世界歴史を絶対精神の発展として理解する彼の歴史哲学はその本質において神の「摂理」自体であり、また、かような精神の具体的な客観的実在として把握せられる国家の理念は「神の国」の哲学的表現以外のものではなかった。そこにはキリスト教が理性の中に止揚せられ、宗教的信仰の内実が挙げて哲学的概念の内容として包摂されてあることが分かる。かようにしてヘーゲルの精神の哲学において、前面に表出されるものは宗教的理念であり、それはドイツ観念論の完成であるとともに、近世におけるギリシャ主義とキリスト教との最も偉大な綜合の体系と称することができる。ここにわれわれはヘーゲルをもって、宗教と国家、神学と哲学、信仰と理性のそれぞれを結合した、近世最後の思想家と称し得るであろう。

しかるに、ヘーゲルにおける綜合はあくまでも人間理性の自律を原理とし、宗教的信仰の内実を哲学の内容と化するものである以上は、要するにキリスト教の理性的論証であって、そこに体系づけられるものは一つの哲学的神学以外のものではない。それ故に、そうした綜合のうちに内在する批判的要素が台頭し、人間の自然的理性がそれみずからの独立の権能を主張するに至るとき、彼の企図した「融和」は破れ、体系は崩壊の過程をたどるに至ることは、必然の運命と考えられなければならぬ。ここにヘーゲルを最後として、むしろ、そうした信仰と知識、神学と哲学との分離、否、それぞれ後者をもってする前者の駆逐または征服の事業が開始されるのである。

われわれはここに上記の「理想主義」と並んで、あるいはそれに次いで興り、ついに十九世紀ヨーロッパを支配するに至った「実証主義」(Positivismus)の流れに佇《た》ち止まらなければならぬ。前者がもっぱら中欧ドイツを中心として展開せられた固有の哲学精神であったのに対して、これは主として西欧英仏に醸成せられた哲学思潮である。これはおよそさような神学的・形而上学的思弁ではなく、ひとえに認識と経験的現実の地盤の上に、人間思惟と生活とを基礎づける主張である。もっぱら経験的現実の世界にわれわれの生活を繋縛《けいばく》する結果、その向うところはもはや内面的精神の世界ではなく、すでに近世の初め以来基調となりつつあった自然科学的認識に依拠することにより、コントやミルに見るように、主として人間社会生活の新たな建設と、そのための科学的諸法則の発見と樹立にあったのである。

この点において実証主義は、ドイツ理想主義とは全然その精神を異にして、前代の啓蒙的合理主義精神の克服であるよりは、むしろその継承発展であり、さらに一層の徹底化と称することができるであろう。なぜならば、以前には人間理性の法則の裡《うち》には宗教的内面性が結合せられていたのに対して、今やさような神的あるいは形而上学的要素とまったく絶縁し、もっぱら経験的地盤の上に立って、しかも人間知性の絶対性を主張するに至ったからである。たといそれが近代「科学」の世界に稔り多き成果を産み出したにはしても、人間本来の宗教的・形而上学的要求を除外した結果は、哲学的叡智を欠く単なる知性に変化せざるを得ず、内的な魂や精神の要求を満たす文化の創造よりも、より多く外的対象と密接に編み合された「文明」の開発を意味したことは当然である。かくのごときは、要するに、近世宗教改革の精神の喪失であると同時に、また、ルネッサンス的人文主義の平板化と言わなければならない。

すでに近世初頭に顕わにしつつあった人間性は、その神学的・形而上学的要素を脱却して、いまや一個の現実的な人間として己れを示し、思弁的な「ホモ・サピエンス」から工作的な「ホモ・ファーベル」としての本質を明瞭にするに至ったものと言えよう。それと同時に、本来形而上学的な自然法思想の自由・平等の先天的概念に代えて、よりいっそう経験的・直接的な実用と幸福とを目的として立て、一切の生活をより現実的にして内容に富み、快適なものとして構成しようと努力した。それはまさに「近代精神」(der moderne Geist)と「近代人」(der moderne Mensch)の典型であって、われわれはほぼ十九世紀の中葉前後にその成立を見るのである。かような人間個人を中心とし、かような目的のために、われわれの全存在をそれに牽《ひ》きつけ、なかんずく政治的・経済的社会生活の領域に向って、独立の建設に努力したことは、けだし、この時代を措いては他にないであろう。

自由主義はこれによって一層強固な地盤を獲得することとなり、啓蒙の遺産である人間自由と平等の観念から、さらに各人に少なくとも同等の権利を確保せしめ、それを各人の共同の力によって組織的全体として結成し、「最大多数の最大幸福」または人類「相互扶助」の理想社会を建設しようとする近世「民主主義《デモクラシー》」あるいは「社会民主主義《ソシアル・デモクラシー》」の発展が可能となる。これは、他方に近代自然科学の進歩に伴い、産業革命の結果として、機械工業の発達とそれによる経済組織の異常な変動とが原因をなしたことは言うまでもない。ここに、ますます複雑かつ困難を増して来た近代固有の「社会問題」が発生し、それが新たに人間思惟の対象と主な活動領域となるに至ったのは、実にこの時代のことである。そうして、これの解決の道が、彼らにとっては、一つに自然科学的法則に依拠する社会科学の方法であったのである。

十九世紀後半以来とみに世界に流行を極めるに至ったマルクス主義は、そのヘーゲル哲学の方法と形式にかかわらず、その内実と核心においては、決してドイツ理想主義の精神ではなくして、以上のような西欧実証主義と同一方向に展開されたものと見なければならない。そのいわゆる唯物弁証法は、たとい同じく弁証法的基礎の上に立つとはいえ、およそヘーゲルのそれとは対蹠《たいしょ》の位置にあるというべく、かつて絶対「精神」であったものが、経済的「物質」となり、ヘーゲルにおける絶対の観念論哲学とその歴史哲学が、あたかも反対の唯物論と唯物史観に打ち換えられるに至ったことは、詳説するまでもないことである。

かくのごときは、すでにヘーゲル哲学自体に内在していた矛盾が露呈し、人間の自然的理性が独立して神学的要素を排除するに至り、もはや絶対的ロゴスではなくして、相対的な経験的現実の立場への転換を意味する。この連関において、フォイエルバッハらのいわゆるヘーゲル左派が企てたところの、哲学的神学から自然感性的な新しい人間の哲学への転化、言いかえれば無限なる「精神の哲学」の有限化ないし感性化が、影響を与えたことはもとより注意せられていい。しかし、このヘーゲル左派の転換の枢軸は主として宗教哲学の問題であったのを、マルクスらは人間の社会関係自体の問題とし、単に自然感性的な人間の要求を社会大衆の経済的存在の上に移し、それによって政治的社会的実践行為へと駆り立てるに至ったのである。

それはより的確に言って、思想系譜的には近代実証主義の継承発展にほかならない。ただ、いまや経済上資本と労働との階級的対立が踰《こ》えるべからざるものとなり、経済的因子を基礎として、その革命の上に人間の全存在をかからしめ、ここに経済的生産力の発展の必然的過程として、同じく自然科学的法則概念の新しい社会科学に根拠して、人間社会生活の単なる改良でなく、全的革命を説くに至ったのである。そのために彼らはヘーゲルの弁証法の論理的方法を自己の武器として取り上げ、これをば自分流儀に改変することにより、自己の目的に役立てたのであった。

その場合、マルクス社会哲学が唯物論的構造にもかかわらず、その根本的理念とするところは、依然として近代的「人間性」であり、一個の「人間主義」が全体を貫通しているのを見落してはならない。けだし、それはマルクス主義における隠れた倫理的要素であり、これが人びとを駆って世界革新の全運動に赴かしめた所以《ゆえん》のものであった。この意味において、マルクス社会主義とその好んで敵対視するブルジョアジーの自由主義ないし民主主義との間には、根本的な差異が存するのではない。何が人間をして人間たらしめるかと言えば、ブルジョアジーに比して新しい内容を有するわけではない。根本は経済的生産であり、そこには人間が依然として欲望の主体として考えられてある。その主張と運動の標的は、結局、さような人間の幸福と利益に求められてある。そのために人間の経済的物質の要求の充足を一個の倫理的要請にまで高め、そこから社会的理想状態の客観的標準を抽き出すのである。かようにして人間を従来の市民社会の階級的国家から解放して、新たに共産主義理想社会の建設に向わしむべく、全世界の一大運動たらしめたのであった。けだし、十九世紀全体を通じて人類自己みずからの支配権の確立と社会の建設の努力の絶頂を形づくるものと称していいであろう。

このようにして十九世紀ヨーロッパは、たといその底にあるいは一部に理想主義的要素がなお残存していたとはいえ、おしなべて実証主義を転機として、ひいてマルクス主義の発展において、その頂点に達したものというべく、それは近代精神がその往きつくところまで往きつくし、論理的に突きつめられた必然の結果と見ることができる。かような近代ヨーロッパ精神に共通の特徴は、何よりもその現実的な人間性の理念と、かかる人間個人中心の原理とにおいて捉え得られるであろう。中世においては「神の国」、古代においては「宇宙」の、それぞれ「普遍」に結びつけて考えられた人間の近世初頭以来自覚し来たった個人意識が、いまや徹底して、極端にまで押しつめられたものということができる。それは人間が経験的な個の存在として直接的に自然的法則のもとに立ち、しかもかかる人間個人が、自己目的となったことを意味する。それ故にこの時代は好んで「社会」の概念をかかげるとはいえ、社会とは、結局、自然的欲望または感情を紐帯《ちゅうたい》として相互に結合する個人の量的総体にほかならぬこと、その本質において啓蒙思潮と異ならざるものがあり、ある点においてはむしろその浅薄化と称し得るであろう。それはもはや、ドイツ理想主義哲学においてカントの立てた内面的固有の価値として「個人」人格の概念、したがってヘーゲルに至ってかような個性相互の連関を実体的普遍としての「国家」の全体概念と内的に結合したのとは、根本において異なるものであった。

それは多少とも功利主義的な道徳原理の上に立ち、個人の主観的自由と幸福の追求が道徳の格率として考えられてある。そこには「利己」に対する「利他」心が、さらには「連帯性《ソリダリテ》」が説かれるにはしても、要するに、自他相互を利することによって、社会の安全と進歩の維持を考える以上、原理的には一つの幸福主義の倫理観といわなければならぬ。マルクス主義もこの点において本質的に相違するものでなく、ひとしく人間各個人の生の享受と幸福が目的とせられ、それによって社会大衆の自由と平等の状態を実現せんとするかぎり、功利主義の埒外に出るものでないことは、前にも触れたところである。

かようにして人間個人の自由と幸福を標的としてもっぱら人間社会生活の改革進歩が企てられるかぎり、一般に宗教は固有の意義においてその存立の余地がないと言わなければならぬ。あるものは宗教を心理的に理解し、宗教を人類進歩の過程における一階段として承認するがごときも、それはせいぜい一種の「人道教」ないし「人類宗教」たるにすぎない。元来、自由主義ないし民主主義における「寛容主義《トレランツ》」が宗教を個人の自由と認めることから、あるいは宗教に対する無関心と同義に解せられ、ついには無宗教または無信仰に導き、総じて十九世紀ヨーロッパがその経過において既成宗教のみならず、およそ宗教の否定に傾いたとしても偶然ではない。

この点においてマルクス主義は最も徹底し、近代精神を極端化したものと言える。そこでは宗教は他の文化諸形象とともに、その基礎である経済的生産関係の上に立つ「イデオロギー」の一要素たるにすぎない。かようなものとしてそれは社会的経済関係を投影する自己意識にほかならず、この現実の歴史的社会の内部における自己矛盾から生じた一個の空想的精神以外のものでは有り得ない。それ故に、マルクスの宗教批判において積極的なものは、一般に宗教を生み出すような社会状態を廃止することであり、ここに宗教と神学の批判は法と政治との批判、要するに国家共同体の批判とはなったのである。

しからば、マルクスによって批判せられた近代国家の特質は何であったか。国家は社会の秩序を維持する必要から生じた一個の強力組織または権力機構として、社会生活における人間の力の合成以上のものではない。それは根本において各個人または多数の利益と幸福を保護増進するための社会的形成物として把握せられてある。個々人とその総計としての社会が目的であって、国家はただ社会的条件に対する関係によって規定せられる手段価値以上のものではない。

この点、マルクス主義においても本質的差別はなく、むしろ如上の理論を徹底し、国家は現存所有者階級の利益の維持、言いかえれば、ただブルジョアジーの資本主義的生産方法の条件を維持するための組織にほかならず、したがって、かようなものとして経済的生産力の発展過程の中に必然に廃棄せられ、ついに「死滅」すべきことが論断せられる。これは社会の中への国家の完全な解消にほかならない。そして彼らが未来の理想状態として人類を連れゆくところは、一切の国民的または民族的個別を除去した共産主義的国際社会または世界社会である。それが万人の自由にして平等な組合または連合として個々の要素の総和にほかならぬことは、その核心においてブルジョアジーの社会観と異なるところはない。社会主義が自由主義に反対して新たに「社会」共同体の概念を強調して興ったにかかわらず、原理的には個人主義を超克し得なかったことは意義深い。

要するに以上のごとき見地においては、一方に、精神的個性としての人格の概念が立し得られず、ために人間はむしろ量的個として、かえってみずからが営み作りだす広大な経済的事業あるいは社会組織の中に没し去られる危険がある。同時に、他方に、社会は人間と人間とを内的に結合する紐帯を欠く結果、共同関係の真態であるよりは一個の利益社会的結合以上のものではない。その最高の表現である人類社会といえども、あたかも個性価値を欠いた単なる個と直接的に連なる抽象的普遍にすぎない。そこには全体的個性としての国民的共同体とそれに基づく政治国家の理念は喪失せられたものと言わなければならない。これは、その根本において人間生活にとっての高い道徳性あるいは宗教性の内面的関連と、一般に精神的文化の理解への道とが閉《とざ》されている結果と見なされなければならない。

かくのごときは、さらに突きつめていえば、およそ近代の思惟方法としての「学」の根本性格にかかわる問題を包蔵する。すなわち、近代ヨーロッパ思潮の主流をなしたところの、上来述べて来た近世自由主義ないしマルクス主義社会科学の実証的合理精神の支配の問題である。そこには近代とみに興隆を告げて来た自然科学を中心とし、その研究方法を基礎として、人生と社会の一切の問題の解決に当ろうとする一個の「自然的方法」が摘示されなければならない。これは、本来自然をも支配しようとして起った人間自我にとって、かような実証的合理主義の思惟方法のために、かえって人間とその社会生活がその根本において自然的法則に従属する結果となったことを意味する。この点において、社会生活をば一つに経済的物質力とその発展の関係として理解するマルクス主義の方法も、「社会的自然主義」として、方法論上なお一個の自然主義の立場以外のものでは有り得ない。

かような方法をもっては、国民と国家的生活の本質を把握し得ず、いわんや文化の内的統一の問題を闡明《せんめい》することは、到底不可能といわねばならぬ。しかるに、興味があるのは、マルクスの唯物史観が一切の価値論的前提を拒斥すると称しながら、みずからの科学的思惟によって、経済と社会生活のみならず、あらゆる文化事象を統一的に説明し、それによってみずから広汎な全体的世界観たろうとする点に、自己矛盾と独断を冒すものがあることである。殊《こと》にその将来社会を描出し、新しい歴史哲学を展開するに当り、厳密な科学性よりも、むしろ一種の空想的・神話的構想をすら試みる点に、再び形而上学的契機を包摂するものと評し得るであろう。ここにある意味において近代精神それみずからの形而上学的一大転回への徴候が看取し得られると思うが、それはマルクス主義、否、一般に近代精神のあえて克《よ》くし能うところではない。

　ドイツ理想主義哲学の崩壊後、ルネッサンス人文主義と宗教改革の精神を喪失し去った近代文化の学的特色と効用は、そうした形而上学にあるよりも、依然として実証的科学にあり、近世自然科学の振興に伴う機械・工業の発達と相まって、技術的・合法則的学問の攻究にあると見なければならない。政治国家の問題についても、かような方法によって、むしろその組織機構および合目的的な技術的方法、あるいは精々それらの経済的社会的基礎の究明がなされ、またその方面において寄与するところ少なくはなかったが、要するに実証主義発達の成果である「科学《サイエンス》」としての政治の研究を出ず、人生および世界の全体との関連においての価値的考察、言いかえれば綜合的な世界観的基礎の究明を欠く結果となった。けだし、近世政治生活に関する思惟の貧困を露呈し、精神的無内容を暴露するに至ったものとして、これ以上のものはないであろう。

二　ナチス精神とその世界観的基礎

ナチス勃興の精神的理由は、まさに以上われわれの辿り来たったヨーロッパ「近代精神」とその帰結に対する反抗からであり、単なる政治的権勢運動たることを超えて、文化の本質に関する問題——詳しくは哲学、一般に全精神歴史において新たな紀元たろうとする、世界観の全的更新につながる問題を含む。それは、なかんずくデカルトに始まる西欧的合理主義——その機械的・合法則的な世界の分析的解明とそれから生じた近代主義、ひいて唯物論的社会科学の思惟方法に対する抗議であり、これによって彼らの期するところは近世自由主義ないし民主主義文化ならびにマルクス的世界観の打倒と変革である。

由来、広義における自由主義の政治的貧困——むしろその非政治的態度を、ナチスは近代科学の客観的・法則的で静的・没意志的な純粋の理論的方法の結果として認めるがために、彼らにとって新しい哲学と科学は必然に主体的・意欲的で決断を伴う動的な実践的性格を持つものでなければならぬ。ここに哲学・科学のすべての分野において重心を占めるものは実践哲学、なかんずく政治哲学であるべきである。あたかも国民の実際生活の諸領域にわたって全体的統括の任務に当るのが政治的指導であるように、国民思想生活のあらゆる部門を通じて一つの根本理念に結びつけ、それを滲透せしめることによって統一秩序を保つことが政治哲学の課題であろう（1）。

かようにして、およそ自由主義的近代文化とは反対に、政治が哲学のまっただ中に己を現わし、非政治的ではなくして、いまや政治的な文化と世界の形像がつくられる。かくのごときは由来西欧精神とは異なるドイツ固有の伝統というべく、国家の理念が哲学の重要な課題であったドイツ理想主義哲学の跡を追うもののように見える。

ここに国家的政治生活は彼らの新しい世界創造の活動圏であり、これを中軸として新しい世界観が構成せられるのである。その結果、近代精神とは異なり、国家は単なる、一つの強力組織や権力機構ではなく、むしろ有機体的全体としての民族の統一的組織形態――正確には「民族共同体の最高の組織的現象形態」――として把握せられる（2）。それは個々人またはその多数の利益と幸福とを保護し、社会の秩序を維持するための社会的形成物ではなくして、民族の精神生活の維持発展を図り、種族の保存と純化とをその最高使命とする、民族の創造である。(3) けだし、近世「シュタート」の概念よりも広く、かつ、深い概念であって、むしろドイツ固有の「ライヒ」に該当し、有機体的統一として民族そのものの理念と合致するものである。

これが基礎は疑いもなく「民族」であり、民族共同体の理念が世界観の基底を形づくる。そこでは政治運動と歴史と哲学とが一体となって、民族共同の源泉——共同の体験および感情に遡ることが要求せられる。彼らはこれによってドイツ民族精神の底に潜む生命と力を喚び醒さんとするのであり、「西欧」の理性主義に対抗して、まさに「北方的」ゲルマン主義の高調である。それから構成せられるものは民族的世界観とそれに基づく科学であり、これによって最高度の政治的実践的な学の樹立が企てられるに至るのである。

あたかも近代精神が人間個人を中心としたのに対して、これは民族共同体が中心であり、近代「個人」主義に対する民族「全体」主義の主張である。けだし、近世自由主義ないし民主主義とさらにはマルクス的社会主義に対抗してナチスの依拠する根本原理であるとともに、個人主義の系をなす単なる世界主義ないし国際主義に拮抗して彼らの戦う根本理念である。彼らにとっては、人間は個々に独立して世界または宇宙にあるのでなく、もともと共同体的存在者として同胞民族に本源的に結びつく。民族が唯一の現実的にして包括的な、それみずから完結した生の有機体であって、民族においての根本衝動と体験との共同のうちに、真の全体的共同体の理念が育成せられると見る。それ故に、個々の人格でなく、民族こそが生の根本形態であって、およそ世界観と諸科学はこの認識の上に出発すべく、かようにして生の維持と向上とを最高度の完結にまでもたらすことが新しい世界観の使命でなければならない(4)。

ここに新しい倫理は、近代精神の功利主義的な利益幸福の原理ではなくして、民族的全体者への没入、すなわち全体に対する個の服従と犠牲の精神の高揚となって現われる。「共同体の存在のためにみずからの生命を捧げることにすべての犠牲の冠が置かれる。……あたかも、われわれのドイツ語はこの意味の行為をいみじくも表現する言葉を持つ。すなわち「義務の実行」これである。それは自己自身を満足せしめることでなくして、全体に奉仕することである。かかる行為の生ずる原則的な心情をわれわれは——利己心や我慾とは区別して――理想主義と呼ぶ。われわれはその名のもとにただ、全体性に対する、また同胞に対する個々人の犠牲能力を理解する」(5)。

言いかえれば、名誉と忠誠とがゲルマン人の価値であり、民族のうちにある神性こそがあらゆる価値の基準、絶対価値である。それ故に道徳の格率は人間人格の「自由」にではなくして、かかる民族の「名誉」においてある。それはさらに次の如く言われるときに、最もよく表出されていると思う。「名誉の理念――民族の名誉――がわれわれにとってわれわれの全思惟と全行動の初めであり、終りである。それは他にいかなる種類の同価値の力の中心をも、自己とならんで存立するを承認しない」(6)。かようにして、民族的名誉のための犠牲的感情と行為の意志的性格が、その思想の核心として摘出せられ得るであろう。

上述のごときナチスの主張には、明らかに一種の理想主義――実践的理想主義――の精神の高揚が認められる。けだし、近代ブルジョアジーの功利主義道徳ならびにプロレタリアートの同じく快楽主義的倫理理想に対する反立として、別しては第一次世界大戦の後、この両方面からの浸潤による国民の精神的・肉体的な頽廃と苦悩とについてつぶさに体験し来たったドイツにとっては、必然にして深刻な叫びと言わなければならない。

「内的に病みかつ腐敗したこの時代を救済しようと欲する者は、まずこの悩める諸原理を解明する勇気を振い起さなければならぬ。一切の市民性を去ってわれわれの国民性から、新しい世界観の尖兵として堪え得る諸力を集中し、秩序立てることが、民族社会主義運動の使命でなければならぬ(7)」。

それはまた、一般に近代精神の帰結したところ、いずこにおいても人間生活が低調化し、精神的高貴性が失われようとするに際して、若い優れた民族が精神的自己保存を企て、滅亡から時代を救うために興った必然の精神運動と考えられよう。そうして、このことはひとり人生と道徳についてのみでなく、およそ実証的合理精神とマルクス的唯物論の思惟方法そのものに対する反対、根本において近代の機械論・技術文明に対する抗議を意味し、これに代えて新たに有機的な精神的一大綜合の文化の創造の要請と解せられる。言いかえれば、近世啓蒙哲学に淵源する自然科学的理論の哲学に対して、今や民族的生の強調に基づく一種の「生命」の哲学の主張と考えられる。かようなものとして、それは根本において反理論的・非体系的なのを特色とし、概念的思惟や理論的認識は背後に押しやられて、ひとえに根元的にして現実的な生の衝動あるいは感情の直接的・非合理的なものが前面に浮び出る。

かくのごときは、もはやカントからヘーゲルに連なる厳密な意義におけるドイツ理想主義哲学の精神とはまったく性格を異にし、むしろ西欧実証主義とならんで十九世紀前半、特にドイツを中心として興ったロマン主義の精神と結びつくものと言うべく、これを広義における一つのロマン主義――「新ロマン主義」――として理解し得られるであろう。その新たな所以は、旧いロマン主義の根本理念であった動的な力としての生を、現実的な民族的生としての「種」の核心にまで掘り下げた点にある。ここにシェリングにおけるごとき模糊たる「世界霊《ヴェルトゼーレ》」が、いまや明瞭に民族的心霊の「人種魂《ラッセンゼーレ》」として把捉せられる。その場合、多分に前者にまとわっていた詩的空想と主観的気分が払拭せられて、より意志的・実践的特質を明らかにする。同時に注意すべきは、旧いロマン主義が広く民族を超えて世界主義と世界文化理想に赴いたのに対して、この新しいロマン主義は民族文化と民族国家の理想に終始することである。これによって前者のむしろ非政治的で審美的な「静寂主義」(Quietismus)であるのに対して、後者の積極的で政治的な「行動主義」(Aktivismus)の性格を形づくるものと考えられる。

かようにしてナチスらの強調するところは、「血」によって形成された性格としての民族――畢竟「人種」のことであり、ひとえに北方的アーリアン人種としてのゲルマン民族の理想にほかならない。これは従来の抽象的な合理主義に対して「人種に拘束せられた民族精神」「人種的民族精神」の主張である(8)。けだし、彼らに従えば、理性と批判によっては何ものも創造せられず、創造的原理はひとり人種・種族のみである。北方的ゲルマン人種こそは環境によって制約せられず、かえって自らの歴史と生活圏との積極的な形成原理である(9)。それはひとえに「血」の自然的共同性の高揚であり、まさしく血の理念である。かようなものとして、結局、一つの人種学的ないし人類学的立場、それ故にまた根本において一つの「生物学」的立場に通ずるものと見なければならない。

したがって、それはまた十九世紀のダーウィン主義とも連なるが、もはや旧い進化論的生物主義とは性質を異にして、新しくロマン主義的な根源的「生」の原理に立脚するものと考えられる。すなわち、かつての生物学主義が主として外的事情に依存する機械論的進化の法則概念であったのに対して、後者の意義はおよそ生けるものの根元にあって、かえってそれらの外的状況を支配し、利用するところの生の創造的形成原理たろうとする点にある。

この関連において、近代にあっては誰よりも多くニイチェが重要な関係と影響を持ってくる。いずれも活力的《ヴィターレ》な生命自体を原理とし、生の高揚を旨とするにおいて、生の哲学思想が根底をなすと言えよう。同じく近代精神と近代文化に対する決定的抗議者ニイチェにあっても、われわれ自身を超えて高き生の存在を創造することが、あらゆる行為の衝動とせられる。ただ、彼においては、それが有機体的共同体としての民族または一種族ではなく、全体としての人類——殊にヨーロッパをいかなる方向へ向わしめるかが課題であり、そのために偉大な個性——超人——を中心として、その最高の訓育と養成による人類の高揚が主要事であった。これに対しナチスにあっては、さような超人としての個性またはその階級ではなく、人種としての民族——特に北方的ゲルマン種族——を中心とする点に、ニイチェと異なる意図と理想が認められるであろう。両者の相違の根拠は、実にニイチェにおいては欠けていて、おそらく拒否したでもあろうが、新たにナチスに至って強調せられた「生物種族学」——民族の生物学的基礎に求められなければならぬ。(10) そこにはニイチェのごとき主観主義でなくして、実在は確固とした客観的全体性の上に移されたように見えるけれども、他面に、ニイチェに包有されてあった偉大な精神は色褪せて、より自然主義的・現実主義的色彩が濃厚となる。けだし、彼らは種の性格としての血からのみヨーロッパのすべての精神財が創造せられ得るとの認識に出発するのであって、この認識が国家観ならびに世界観の基礎を成し、もろもろの生活領域を通じて「種」に固有な文化を創造する力の根拠と考えられてあるからである(11)。

以上のような見地から抽き出される重大な論理上の帰結は、一切の文化の問題が生物学的人種の問題、すなわち民族の血の純化と高揚に向って集中されることである。文化とは「ひとつの人種の植物的＝活力的なものの意識的形成」の意味にほかならず(12)、かようにしてそれは「相敵対する人種魂の戯曲的闘争」であり、そのいずれの側に味方するかは本来血の命令によって決定される問題である。

「血液の法則が意識的にせよあるいは無意識的にせよ、人間の理念と行動とを決定するところにおいてのみ、もろもろの価値が創造せられ、維持せられるのである(13)」。それは人種をもって最高の認識価値とし、他の諸価値をこれに従属せしめることでなければならぬ。「人種の魂を喚びさますことは、その最高価値を認識して、その支配のもとに他の諸価値にそれぞれの有機的位置を指示することである(14)」。あらゆる価値の根元、最高唯一の絶対価値は人種において存し、人種としての国民の生存自体が哲学における根本事実であって、科学・芸術その他一切の文化は政治的国家と同じく、民族的生の手段にすぎなくなる。すべての生活は人種の活力的生命の中に融解せられ、文化の形成と創造過程はむしろ生物学的世界の現象と本質的に相違なくなるであろう。

それ故に、そこにはたとい創造的な「生命の力」や「生命の力への意志」が説かれるにしても、種々の活力的な生とその衝動との強調にほかならずして、ひとえに生の活力を増進するか否かが価値の尺度と考えられることとなる。それは多分に非合理的・運命的なものを含意し、単なる因果法則的関係ではないとしても、その結果、いわゆる「生命の価値」はせいぜい一つの「運命価値」となり、ついにこれが高い精神的文化価値に取って代る危険を否むわけにはゆかぬ。

かくのごときはニイチェと同じく近代文化に対する根本の懐疑と不信から出発することとは言うまでもないが、さらにそれが極端化され、一般の文化の否定と破壊に向う可能性がある。何故ならば、文化はその本質において精神的価値のことであるよりも、より多く肉体的身体性のこととなり、後者が価値測定の基準と化するのを免れないであろうから。それから導出せらるるものは畢竟「権力への意志」にほかならず、これが「善悪の彼岸」にあってそれ自ら妥当する価値として、ますます強化高揚せらるるところに、一切の文化のみならず、われわれの全存在と世界の意義が置かれるに至るであろう。

それ故に、近代個人主義に対して新たに民族的共同体の理念が立てられたにはしても、ナチスにおいては、それは内面的・精神的なものから創造せられる真の共同性であるよりも、より多く人種的同一性によって結成せられる「種」の自然的共同体の意義が先に立ち、民族の本質は精神的文化の核心においてよりも、かえって「種の保存」と、その「生存の闘争」において捉えられるであろう。(15)これとともに、近代政治の貧困化に抗して回復せられた国家の理念も、真の文化国家あるいは客観的精神の現実態というがごとき価値と意味とを没却して、むしろ「血と鉄」とが最もよく象徴する巨大なレヴァイアサン的存在を顕わにするに至るであろう。

国家の内部においては、人間は直接民族的生の存在に従属して考えられる結果、自律的な人格価値または精神的個性としての自由の意義を喪失するに至る。そこには新たに民族「社会主義」の理想がかかげられるにはしても、人間は自らの労働によって自己の使命を自覚し、人間に値する生活を生きるというよりも、むしろ種族的全体を構成する細胞的組織とひとしい生と同時に運命のもとに置かれる。(16)これと同時に外部に対しては、その北方的アーリアン種族優越の主張の結果、近代の国際主義または世界性に対立する他の極として、ふたたび新たな汎ゲルマニズムの思想が展開せられる可能性がある。弱小な人種を押し除け、「勝利の剣の力」によって、自己の生存のために必要な領土を拡張することは、強大な優秀民族の「権利」でなければならない(17)。それは直ちに国際における「強者の権利」の主張であって、そこには民族の生存のための永遠の闘争が開始せられるであろう。

これらは文化の発展と協働よりもむしろ反立と闘争、平和と秩序よりもまず戦争と勝利の教説である。

以上のごときは、一面、ナチスが理想主義的精神の高揚にかかわらず、他面、根本的にそれと反立するものをそれ自らに内包する結果と考えられなければならぬ。そしてかくのごときは、一般にロマン主義に共通する一つの特徴として、「精神」と「自然」との同一化の思想に由来するものと思われる。それは、もと啓蒙的な抽象的理性――あまりに合法則的に把握せられた精神を、自然実在の深い源泉へ還元することによって、生々の生命をもって満すということであった。人びとはそのために、精神と自然との根底に全体的な存在の理念としての「生命」を置くことによって、これを遂行したのであった。だが、その結果は、精神と自然との両者の限界が撤し去られ、一方に自然が精神化されるとともに、他方に精神が自然化されるという混淆と危険が生ずる。何故ならば、人間の精神は根底において動物の衝動と本質的に異ならず、理性的自由の行為も動物の自然的生と同格として、ともに同じく根源的な無限の生命の表出として把握せられるからである。ここに、すべて内面的・理性的なものはかえって自然的・野獣的《ブルータル》なものに、また、すべて精神的・理念的なものはせいぜい心理的・象徴的なものに打ち換えられるという結果を生ずるに至るのである。

かようにして、ニイチェにあってもそうであるように、一方には精神的・理想主義的要素を、他方には野性的・自然主義的要素を包摂し、この二者の結合、否、混淆の上にナチス精神の真の性格が見いだされるであろう。そこには精神的・理性的なものは根底から動揺するに至り、精神的なものから野獣的なものへ、理性的なものから非理性的なものへの転化が開始せられ、ついには粗野な自然主義による精神や理性文化の完全な征服が可能となるであろう。かようにして、本来ドイツ理想主義哲学におけるごとき精神の哲学であったものが、いまやもろもろの自然的本能と意欲との生命の形而上学に変化し、ここに人間は理性的・精神的存在でなくして、自然と運命の暗い世界をたどる形而上学的存在となる。

これをわれわれは一言にしてナチス精神の「デモーニッシュ」な性格として特質づけ

ることができるであろう。それは人間における何か動物的・反精神的な衝動を意味し、創造的要素と破壊的要素との結合または二重性、あるいは精神的と反精神的との対立または二重の弁証法的要素として論じ得るでもあろう。(18) これはもと近代の実証的・唯物的精神に対抗し、理想的・創造的なものを約束して起ったにしても、それがまた容易に非創造的・自然野性的な存在ともなり得るのである。そして、かくのごときは実にナチス精神と世界観における根本の問題として指摘されなければならぬところである。

ナチス精神におけるこの問題は、あたかもわれわれの問題とする宗教との関係において、決定的な意義をもたらさずには措かぬ。すなわち、ナチスに固有の新たな宗教理念の展開、それと同時に従来のキリスト教理念の再吟味、ひいて現代「危機の神学」との関係において興味ある問題を提出せしめるであろう。

三　ナチス世界観における宗教理念

そもそも、ナチスは決して一般に宗教を無視し、または否定するものではない。すでに第一次大戦以前において国民の間に統一的にして的確な世界観的確信を欠いたということは、ほかならぬ宗教についてであり、ことに大戦後国民の内的確信が決定的意味を有するときにこの問題は忽諸《こっしょ》に付することができず、故に一般に宗教的信仰はナチスが国民の「道徳的世界観の唯一の基礎」として承認し、高揚するところのものである。[19] しかのみならず、それ自ら総括的な世界観として、一個の形而上学的構想たろうとする以上は、必ずや宗教の問題に導かれざるを得ず、宗教的神性はその全体の思想において初めから重要な契機たるを失うものでない。ことに自ら新しい時代の哲学たろうとする以上は、単に在来の宗教的信条の保存と承認にとどまらないで、さらにその世界観的確信と内的に結合する固有の新しい宗教的理念が導き出されなければならぬ筈である。

あたかもこの点において、自由主義ならびにマルクス主義——総じて近代実証的合理主義あるいは社会科学精神の帰着した宗教的無関心あるいは無宗教性とついには宗教否定の傾向に対比して、ナチスに顕著な一つの特徴を挙げることができるであろう。けだし、近代的思惟方法によって拒斥せられたものは、何よりも神秘的な生命の内的必然性であり、しかるに、あらゆる実在の根底において新たに全体の理念として「生」の概念をかかげて興ったナチス精神は、ひとり形而上学の問題についてのみならず、同時にまた実に宗教的生命の問題についても一大転回を要求するところがなければならぬからである。しかも、かようなナチスの宗教性は本来西欧的精神とは違い、人間理性がその根底において宗教的神秘性と内的に結合するドイツ固有の精神に由来するものと言えよう。「われわれの生活の未来にとっての問題は形而上学的・宗教的な一つの内的な転回に依存しなければならぬ。そして一切の上に迸《ほとばし》り出る流れが一つの中心から注ぎ出さなければならぬ(20)」。

そしてその強調する中心点は、まさしく「魂」――自由にして偉大な心霊である。「独立な魂の高貴さは最高のものである。その魂にのみ人間は奉仕しなければならぬ。われわれ現代人はそれをば、同じくそれ自身一つの理念で他の価値に何らの関係ない名誉の理念の最も深い形而上学的根源と呼ぶであろう(21)」。ここに、ニイチェからさらに遡って、十四世紀ドイツの神秘家マイスター・エックハルトが最大の思想的先駆者として準拠せられる所以がある。エックハルトが「火の子」と称した魂――神との同価値をさえ宣示した純粋の心霊が一切の中心として表わされる。「一切のものに、しかり、神に対してさえ抱いている魂のこの自由と無頓着性と、いかなる強制――したがってまた、神の側からの強制――に対しての防衛は、北方的な名誉と自由の概念を掘り下げ、追求し得るかぎりの最も深い根元を示すものである(22)」。この中世の神秘家が「私が存在しないならば神も存在しないであろう」と言い、「魂は神に対する何らの関係なくして善き行を為す」と言い、あるいは「自分自身と一つとなる」と言ったのは、人間「最高の自己意識」として、神からも自由な自主独立の魂の高貴さにほかならない[23]。

これは明らかに一つの神秘主義——ドイツ神秘主義の主張である。ただ、多くの神秘主義が冥想的・消極的であって、生の沈潜にとどまるのとは反対に、これは創造的・行動的であって、かえって生を高揚し、発展せしめる役割をする。何故ならば、自由の心霊によって神と合一した人間は、いまや自ら世界の支配者として万物を自由に駆使し得るからである。けだし、北方的ゲルマン的な名誉と自由の概念と結びつき、それにふさわしい宗教的理念と称し得るであろう。

さて、かような魂が人種および文化の核心を形づくるのである。それは取りも直さず「人種魂」——種に結びつき、種的自然の中に生きかつ発展せられる心霊にほかならない。「魂とは内面から見られた人種を意味する。そしてついに人種は魂の外面である」「人種は一つの魂の譬喩であり、人種財は一つの価値自体である[24]」。かような宗教的要求には確かに抜くべからざる民族的な告白が見える。それによって民族を無視した単なる国際的信条と世界教会とに対抗し、普遍的な一定の教義と組織による強制から、それぞれの民族的個性に基づく信仰の独立と自由の組織を擁護する点に意義があると言えよう。ここに、新しく「ゲルマン的キリスト教」の意味において、従来の歴史的キリスト教の理念が評価し換えられるのである。

しかし、上述のごときナチスの宗教理念によってなされるキリスト教再評価の結果は、必然にその信仰内実の改変を免れず、これまで歴史的キリスト教の諸理念として思惟せられて来たものは、いずれも第一義的意義を喪失して、第二義以下に転化せられざるを得ない。

何よりも神の「恩恵」の思想は却《しりぞ》けられるであろう。けだし、恩恵の概念は彼らに従えば放肆《ほうし》なる神の絶対的専制主義以外のものでなく、人間にとっては神の僕《しもべ》としての「ユダヤ的表象」にすぎないから。(25) そこにはむしろ、エックハルトに倣って恩恵を超えることが要求せられる。なぜならば、人間は本来「罪」に沈淪している弱々しき者でもなければ、したがって神の恩恵と憐憫を必要とする者でもなく、かえってわれわれの裡なる高貴にして偉大な自由の魂は神と同価値であるから。それからは必然に、キリスト教の根本概念である「贖罪」についてもまた全然別個の評価が生じ来たるであろう。人間が本来神と断絶した根本悪の状態に置かれてあり、したがって神への復帰は「犠牲」なくしては行われ得ぬ、と言うがごときは彼らの了解するところではない。本来、世界および人類の罪業とこれが救済に対する信仰の教理は、強靭な人種的性格を所有する者の到底容認し得るところでなく、それは要するに「肉体的雑種化の随伴現象」にほかならない。(26)

犠牲にされた「小羊」としてのイエスの比喩は、北方人種にはあまりに弱々しく、卑屈に過ぎる。彼らにとって有用なのはキリストの「死」でなく、むしろその「生」である。罵られ、虐げられ、ついに十字架に懸けられた惨めなイエスの代りに、神殿を瀆す者を追払い、人びとの前に説教する燃えるがごとき「火の霊」である。「僕」の形でなくして、あくまでも「主」としてのイエスである。それはむしろ「最高の意味における英雄」または「最高の意味の自己意識的な君主的人格」として理解せられる。そのことはあえて「死」あるいは「犠牲」を貶下するわけではなく、むしろそれに生の真理性の表現を認めるのである。しかし、もはやキリスト教によって価値を転換せられた形においてでなく、どこまでもギリシャ本来の意味における「英雄的悲劇」としてでなければならぬ。(27) 生の真理性は「信仰」においてでなく「行為」——かかるギリシャ的悲劇の主人公としての勇敢な行為において現われる。それは、イエスの生と死において歴史のうちに「一回的」に顕示せられたものでなく、いずれのときにも、ことに時代の危機、苦難のときに臨んで顕現されるものであって、そこに歴史の永遠の法則が存し、人間と民族との「救い」が見いだされるのである。(28)

このことからまた必然に「愛」についても別個の評価がなされる。愛は、畢竟、ニイチェが非難したように、屈従と奴隷の道徳以上のものではない。ここに力説せられるのは、さような屈辱と奴隷的心情でなくして「魂と意志の自由」である。「愛と憐憫とは——たといそれが「全世界」を抱擁すると称するときにおいてさえ——常に個々の愛する、または悩める者に向けられてある。しかし、他人あるいは自分を苦悩から自由にせんとの願望は、純粋に個人的な感情であって、真に鞏固《きょうこ》な国民あるいは国家の形成的要素を含むものではない(29)」。北方的アーリアン人、なかんずくゲルマン人にとっては、愛の代りに自由と名誉の理念が本質的である。それ故に、愛はこれを「名誉の理念の類型的、創造的力」の下に置くこと、言いかえれば「自由創造的な最上の意味における専制的な意思」に奉仕することにおいてのみ、愛の理念の新しい評価と新たな転換がなされ得る。(30)それはエックハルトにおけるごとく「力」としての愛の表現、すなわちそれが獲得しようと努力する「神的な権力」にひとしいものとしてのみ承認せられるのである。[31]かようにして「愛」と「名誉」とは彼らにあってはまさに二つの全く異なる価値と理念であり、本来異なる人種によって担われなければならぬ。あたかも「教会が愛を以て支配しようと欲したのに対して、北方的ヨーロッパ人は名誉によって自由に生き、また名誉にあって自由に死のうと欲した[32]」。

要するに、「愛」あるいは「恩恵」と言い、「悔改」あるいは「信仰」というのは、その場合、単なる教会的伝統の教義・信条にほかならず、根底においてユダヤ的キリスト教――パウロによってなされた価値の「ユダヤ的偽造化」以外のものではない。パウロ主義こそはローマ帝国に対し国際的な世界革命を説いたユダヤ精神の根源であって、その宗教的教説たるほかに、まったく「プロレタリヤ的虚無主義」の政治潮流を形成したものであり、かようなものとして当時旧世界の人種的混乱に際してますますその存続のために道を開いたのである。[33]このようなキリスト教の雑種化、すなわち東方化とユダヤ化にほかならぬいわゆるセム人種の教理に抵抗して、キリスト教精神の核心を把捉したものは、ローゼンベルグの考えによれば、わずかにマルコおよびヨハネの福音書のみである。しかし、それらとてもユダヤ的伝統と迷妄がまつわっており、したがって、ローゼンベルグらによって永久に旧約聖書が全面的に拒否せられるのは勿論、四福音書の全体にわたって改廃ないし修正が要求せられ、新たに「第五」福音書の構想が予示されてあるのを知るであろう。(34)

かようなナチスのキリスト教観には明白に「教会主義」への反対が看取し得られるであろう。神の「恩恵」その他前述のキリスト教の諸理念は特に「教会的価値」であり、彼らに従えば、それによってユダヤ的・ローマ的な教会の権威を維持し、伸張することを目的とする特殊の制度としての手段的価値以上のものではない。しかるに、神にひとしい、否、神と一つである自由にして高貴な魂にとっては、それらのものはただ魂の力を高揚し、神により ひとしくならしめるかぎり承認されるにすぎず、もしそうでないならば無益かつ有害のものとさえなるであろう。一つの価値そのもの・最高の価値は自由独立の魂の高貴さを措いてはほかになく、それが同じく一つの理念そのものたる名誉の形而上学的基礎である。「エックハルトに従えば、永遠者に向けられた人間の「高貴な魂」が地上における神の代表者であって、教会・僧正・法王がそれではないのである。地上における何人も私を繋ぎ、また解き放つ権利を有せず、いわんや「神を代表して」

そのことを行う権利を持たぬ[35]」。

かような主張がなかんずくカトリック教会主義に対する全面的排撃であることは言うまでもない。元来、ローマ教会は彼らの見解に従えば、「純歴史的に構成せられ、旧約聖書の物語および後代の唯物論的な聖徒伝説を真実視することをもって、その全体の本質的構成要素として僭称する[36]」。そうしてその信条としては、一方には地中海の東方からの魔術的祭祀とユダヤの経典を藉《か》り来たり、他方にアフリカ・シリア的な精神を摂取したものにほかならない。それは異なる諸要素の融合統一のほかのものではなく、それからはおよそ人種と民族とを無視して、同一の組織と形式と、そして教義のもとに強制する「世界的普遍主義」が生ずるのである。その結果として「それが権力となったときに、われわれの魂、われわれのヨーロッパ的種族を毒する。彼らに生命であったものはわれわれにとっては死である[37]」。ここに反対されるものは、カトリックの「権力主義」と「僧侶主義」であって、これに代えて高調されるものはあくまでも北方的・ゲルマン的な「心霊的人格の名誉」であり、「魂の孤立と完結」である。それは神秘的宗教の要求であるとともに、また宗教の民族的告白でもある。

かような神秘主義の宗教観はすべての教会主義――ことにカトリック主義に比して大

きな強味を有するところであって、中世的キリスト教に対して、エックハルトからルッターに連なるドイツ宗教改革の精神を引くものと言えよう。ことにプロテスタンティズムが、その発生と伝統とから言ってドイツ民族の内的力と結びつき、ゲルマン的な自由意志・人格的良心・国民的独立の生活を強調した点において、ナチスはこれを高く評価するに躊躇しない。しかし、プロテスタンティズムは単に心情と感情の領域に立ち止まり、究極にまで突きつめていないがために、宗教改革は中途半端にすぎない。種を無視する教会の同一形式の信条に基礎を置くかぎり、ルッター主義もカトリシズムと異ならず、ただ、ローマ的教会の権威を中心とする代りに、新たに聖書の文字の権威を確立したにすぎない。それは聖徒伝説に代えるのに「文字の神話」をもってしたものであり、われわれの生の精神的形式をなお東方的に規定したものと言わなければならぬ(38)。その上、すでに述べたように、パウロ主義を排斥する結果は、何よりも恩恵と信仰とを根本観念とするルッター主義とも相容れず、否、それは根底において拒否されてあるものと解しなければならぬであろう。

ここにナチスにとって世界の将来は、プロテスタンティズムとカトリシズムとのいずれが勝利を得るかが意味あるのでなくして、ただひとえにアーリアン人種――特にゲルマン的ヨーロッパ人種が維持せられるか、または滅亡するかの一事にかけられてあると見なければならぬ。しかるに、両派はアーリアン人種を滅亡に導くユダヤ人に対して戦わないで、かえって互に他を滅ぼすために抗争する。(39)ここに新たに要求せられるのは、もはやいずれの宗派の対立とも結びつけられない宗教、すなわち原始的な素質としての「種」に結びつけられたところの、民族性そのものの上に立てられたキリスト教である。これが言うところの「ゲルマン的キリスト教」であり、彼らにとって新しい福音――まさに「人種的福音教」である。この意味において新しく「ドイツ教会」の創立が要請せられ、それによって第二の宗教的改革の運動を期待するごとくである。

かくのごときは、ふたたび自己の「種」に対する内面の信頼を中心として、一つの高い価値感情を創造し、人類の精神的・心霊的一大転回を成し遂げようとする試みであり、そこに新しい世界観と新しいドイツ宗教の標的を見いだそうとするものと言えよう。(40)

以上述べたような種族的生を中心として形成せられるナチス宗教観の危険は、いまや宗教と神学がより多く人類学ないし人種学に打ち換えられることである。その場合にも彼らはつとめてエックハルトに依拠しようとする。「人間に最も高貴なものは血である

――それが正しきを欲するならば。だが、人間において最も兇悪なものもまた血である――それが悪を欲するならば[41]」。しかるに、これは明らかにエックハルトの模倣または歪曲であり、かかる悪しき引用はかえって自己破壊的作用を現わさずには措かぬであろう。なぜならば、エックハルトにあっては単に人種的「血」でなくして、それを制約するものとして「正」か「不正」かの価値原理が前提せられてあるからである。

かようにして「自由なる魂」の神話は「血」の神話あるいは「血」の宗教に置き換えられ、一般に魂と血、自我と人種、絶対者と種族とが同一不二の関係に置かれるに至るのである。ここに、さきに指摘したナチス精神における二重性、すなわち一方には理性的・精神的なもの、他方には自然的・野性的なものの混淆が認め得られるであろう。中世の神秘家の説いた神と人との合一、否、一つとなった高貴な魂の神性は、いまや種と人間との合一として、この世界の存在の法則における種族的生の神性――民族的活力にまで引き下げられるに至るであろう。同時に、本来ロゴスが肉体となったものとしての「神の子」の位置を、いまや絶対有として「種」が占めるものと解しなければならぬ。

われわれはここに「ユダヤ人とギリシャ人、あるいは奴隷と自由人、あるいは男と女の区別なく、みなキリスト・イエスにあって一なり」と説いたパウロの福音主義の原理が排斥せられる根本の理由を了解し得るであろう。「人間はそれ自身「無」であり、ただ、精神的・心霊的に幾千の世代の有機的な祖先の系列に組合されている限りにおいてのみ人格である」(42)。かようにして個々の霊魂の不滅ではなく、永劫《えいごう》の祖先と無限の子孫の系列のうちに常に回帰する生死の交替において、あたかも「ゲルマン的生と不死の信仰」が認められる(43)。そこには人間における「悪」の問題がキリスト教におけるごとき罪悪の観念とは関係なく、ひとりさような種的「血の共同体」との関係において、それを脅かすことによって成り立ち、したがって、それからの解放は宗教的救いの業ではなくして、一に民族の歴史的使命と、したがって政治的任務の課題となる(44)。ここに、種族的意識を強化し、血の経験的価値を遺伝せしめ、民族共同体のために闘争すべき意志を育成することこそが国家の任務となるのである。

かくのごときは現代の新しい宗教哲学と同一の「生命」あるいは「実存」の哲学思潮に属し、普遍宗教的な生命を現実具体の「生」の存在の地盤の上に移すことによって、宗教の超越性を民族神話的な歴史的内在性に転化するものと言えよう。そこには「血」とともに「土地」——母なる大地が重要な契機となる。すなわち、土地は、単なる物質的質料のみならず、あまねく一切を生産する原理として、人間の精神的創造の母胎でもある。ここに、大地の存在の基礎に立って、自然的「血」との交感において永劫の力を新たに体認することが、「未来の宗教」「真正の福音」として宣布せられる。

これを具体的に表象したものが、祖国のために戦死した「兵士の崇拝」である。それは国民的・人種的理念の表現者である最高の指導者に対する絶対の信頼と服従とをもって、己が生命を注ぎ尽し得た者の「国民的名誉」でなければならない。この国民的名誉こそは新しい「国民的宗教」の名において呼ばれるものの内実であって、未来のドイツの国民宗教と国民教会の基礎はここに据えられる(45)。

かような精神態度は従来の宗教と異なり、永遠の生命に対する人間の魂の希求をば人種的生の本能と特質とによって満そうとするものであって、要するに、民族の未来に対する信仰、その政治的指導者に対する絶対の信仰をもって核心とするものである。かようにしてドイツ宗教とドイツ国家思想との結合、言いかえれば、ドイツ神秘主義と権力本能との混合においてナチス宗教の根本性格が規定せられるであろう。

興味があるのは、旧いロマン主義が審美的主観的動機から――それが正しい方途であったか否かは別として――多く中世カトリックの宗教と結びついたのに対して、ナチスにおいて現われた新ロマン主義の特色は古代ゲルマンの民族神話に還ることである。それは最高神オーディンへの復帰をもって理想とし、そこには本来パガン的なものが予想されてある。かくのごときが真に「現代の心霊的・精神的な文化闘争に対する一つの評価」としてまさに「二十世紀の神話」の意味であり、一言にして言えば「人種」の神話、「血」の神話以外のものではない。それはもはや「ロゴス」的キリスト教精神と「啓示」の宗教ではなくして、「動力学的」な存在の表現としての「生」の探求であり、民族存在のための永遠の生の闘争において新しいゲルマン宗教の神性を認めようとするものである。(46)

ここにわれわれは、ニイチェがかつてキリスト教を「反ドイツ的神話」と見なし、ドイツ人をその本質の根源である自分の「家神」と自らの「神話的故郷」へ連れ戻そうとしたことを想起すべきである。(47)ドイツ人が現在キリスト教徒であることをふたたび告発したのは実にニイチェであり、ほかならぬキリスト教の再建者であるルッターをもその生の宗教的否定の故をもって攻撃したのは彼であった。けだし、彼はキリスト教をもって「反アーリアン的宗教」となし、二千年にわたるヨーロッパの種族の破壊と文化の頽廃をもたらしたものはキリスト教の精神であるとなし、その原因をユダヤ民族の罪に帰せしめる。(48)彼が民主主義・マルクス主義——総じて近代思想に反対したのは、その根本において、キリスト教によるギリシャおよびローマ主義のあらゆる文化創造的な諸価値の転倒に対しての抗議である。

ただ、ニイチェが人類の未来、なかんずくヨーロッパの未来に希望を抱き、より高い人間性の育成の理想を説いたのに対して、ナチスは人種的民族、なかんずく北方的ゲルマン人の典型をもってしたのであった。ここに前者における「地の意味」としての「超人」の理想が、後者における民族国家の政治的「独裁者」の崇拝に代えられるのである。その根底には疑うべくもなく、ギリシャ文化を北方的民族文化の原型と見、かようにしてゲルマン主義とキリスト教とを互に相容れない異質的なものと見る思想が潜む。ニイチェはこの点を論理的に徹底し、むしろ端的に表白したものであり、ナチスはキリスト教の再評価を試みるかぎり幾分途中に止まったものと言うことができよう。しかし、同じく生の現実主義的傾向は、ニイチェとともにキリスト教における神の絶対意志や彼岸的超越性の思想を否定して、存在の永劫の法則および正義としての生の闘争を肯定し、あくまで「大地に忠実」なろうとするものと言えよう。

ナチスの宗教理念とそのキリスト教に対する立場が以上述べ来たったごときものとす

れば、ここにあたかも時を同じうして従来のキリスト教神学に反対して主としてドイツに興ったいわゆる「危機の神学」(Theologie der Krisis)とナチスとの関係の問題はいかに理解せらるべきであるか。

由来、危機の神学者バルト(Karl Barth)、ブルンナー(Emil Brunner)などは、ともに近代の宗教的信仰に表白せられた実証的合理主義の精神において、言いかえれば自由主義的ヒューマニズムの理念によって導かれる近代プロテスタンティズムの「人間」の宗教において、現代文化の危機の根源を認めるのである。この関連においてまた、結局宗教的信仰の哲学化ないしキリスト教の理性的論証以外のものでなかったヘーゲルの哲学的神学に対する必然の反対から、一般にそうした理論的体系に対する原理的無関心の態度はその一つの特徴である。その上、ヘーゲルのごとき歴史を絶対的精神の弁証法的発展として把握するオプティミスティッシュな歴史観とは反対に、歴史をば根本において人類の罪悪、したがってそれに対する神の審判として見る「終末観」的立場を強調する結果として、一般に近代の文化主義に対する抗議は、一面ニイチェとも思想的に通ずるものがあると言えよう。それのみでなく、その新たな神学に神秘的要素の再生を認め得られる点において、ルッターから遡ってエックハルトに通ずるものをも指摘し得るでもあろう。さらに彼らのうちのある者にあっては、宗教の人類学的観察から[49]、人種的・種族的要素の重視の傾向となり、民族的キリスト教が主張せられることは[50]、ともに注目に値する事実でなければならない。

これらの事実は、いずれもわれわれの見たナチスの世界観ならびに宗教理念と危機の神学思想とのあいだに、接合点ないし類縁関係を示す契機となり得るでもあろう。ここに人あるいは危機の神学をもって現代のナチスないしファッシズムの理論的表現と見做し、それらの政治の宗教的・神学的基礎づけの役割を果すものとして解釈する者も生じてくるのである[51]。

殊にその場合、これら一群の神学者がおおむね政治問題については現実所与の実証的秩序の容認の態度に出ること、また体系的研究を避ける結果として必要に応じては実際政治との調和妥協をも辞しないことは、上の見解にさらに有力な論拠を供するように見える。それのみならず、これらの神学者のうちには更に積極的に、従来のプロテスタント的と称せられる個人自由主義ないし民主主義に対抗し、個人の良心あるいは心情の倫理に代えて、新たに国家共同体の「政治倫理学」を樹立しようとするもの(ゴーガルテン)[52]、あるいは神の啓示と関連せしめることにより「民族のノモス」の学として国家秩序の原理を確立しようとするもの(シュターペル)[53]、あるいは端的に国家権力ないし政治的権威の神聖性を基礎づけようとするもの(クェルヴァイン)[54]、あるいは単なる「社会的キリスト教」にとどまらないでキリスト教の基礎の上に「社会主義」の創造に向うもの(ティリヒ)[55]などのあることは、たまたまドイツ民族社会主義とこの新しい危機の神学との思想的類同性を推論せしめる契機となり得るであろう。

しかし、これらのことにより、危機の神学をもってナチス精神の基礎づけと見なし、あるいは一般にナチズムないしファッシズムの国家論が危機の神学によって構成せられると考えるのは誤謬であると思う。何故ならば、これら一派の主な人びとの運命がナチス政権のもとにおいて遂にいかになったかの問題を別としても、彼らの志向するところは根本においてナチスと分たれるものがあるからである。バルトの『今日の神学的実存』は、神学の立場からではあるが、時代の勢力に抗して書かれた精神的抗議の最後の表題であり、かような表現はもはやふたたび現われはしなかった[56]。それは思想系譜的には、ナチス思想の淵源であるニイチェにではなく、近世における危機の神学の創始者キェルケゴールに連なる。

ニイチェとキェルケゴールとはともに近代精神と近代文化への抗議者たる点において、

別してはヘーゲルの合理主義哲学体系に対し互にみずから識らずして共同の戦線を布いた点において、相通ずるものがあることは承認せられていい。しかし、それにもかかわらずキリスト教の非合理性、殊にキリスト者の実存の背理性を強調し、およそ「人間的」なもの「世間的」なものに対抗して闘ったキェルケゴールが、一般に人間存在の生の高揚を旨として「超人」の理想と「権力への意志」を力説したニイチェとは、互に範疇を異にするものと言わなければならぬ。前者がこれによって人間化したキリスト教を原始的純粋性において保持しようとしたのに対して、後者は一般に「生」の否定としてのキリスト教精神への抗議でなければならぬ。ここに、キェルケゴール神学の正統の継受者であるバルトら一派の現代危機の神学が、ニイチェ的ロマン主義思想の発展であるナチス運動と区別せらるべき根本の理由がある。

危機の神学が一般に体系的知識を却けるのは、これによって人間的知性を排して神の信仰に立ち還ることにほかならず、その意味は人間の単に主観的な心的経験や宗教的体験というがごときものではなくして、人間を超越する絶対的な神の啓示に信頼することである。ここに、絶対他者である神の「言葉」としての聖書が重要な意義を持ち来たるのであって、それはやがて超克せらるべき聖なる「文字の神話」ではない。この点において、どこまでも忠実な「聖書信仰」または「聖書的キリスト教」たろうとするところに、ルッターへの復帰が認められなければならない。

彼らにとって重要なのは「神の言葉の働き」であり、それによって顕われる神の恩恵と愛とこれに対する信仰とが中心である。それには一方に創造者としての神の自由の意志が、他方には世界において罪に繋縛せられた人間存在の不安の暗黒がともに前提せられてあり、この両極性の緊張のあいだにわれわれの実存が見いだされるのであって、それが人間の運命、人間存在の本質である。かようにして神と人間、無限者と有限者、絶対と相対の「彼か此か」の弁証法的二元の止揚は、ひとり神の創造的意志と愛のうちに求められる。

根源的なのは神の非決定的な自由の意志――キリストによるこれが愛の啓示としての「聖霊」であって、自然生命的な「人種霊」または種族の魂ではない。「血」をもって人間そのものの神的な本質と考えるのではなくして、あくまでも聖霊による神と個々人との結合が決定的である。かようにして神の絶対的意志によって一切の人間的のものと歴史的存在が貫かれ、それによって名誉・権力への意志など、およそ人間中心的実存と文化理想が否定せられるところに、固有の終末観的見地とその結果として文化主義排斥の立場が開かれる。それは、どこまでも歴史における人間性と神の絶対性との闘いであり、世界の浄化と救済はひとえにこの闘いを通してのみ実現し得られるのである。

「……神においてのみ生命が、生命の統一が、言葉が、生命の法則が存する。それ故に古代国家《ポリス》の有機的生命からその神性が奪われ、ポリスの神性が王座から引きおろされるに及んで内在的絶対精神の代りに、歴史的・被創造的生命の法則が現われるに至ったのである。人類最大の罪悪は、かように人間が神の如くあろうと欲し、生命の統一に信仰と服従とによって与ることをせずして、かえって自らそれを独占しようとしたところにある。ここに原罪の結果として生命の分裂と抗争が現われ、統一を作製し、案出し、観照し、創造せんとする人間の疑わしい試みがなされたのである。これらの試みの一つが、無神論とポリスとの統一の信仰、国家意志の絶対主権に対する信仰となったのである」[57]。これは近代自由主義ないし民主主義の文化理想と国家主権論への抗議であると同時に、また、ニイチェ的ロマン主義ならびにナチス国家理論への非難でなければならぬ。彼らが「政治倫理」を説き、「国家権威の神聖性」を言い、あるいは「民族的キリスト教」を称える場合にも、みなひとえに絶対的な「神」との本質的関係――特に聖書に顕示された「神の言葉」との関係が根底をなす。そこには「デモーニッシュ」ではなくして、明らかにそれを克服すべきものとしての「神性」が問題である。国家共同体の秩序または民族のノモスの自己独立性は、神秘的な国民意志や自然的有機体の必然的結果でなく、「ロゴス、すなわち神の言葉の働き……直接に神の命令」であるからである。(58)

信仰の立場において、所与の実証的秩序に対する受動的態度から、さらに進んで右のごとき一般に国家的権威の宗教的基礎づけの理論は、およそ信仰あるいは神学の根拠に立つかぎり、原始キリスト教から近世プロテスタンティズムに至るまで、古来もろもろの時代の人びとによって試みられ来たったところである。そしてそれがそれぞれの時代の政治的・社会的事情と思想とによって影響せられ、制約せられたことは否むわけにはゆかぬ。この意味において現代危機の神学も近代の自由主義的個人主義の国家理論に対して国家権威や政治倫理を強調するかぎり、ナチスと共通するものがあると言い得ても、このことをもって直ちにナチス国家理論の宗教的表現ないし構成と解することは著しく不当といわなければならない。両者はそのよって立つ根拠を異にし、その志向する理念を別にするからである。

危機の神学はあくまでキリスト教神学の問題として、キリスト教内部においてキリスト教に独自な弁証法的対立の問題を中核とし、これによって、ドイツ理想主義の弁証法とは異なる、みずから固有の「弁証法神学」(Dialektische Theologie)として、近代プロテスタンティズムの行きづまりに対して、一つの新しい本来の宗教改革の原理たろうとするものと言えよう。それは、かようなキリスト教と信仰の立場をも超えて宇宙の根源的生命に還り、種族的・民族的生命に帰一することを理想とする血の神話、ひいてニイチェ的精神の嚮導のもとに何よりも政治の根本的一大革新を遂げんとする者たちの権力への独裁的意志とは、本質的に区別されなければならない。

ここにナチス世界観は危機の神学とともに、ひとしく近代文化に抗し、その宗教的無関心ないし否定の傾向に対しても、同じく一種の宗教的「生」を高揚するとはいえ、あたかもキリスト教に対し前者の後者と異なる態度は従来のヨーロッパ文化に重大な結果をもたらすべく、この問題をめぐって文化の全面に一大転回を要求するものといえよう。それは「ヨーロッパ文化の危機」の問題に関連する。われわれは最後にこの問題に論及したいと思う。

四　ヨーロッパ文化の危機の問題

われわれが「ヨーロッパ文化」もしくは「西洋文化」について論ずるとき、深くもその根底を究めることなくして、近代に極端にまで押しつめられた形態、むしろ一時代において受けた変容を捉えて問題とするくらい、笑うべく、また危険なことはないであろう。近時しばしば人がヨーロッパの文化に対して「物質文明」または「個人主義文化」の烙印をおして、これを貶下し去るがごときはこの類に属する。必要なことは、文化のさようなある時代の一形態または変容についてでなく、内にその文化を創り、育成し、現にその根元において生命を付与する「精神」について吟味することである。しかし、その意味は、西洋文化をその生成の淵源にさかのぼり、歴史的経験の事実について観察することが必要であると言うのではない。むしろ、そのような歴史的文化そのものの問題としてでなく、その文化に内在し、現にそれが保有する歴史哲学的意味と意味構造の問題としてである。それは根本において文化の本質を決定する構成要素と原理的組織の問題であり、それがまた、その文化をして他の文化と区別せしめる特質を形づくるのである。

　かような観点から、ヨーロッパを中心として展開せられた西洋文化の特質を考えるときに、それを構成する契機は第一に「ギリシャ主義」であることはあまねく承認せられていいであろう。ただ、われわれはこの語を、過去に実現した、あの輝かしいギリシャ民族の歴史的文化自体についてでなく、それが持つ文化の意味、言いかえれば、その歴史的文化内容のうち、時代を超えて生き、現にヨーロッパ文化の世界観的基底を形づくる、ギリシャ文化の意味内容を表わすものとして使用しなければならぬ。

その場合、ギリシャ主義またはギリシャ精神と呼ばれるものは、何よりも理論的真理に向う文化態度、すなわち「絶対的真理主義」において求め得られるであろう。それはおよそわれわれの理論的認識において成立する真理価値がすべての価値の基準を意味し、そこにいわゆる「真理のための真理」あるいは「知識のための知識」という独立にして自意識的な認識の業としての「学」ないし体系的知識としての「哲学」が成り立つ。そうして、これの認識方法すなわち手段がほかならぬ「理性《ロゴス》」の作用としての「概念」であり、ここに、本来「神話」とは異なる思想連関において一個の合理主義的な広汎な文化領域が開かれたのであった。それは人類が新しきものへの決定的な一歩を踏み出したことを意味し、プロメトイスの火が人間の裡に燃えしめた自己意識的な人間の自由の業として、まさに世界の第二の創造の価値である。神学的・宗教的な中世の後に、ルネッサンスの運動に復活せられた近世的精神は要するにこれにほかならない。かような広汎な固有の文化財を創り出したことによって、ギリシャは遠く後代にまで生き延び、永遠的な意義を保有するものと言われなければならない。

しかし、理論的認識を中核とする文化質容にあっては、自然的宇宙がすべての存在と価値の総体概念を抽き出すところの源泉として考えられてあって、そこには何よりも宗教的・倫理的な、およそ非理論的な文化財はそれとして理解せられていないと見なければならない。したがって、理論的思惟がそれ自体一つの包括的な世界観たろうとするときには、そこに構成されるのは一つの「主知主義」的世界観たるを免れず、理論的価値以外の文化生活の内実は見失われるに至ることは勿論、加えるに単に概念的な形式的法則性を脱却し得ないであろう。しかるに、事実、ギリシャにおいてそれから免れ得た所以は、審美的・芸術的直観によってであり、それが概念的思惟を和げ、特有の色彩を与えたことに因るのであった。ここに、広大な宇宙論的なギリシャ諸哲学の後に、何故にギリシャは末期において倫理的・宗教的な世界を求めて新しい転回を企てねばならなかったか、しかるに、それも同じく理性的思惟の知的認識の業として試みられた以上、人はそこにも内心の渇求を充たし得ずして、この倫理的宗教的転回の努力の闘いのただ中に、何ゆえ純粋の福音として興ったキリスト教がついに最後の勝利を獲得するに至った

かの理由があったのである。(59)

キリスト教がギリシャ主義とともに、ヨーロッパ文化を構成する他の重要な契機であることは、何人も否定し得ないと思う。ただ、ここにもキリスト教のヨーロッパ文化に対する意味連関を問題とするかぎり、後の発展の経過において形成せられ、したがって他の諸要素と混合せられた歴史的形態、なかんずく中世カトリックではなく、むしろその本源的な形態、すなわちギリシャ主義に対してまったく異なる文化的意味を担って現われた純粋な原型について、その特質を見ることが必要である。けだし、いわゆる「原始キリスト教」の意味であって、近世宗教改革の理念とせられ、キリスト教が問題となるとき、いつでもそこに帰りゆく基準とせられるものである。

そのときに、キリスト教の意味はギリシャ的な理論的価値とは全然別個の特質において見いだされるであろう。そこにはギリシャにおいて神性と思惟せられた普遍的宇宙原理に代って、一人の人格的な絶対の神が置かれる。そして、それは抽象的な観念においてでなく、生ける具体的な人格の生命——神の子としてのイエス——において顕現せられた神性が中核である。人間個人はイエスの神性を通し神とのまったく新たな結合に入ることによって絶対的価値を賦与せられる。「神の国」とはかように神を中心としてイエスによって結ばれた人間の共同体以外のものではない。それはもはやギリシャ人が完全な調和として描いた宇宙《コスモス》の世界的存在でもなく、はるかにそれを超えたところに成り立つ非合理的な純粋の愛の共同体の理念である。このことから歴史的キリスト教にとって重要な「恩恵」「信仰」「救済」などの諸概念が導き出されるのであるが、それらはいかなる意義においてももはや人間理知を絶するところの、それ自身「非合理的」な要素であり、この純粋に宗教的な非合理性こそはギリシャ主義に対し、しかり、その深遠な新プラトン哲学の神秘主義に対しても、それを超える全然新たな文化的意味を付与するものである。あたかもギリシャの理性の原理に対して、非合理的な固有の愛の精神に立つものと言わなければならぬ。それが歴史的には西洋ギリシャではなく、東方ユダヤの宗教に淵源を発したものであり、そしてイエスによっていかなる点において内面化し純粋化され、新たにされたものであるかは、ここに追考する必要はない(60)。

重要なことは、かようなキリスト教の意義がその後のすべての時代を通して生き、それが迎え容れられた時代にも、あるいは反抗拒否せられたときにも、必ずやキリスト教がヨーロッパ文化の中心問題となることなくしては、およそ学術も芸術も考えられなかったことである。かようにして、ギリシャ主義とキリスト教とはそれぞれ単にある時代に現われた古い歴史的文化形象というのではなくして、まさに現代に至る長い歴史を通して生き、この異なる二要素の綜合または綜合をいかにして企てるかがヨーロッパ文化の根本の問題であり、あたかもこの問題をめぐって中世的および近世的な、それぞれの文化様式が規定されたものと称して差支えない。かくして、この二者は、およそ西洋文化が現に自らを構成する契機としてそれを採用することによって、自らの本質を決定するものであることを理解すれば十分である。

しかるに、以上の二契機とともに、これと結合してヨーロッパ文化の態容を構成するものとして、第三に私は固有の政治的「国家の理念」を挙げたいと思う。

さて、われわれがさきにギリシャ主義およびキリスト教を問題としておのおのの文化的意義を汲んだときに、それぞれギリシャおよび原始キリスト教に依拠した関係から、政治的国家についてはローマに素材を求めることが適当と思われる。実際ローマにおいてほど国家が現実に力強く存在の中に呼び出された時代はないであろう。それによってギリシャ文化とキリスト教の遺産を後代に伝えることも出来たのである。否、単に古代文化の保存というのみならず、ローマ国家はそれ自体一つの新しい文化組織として、固有の原理をもって西洋文化の新しい出発点を形づくったのであった。およそ政治生活には権力への衝動ないし意志、あるいは民族自身の生存のための闘争など、固有の非合理性が承認されなければならず、そしてそれがローマにおいて顕著に現われたことも他に比類を見ないであろう。しかし、かようなものとしてはそれ以前にも、およそ人類が社会共同生活を営むところ必ずや現象した事実である。ここにも、われわれの問題は、さような歴史的事実そのものでなくして、あくまでもその文化に対する意味連関でなければならない。

その場合、ローマ人の文化的意義は、いまだかつて見ない普遍的な法的支配秩序を打ち樹《た》てたことにある。それも、ローマの現実の政治が果して何であったかは別として、これと離れてその政治組織と秩序がもつ意味について言うのである。そして、それはギリシャの理性的思惟の反省、それによる政治の合理化の結果にほかならぬ。さらにその基礎においていやしくも国家が一つの文化財として要求せられる場合には、これの価値目的が問われなければならず、その場合、ローマ国家はほかならぬギリシャの哲学――なかんずくストアの「正義」概念と結びつけて立てられたのであった。それによって国家は単に合理的「法律国家」たるのみならず、人倫的「正義国家」として精神的価値を取得したのであった。

加えるに、ヨーロッパの世界にキリスト教が出現して以来、国家もひとり「正義の国」たるにとどまらず、さらにより善き正義の国としての「神の国」と何らかの関連を問題とせざるを得ず、ここに「地の国」と「神の国」との二者の綜合または連関の問題をめぐって、その方法の相違によって中世的および近世的の、それぞれの国家理念を形づくったのであった。近世ルネッサンスの政治的意味は、あたかも宗教改革が原始キリスト教への復帰を意味したように、中世の「神聖ローマ国家」の理念から古代国家に還ることであった。ただし、一旦キリスト教を経過した以上、単に古代国家の復興ではなくして、ただ中世的思惟とは異なる方法によって、依然キリスト教精神との結合がヨーロッパ国家の問題となるのを否定することはできぬ。近世哲学の偉大なものにあっては、明白にかあるいは暗黙にか、この問題が根底に展開せられたと称して過言でない。そこに国家は「神性」と結合して「恒存的理性」または「客観的精神」の形態の問題として考えられたのである。

かようにしてローマ的政治国家はギリシャ的学術およびキリスト教と相まって、それ自体ヨーロッパ文化の構成契機たるを失わず、あたかもかような国家の宗教および文化との関係について、それをいかに決定するかを問題として、現代がまさにその頂点に到達したごとく思われる。

以上のごとくヨーロッパ文化の構成契機がギリシャ主義とキリスト教と、そしてこれと関連して固有の国家理念にあるとすれば、本章の初めに叙述したようなヨーロッパ「近代精神」の発展とその帰結は、ヨーロッパ文化をそれら固有の契機において保持するものでなく、かえってその全面的解体に導くものと言わざるを得ない。

近世啓蒙思想の後に実証主義精神と、むしろその継続発展にほかならぬマルクス主義の政治社会観の特質は何であったか。われわれの見たところによれば、両者に共通な近代的「人間主義」――自己みずからの幸福と自由を求め、その目的のために、なかんずく政治的・経済的社会生活に対《むか》って独立の建設のために努力した現実的な人間性の立場――からは、およそ価値的・理念的なものは国家共同体から奪われ、国家は単に一個の強力な機構あるいは設備にすぎない。それは畢竟、国家の「非精神化」または「非理性化」以外のものではない。かくのごときは根本において、およそ近代的思惟方法の特色である実証的合理主義精神に原因を求めらるべく、そこでは自然科学的認識理論に表現せられた理性の様式が基準となり、それが自らの限界を拡大して「理性一般」と同置されるに至ったことを意味する。かようにして、それは近世ルネッサンスの精神と、したがって本来のギリシャ主義の深い理性《ヌース》の意義の喪失あるいは破壊と考えられなければならぬ。そこからは必然に実証主義の非体系的・非世界観的な学問の性格が表われるのであって、この点において新しい一大世界観体系を要請するマルキシズムにあってもその本質において相違はない。同時に文化の核心を形づくる宗教的信仰の問題について、このように直接的に自然的法則のもとに立って、主観の自由と幸福を追求することよりほか知らない近代的人間の宗教に対する態度は、結局、神と神の国とからの絶縁、宗教固有の世界の喪失を意味することは、極めて見やすい事実である。それは近世宗教改革の精神を超え出て、ついにキリスト教精神の否定と没却とに終るものと解されなければならぬであろう。

第一次世界大戦の後、人が文化の「危機」を叫んで争ったのは、まさにそうした事情によってであった。そして、それは必ずしも戦争そのもの、あるいはこれと関連して社会経済生活の動揺から起ったものでなく、その本質において深く精神史上の問題、すなわち根本において科学・哲学・神学、要するに文化そのものの危機に関する出来事であり、政治社会情勢はこれの機会因をつくったものにほかならない。それは実にキリスト教的・ギリシャ的・ローマ的なヨーロッパ文化の存続か終焉かの問題であり、ここに危機の打開について宗教・科学・政治の諸分野において新たな努力が傾けられるに至ったことは理由なしとしない。もとよりこれらの諸領域は互に相連関するものであるが、特に政治的国家の側面から危機に直面し、これが克服に向ったのが、われわれの問題としたドイツ・ナチスの運動にほかならない。それはひとり政治社会運動であるのみならず、進んで科学・哲学、しかり、宗教的信仰さえもの全体にわたって、およそ近代文化の全的更新を企図するものと見るべく、そうした観点からわれわれはナチスの世界観と、別してはその宗教観を考察したのであった。

しかるに、その結果何が明らかにせられたか。北方的ゲルマン的な民族の「名誉」の理念と人種に結びつけられた「魂の高貴性」の高揚は、要するに種族的生を中心とする「血の神話」と「血の宗教」となって現われ、そこに単に歴史的キリスト教の教義ないし教会的信条の却けられることは意義あるとしても、キリスト教固有の理念と価値とが把握せられず、汎キリスト教精神とそれに伴う人類の普遍的理念への反対の立場が取られてあるものと見なければならない。こうして、ナチスの特異とする「北方的世界観」すなわち「人種的民族世界観」においては、人種があらゆる価値の根元として考えられ、民族の獲得し得べき一切の知識はすでにその原初の種族的な神話の中に規定せられてある。かつ、人種的生命に結びつけられたこの新ロマン主義精神においては、一般に概念的思惟や理論的認識は蔑視されざるを得ず、その反理性的・非合理的な傾向は、あたかもギリシャ的絶対真理主義からの乖離でなければならない。さらに近代的個人主義に対抗して新しく立てられた国家共同体の理念までもが、もはや恒存的理性や客観的精神のごとき意義を脱落して、むしろ人種的自然の共同体として表わされるに至る。マルクス主義が近代国家の経済的非合理性の基礎を突いたのに対して、ナチスはさらに根底に徹して国家の生物学的非合理性の存在根拠を顕わにしたものと言えるであろう。その結果はある意味においてふたたびマキアヴェリズムの台頭となり、なかんずく国際の政治はおのおのの民族――別しては優越種族――の種の保存と発展のための闘争の場と化する惧《おそ》れがないであろうか。

このようなナチスの国家観と文化理想が、ヨーロッパ文化の危機に処して、その解決と救済の正統の流れにあるものとは称しがたい。しかも、われわれの注意を要するのは、その世界観において「政治」が前面に表出し、政治的行動によって全文化の危機の克服を目ざすことである。固有の信仰を内包する政治的意志と決断が基礎であって、それが神学と哲学の全体を決定し、一切の文化はただ本源的な政治的決断を世界像に置き換え、もしくは拡充するだけの任務を有するにすぎない。そこに精神の自由と文化の創造が語られていないわけではない。しかしながら、すべてが種族的生によって規定せられる結果、自由とは根本において種への拘束のことであり、しかもそれを実現するために政治的権力が先に立つとすれば、精神的内面性の独立性と文化の自律と討究の可能性とは閉されているものと見なければならない。かくのごとき政治の文化に対する優位は、かの第一次世界大戦後ドイツに臨んだ危機に際し、単に過渡的非常の手段として採られた態度というのみでなくして、その世界観の本質から必然に生ずる論理的帰結といわなければならない。

近代精神の発展の極まるところ文化の危機を現出し、これが克服を目ざして興ったナチスがヨーロッパ文化の更生と発展であるよりは、むしろその伝統からの乖離と背反をもたらすに至ったものとして、一つの新たな危機の原因をつくるものと言うべく、ここに人はヨーロッパ文化の前に置かれた現代危機の「両極性」を認め得るであろう。

かくのごときは、近代の実証主義あるいは自然主義のリアリズムに対抗して、一種の理想主義を標榜して興ったナチスが、かえって理想主義の精神からは離れて、原理的に自らふたたび自然現実主義的傾向をたどる結果と思われる。もとよりもはや単に機械的・法則的な自然ではなく、近代的実証主義をさらにロマン主義的精神に還元したものとして、むしろ生命化し、神秘化された形而上学的自然であり、精神的・理性的なものと自然的・野性的なものとが混淆し、そこに本来ナチス精神の二重性あるいはデモーニッシュな性格を形づくる根拠があると言えよう。このようにして、一面においては現実主義を徹底してブルータルな自然にまで突きつめると同時に、他面それを補うものとして理想主義的要素が加味せられる。もしも、かの犠牲・責任などの実践的理想主義の要素の加えられることがなかったならば、ナチスがかくまで現代ドイツの――殊に若い人びとの心を捉え、民族の全運動にまで駆り立てる動力とは成り得なかったであろう。

しかし、決定的なのは、彼らが旧いロマン主義に対して新しく立てた民族の理念が「種」の核心にまで掘りさげられた、むしろ生物学的・種族的価値の強調に置かれたことである。その結果は、人間における精神的価値と自然的衝動との恐るべき混淆を来たさざるを得ないであろう。かくして、本来近代の実証主義的唯物思想とその結果である人間生活の頽廃に抗して起ったナチスによって、かえって人間の精神的特質と個性の独立が危険に曝されるという矛盾が生ずる惧れなしとしない。

ルネッサンスにおける「人間」の発見によって開始せられた近世は、徹頭徹尾、人間の哲学、人間の時代である。十七・八世紀の啓蒙思想を通じて、その自然機械的な世界観の中核に置かれたものは、かく世界を把握し支配するものとして、自己みずからの裡に神的理性を帯有する人間であった。それがドイツ理想主義哲学においていかに深化せられ、神的絶対精神の高きにまで高められたか。けだし、ルネッサンスの人文主義と宗教改革の精神との綜合として理解し得られる。事は近代実証主義においても相違はなく、ただ、さような神学的・形而上学的外衣を脱して、一層鞏固な自然科学的現実の世界に経験的幸福と主観的自由とを追求する一個の現実的人間としての己れを顕わにするに至り、それが、なかんずく功利主義の理想であったと同時に、マルクス主義においても隠された理念であったことは、われわれのさきに注意した点である。

このように実証主義的に理解せられた人間——遡っては自己みずからの裡に神的理性を宿すものとしての理性的人間——がついに自己存在の確実性を喪失し、みずからの不安に直面するに及んで、いまや自己の存在の問題を探究して、これを民族的生の全体の上に見いだすに至ったものと言うことができる。なかんずく前の大戦後、存在か滅亡かの二つの根本的可能性のあいだにおかれたドイツ国民によってそれが自覚せられ、ここに民族的生を人間最奥の生命として感ずるに至ったことは、われわれの理解し得られぬことではない。これが広義における「生命」の哲学として「実存哲学」の課題でもあり、この哲学がドイツに流行するに至ったことも了解するに難くはない。

それはある意味では、ルネッサンスにおいて呼びさまされた近世の人間をその精神的郷土であるギリシャの世界に連れ戻すものと言い得るであろう。ニイチェもヨーロッパの過去の精神的綜合の典型をギリシャに求めたように、ナチス世界観の志向するところもまた遠く古代ギリシャにあるもののごとくである。北方的に解釈せられた古代ギリシャの文化は彼らが好んで原型とするところであり、この関連においてプラトンの「ポリテイア」(理想国家)が挙げられるとしても不思議はない。ギリシャの歴史的共同体であるポリスにおいて国民の全体的生の統一体として人間生活のすべてを内的に結合したように、それの理想化ないし形而上学的構成にほかならない「ポリテイア」は、永遠の存在・生命の全体的宇宙秩序として、ポリス的国家生活の理念でなければならない。両者が同一の全体の理念によって貫かれ、それによって存在と生の秩序の真理性が実現せられる。それは要するに精神と生命、ロゴスとビオス、理念と存在との完全な統一体であらねばならない[61]。ここに「ポリテイア」が新しくドイツの「ライヒ」(国)の理念の原型として掲げられる理由がある。ギリシャの本質と意欲との最高の表現が「ポリテイア」において結晶せられたように、ゲルマン的ドイツの歴史生活の最高の形態が新しい第三国家《ライヒ》の理念とその実現に求められるのである。人間はこの「ライヒ」の全体の宇宙的秩序の理念から発生する使命の実現において、各自の意味と本質とを受け取るべく、いずれもが共同体の成員として、そのすべてにわたって同一の存在と生のリズムが脈うつ。それ故に哲学と科学の新しい理念は、人間と世界の新しい形成のための国家的精神の行為として、それが「ライヒ」の理念に基づくドイツの生命圏《レーベンスラウム》の形成に役立つときに、約言すればそれが政治的となったときに、初めて達成せられ、真に自由となるであろう[62]。

かようにして、いまやプラトンの「ポリテイア」の名においてナチス国家の理想とその実現の基礎が置かれるに至る。最高の文化形態とは一切の価値と理念とが政治的国家生活から導き出されるところにのみ成り立つ。国家を超えて真理も正義もなく、重要なのは理念ではなくして、権力への意志である。それは「正義国家」であるよりは、むしろ「権力国家」の理想である。そのイデオロギーによれば、人類的普遍性の理念は謬想であるのみならず、客観的真理性の概念も誤謬でなければならぬ。「真理のための真理」「知識のための知識」のごときはおよそ抽象的迷誤でしかなく、原理的にも実践的にも支配的なのはひとり政治的意志のみである。彼らにとって理論的・客観的なるものとは民族意志にとって有用な見地から測定されるのであり、国家意志は善悪の彼岸にあって世界的支配へと導かれるであろう。

しかも彼らにとって生の根本組織は、実にギリシャにおけるごとき「英雄的・悲劇的」な実存であり、全体の根源価値はただ犠牲と運命とからのみ再生せられるのである。そこでは、悲劇的・運命的な英雄的支配者としての指導者が中心に立ち、人間はすべて無条件的服従と訓練とを要求せられる。最高の指導者によって真理と宣言せられたものは、それ自体一切の疑惑を絶する無謬性を持ち、人はただこれに絶対的に信従と奉仕を要求せられるであろう。ここに、政治的意志のみならず、学的・世界観的認識も、一人の指導者の意志とその政治的決断によって左右される根拠がある。それはひとり「政治の独裁」のみでなく、また実に「思想の独裁」でなければならぬ。これによって従来のような単に量的な個の意見の並存と平均化に対して、文化の全体的統一と類型的形成が確保せられるがごときも、その内実においては、結局、一人の独裁的権力――その決断と力によって指揮せられ、強行せられた結果となるのを免れないであろう。殊にそれが優越種族として自分の側にのみ真理と正義の存在を主張するときには、宗教的独断に類するものが現われ、マルクス的階級の代りに、いまや人種・種族を中心として人類のあいだに別の新しい分裂抗争が現われる虞《おそれ》なしとしない。それがプラトンの「哲人政治」といかに似而非《にてひ》なるかは詳説するまでもない(63)。かくのごときは本来ギリシャ的あるいはプラトン的であるよりは、むしろゲルマン国家とゲルマン的真理との綜合にほかならない。

しかるに、あえて古代ギリシャ、なかんずくプラトンの「ポリテイア」を原型とする所以は、なおその根底に宗教との関係において重要な問題を包蔵するからであり、そこにナチスの根本方向を決定するものがあると思われる。元来、生または実存の哲学の立場からは、生命と存在との根本理念との結合を措いてほかに、宗教的神性の意義はない。生の現存在と宇宙的秩序との全体の理念である「ライヒ」はまさにかかる結合にほかならず、それは文化・政治一切の共同体の原理であるとともに、またそれ自ら宗教的共同体の理念であり、そこに永遠の生命と存在とが包含せられてある。

あたかもかような「ライヒ」の理念としてプラトンの「ポリテイア」が立てられ、それは生の全体的共同体としてポリス国家の理念であると同時に、それ自ら宗教的「神の国」として解せられる。それによって、かかる「ライヒ」の宇宙法則に顕現せられた神的なものとの永遠の結びにおいてこそ、真正の宗教が求められるのである。したがって、この「ライヒ」の実現に対する国家支配の責任を担う英雄的・悲劇的な生涯が本質上宗教的最高の存在でなければならぬ。それはギリシャの宗教、別してはゲルマンの神々の世界に顕われた「運命」の理念と信仰である。このような「運命信仰」が存在と生命との理念——すなわちこの世界の神的根源——における本源的結合としての宗教である。

それが元来、ギリシャ人が神性と思惟した宇宙的世界の存在の原理を超え、歴史と国家をも超越した新たな世界「神の国」を指示して、その核心を絶対的な神とおのおのの人間との愛の結び——あたかも子の父に対する人格的愛の結合——に置いたキリスト教の信仰といかに本質的に異なるものであるか。さようなキリスト教的信仰の立場から、ふたたび宇宙の根源的生命に還ることは、かつてキリスト教の出現においてイエスによってなされた「価値の転倒」の再転倒の要求であり、古代世界への復帰の要請にほかならない。そこでは現実的「生」そのものが最高であり、生の維持と向上とを最高限にまで高めることが使命であって、真理といえどもかく高揚せられる生に奉仕しない場合には価値を認められない。あくまでも「世界」の存在の法則に現われた神性——この世界の神的根源——の認識が主要事である。それはもはや「神の国」の理念ではなくして、むしろゲルマン的宗教とゲルマン国家との綜合の理想と考えられる[64]。

近代文化の危機に臨んで人間が直面した、自己みずからの存在の不安の奥底には「宗教」的信仰の問題が存したはずである。ここに近代的「人間」の宗教に置きかえられたものは民族的生の神話の世界であることが解る。かくのごときは、人間存在を突きつめ、下り下ってその地底にまで到達したものと称することができよう。それは不可見の「天の国土」である神の国に対して、むしろ自然的・歴史的な「地の国」――政治的国家――の信仰である。そこでは神に対する人間の関係までもがひとえに種的自然の生によって規定せられ、霊魂も精神のことと共に政治的意志の決断にかからしめられてある。所詮、この世界の存在の法則における種族的生の神話以外のものでなく、それはゲルマン的名誉の形而上学的理念として、ドイツ宗教とドイツ国家との結合にほかならない。実在はすべて直接的存在の上に移され、ただ現実と歴史的生活をのみ認めるがために、本来の宗教によって要請せられるがごとき、それからの超出はむしろ国家にとって危険視せられるのである。しかし、かようにして果して人間の無限な魂の渇求を充たし得、また人間相互を深く内的に結合し得るであろうか。ここに、ひとしく人間不安の問題に出発し、実存の問題を追求して、一切の人間的・世間的のものを超えて、原始キリスト教本来の純粋性に復《かえ》ろうとする「危機の神学」との根本的相違の理由がある。

かくのごときは、中世ならびに近世の共通の根本課題として、ギリシャ精神とキリスト教との二者の結合または綜合に対する努力を断念し、むしろ清算して、キリスト教を否定し、ニイチェと同じくキリスト教なき古代世界、殊に北方的ヨーロッパ——ゲルマンの昔に還ることをもって理想とするものと言えるであろう(65)。かような古代宗教の神性を包むものとして、かの自由にして独立な魂の高貴性を強調する「神秘主義」が役立てられるのであり、これによってわずかにキリスト教との連繋を保持しようとするごとくである。しかし、その神に対してすら抱く魂の自由の強調は、ニイチェと同じく神に対してあまりに人間を強調し過ぎることとなり、その結果は人間の「自己神化」——信仰の立場をも超えて神への帰依の放棄とならざるを得ない。その赴くところ、ついにキリスト教的宗教の本質の没却または否定に導かれざるを得ないであろう。

かように人間が人間的自我をおし立てて神的実在に迫ろうとするところにかえって神自身に対する反逆を見、別しては種的「血」と「ポリス」的国家生活からの超越を説くことによって、ひたすら神の絶対意志とイエスを通して顕示せられた神の無限愛による結合とを宣べた原始キリスト教とそれがいかに隔絶するものであるか。そこにはキリスト教精神との完全な分離が認められなければならぬ。

要するに、現代ドイツ・ナチスのイデオロギーはキリスト教の問題を中心としてヨーロッパ的伝統からの決定的離反の方向にあるものと見るべく、ただそれがキリスト教を排斥するために「北方的」に解釈せられたギリシャ文化を立てたものと言い得るであろう。(66)それは否定的ニヒリズムの精神として、ニイチェに出発し、さらに強い力を持った能動的な性格である。かようなものとしてヨーロッパ文化に対しどこまでも反立的・過渡的位置を占めるにすぎない。あたかも今次ヨーロッパの大戦において少なくとも現在までのナチス世界観と宗教観をもってしては、すでに限界に到達したように思われる。それは前大戦に敗れたドイツが当初一つのゲルマン国家を形成するためのイデオロギーとしては役立ち得たとしても、あまねく今後の新しいヨーロッパの原理としては不適当なものがある。それゆえに、従来のイデオロギーに固執しつつ新ヨーロッパの支配者たろうとするときには自己矛盾を来たす危険があり、ナチスが今後真にヨーロッパ新秩序の建設に当ろうと欲するならば、自らの理念の一大転回を余儀なくせられるのではなかろうか。

近ごろ西洋文化に対して「日本精神」または「日本文化」の学的樹立が高唱せられている。これは如上のヨーロッパ文化の危機の叫びに対し、新たに東洋的または日本的文化の自覚とその世界性の主張として意義がある。殊に明治以来にわかに世界公開的となったとともに、西洋文化の受容摂取に忙しくあったわが国にとって、近年国際における政治的自主性と主体性への発展と要求は、哲学・宗教の上においてもまた自らの精神と歴史との反省・自覚となって現われるに至ったものとして、わが国文化の発展の必然の道程と考えられる。ただし、ここには日本の歴史的伝統の文化をあくまで純粋性において保持しようとするいわゆる「日本主義」の哲学についてはしばらく措き、特にわれわれの注意を向けたいのは西洋哲学との論理の交渉の上に世界的普遍性の関連において、新たに東洋思想を省みることにより、日本精神の固有性を確立しようとする試みと努力についてである。なかんずく西田哲学に端を発した田辺博士を中心とする「無」の哲学ないし「絶対弁証法」がそれであり、いまや日本の哲学界はそれによって一色に塗り潰された観があり、これこそが東西両洋思想の綜合である「日本哲学」の体系として、世界に宣揚せられるところである。

この哲学がヘーゲルの弁証法に汲むのは勿論であるが、一層徹底して「絶対弁証法」を基礎とするとともに民族的自覚の上に新たに東洋文化の歴史的内実を生かそうとする点に特色が認められる。なかんずく日本における大乗「仏教」――特に禅の思想が核心をなすものが、日本哲学の枠、否、世界の当来哲学の指針として評価せられる。[67]殊にわれわれの考察にとって興味があるのは歴史的現実が哲学の最大関心事となり、これによって政治的「国家」の問題に立ち向おうとする点である。かくのごときは、本論におけるわれわれの研究との関係からいえば、あたかもヨーロッパ文化の歴史哲学的構造の契機として掲げた宗教・哲学および国家の三者を西洋とは異なる方法によって結合し、ここに独自の学的世界観を樹立しようとする企図として理解し得られる。そしてそれが同じく近代文化の危機の克服を目ざして興ったナチス精神と比較して、いかに精緻な論理的構造と深い精神的内容を持つものであるか。まことに現代世界に漲る文化の危機、特に国家学の危機の克服への道を、ヨーロッパにおいてでなく、かえってわが日本に見いだし得べく、新たに日本文化に課せられた世界的使命としてすこぶる重要な未来を約束するものと、人は考えるでもあろう。もとより同学派の全般にわたって詳論することはこの場合の目的でなく、ただ最も代表的にしてかつ体系的な田辺博士の哲学につき、本章と関連してその特色と問題と思われる点を述べたいと思う。

そこに中心的位置を占めるものは、ナチスにおけると同じく「種」としての民族であるが、種はひとり自然的生の直接態たるにとどまらず、根本において絶対者の「自己疎外」として立てられてあり、そして「種」の即自的な直接的統一とこれに否定的に対立する対自態としての「個」とを、否定の否定すなわち絶対否定において統一綜合する即自かつ対自的な「類」的存在が国家である。国家はかようなものとしてまさに類の実現・具体化、類の存在としての「人類的国家」でなければならぬ。(68) それは種の基体的共同体と個の自立性とが否定的に綜合せられた媒介存在であり、「基体すなわち主体たる存在」としてそれ自ら「絶対社会」または「存在の原型」とせられる。そのしかる所以は、国家が「全個相即的対立的統一の普遍者」として根本において「無」の絶対的普遍性の対自化せられた「絶対の応現的存在」として考えられるのに因るのである。(69) かくのごときは一に絶対無の信仰に縁由し、国家と宗教との綜合——具体的な宗教と永遠なる国家との「二にして一」なる結合——は由来その「社会存在論」、したがって全哲学思惟の根本特徴と言い得るであろう。(70) されば国家哲学は「あたかもキリストの位置に国家を置いて、絶対無の基体的現成たる応現的存在たらしめることにより、キリスト教の弁証法的真理を徹底してその神話的制限からこれを解放する」ごとき構造として考えられる。(71) これによって国家はキリスト教におけるキリストの「啓示的存在」に対応し、そして国家に参与する個人の生活は「キリストのまねび」に比せられてある。あたかもキリストへの信仰が人間を救済して内から自由を回復せしめると同様のことを、いまや国家に期するものと言えよう。かようにして国家こそ真の宗教を成立せしめる根拠、否、それ自ら「地上の神の国」となる。

ここに何よりもさような宗教そのものについて問題が存するであろう。それはキリスト教的信仰と相違するのはもちろん、仏教的信仰とも必ずしも同じでなく、およそ一般の宗教的信仰と称せられ来たったものとは違って、一つの哲学的信仰、「弁証法信仰」である。具体的には一方に古代的「民族宗教」を摂取し、民族国家の種的基体の契機において個人の生命の根源性を認めるとともに、しかも民族宗教のごとき単に直接的な生命の根源を礼拝の対象とするのとは区別せられ、個人の自己否定によって還帰すべき根源としての「絶対無」に結びつく最高の信仰の立場である。(72) それは具体的には「絶対無の現成たる基体すなわち主体の媒介存在」として国家に対する弁証法的信仰、「国家信仰」にほかならない。

かようにして、結局、国家にかくも承認せられた「絶対性」が問題とならざるを得ないであろう。絶対的弁証法において「種」と「個」とがおのおのの自己矛盾を止揚して、否定的に媒介されながら「類」の具体化として国家において止揚・綜合されると説くけれども、本来、類・種・個は単に論理的に止揚せらるべき契機以上の存在として、さように国家のうちに包摂し得ないものがあるのではないか。人間人格はたとい国家の絶対的権威をもってもなお侵す能わざる、それ自ら直接に神的理念に連なる本源的価値を保有しているのではないか。また、国家はそれ自ら「類」の具体的実現たる類的普遍として考えられてあるけれども、世界における国家相互の関係はむしろ民族的種の共同体対立の関係にあるものと見るべく、国家を超えて世界それ自らの秩序の原理はいかに考えられるであろうか。これは現代のように世界が抽象的でなく、歴史的となり、その具体的共同性が自覚せられて来たときに第一義的の問題でなければならぬ。そこには個人の自立的創造性とそれに基づく文化的普遍性を通し、人類的連帯による世界の開放的統一の余地が残されてあるとはいえ、(73)それを保障する政治的秩序の原理は何に求めらるべきか。国家みずからを「人類国家」と見る立場からは、畢竟、ヘーゲルのごとく、それは世界史の審判の法廷以外には求め得ないであろう。

これと関連して、絶対的弁証法における存在すなわち当為の立場においては、上のごとき国家は単に理念たるのみでなく、ヘーゲルにおいてのごとく、理性的かつ現実的たらざるを得ない。もっともそこには現実の「非媒介的疎外的側面」が無視されてはおらず、その意味において現実の「分裂的非合理的側面」が認識せられてあるとはいえ、元来かような非合理的現実をも否定契機に転化して一に絶対無の現成とする「絶対的合理主義」の立場に立脚する以上、両者の間には本質的区別はないわけである。それは要するに「絶対無の現成」としての国家の「応現的存在」に対する信念であって、その説くがごとくんば、論証し能わざる一つの信念――これを信じない者には説服し得ない「絶対善」の信仰――にほかならない(74)。

人はかような東洋的汎神論においてふたたびナチスの場合よりもさらに一層高揚せられ、深化せられた形において「民族」と「国家」の神性が理由づけられるのを見ないであろうか。近時民族国家思想の興隆について、われわれの問題としたナチス全体主義国家の世界観的根拠に比し、殊にその欠けた宗教的基礎の問題について、以上のごときはいかに深遠な基礎を供するものであるか。殊にそれが日本国家を範型として構想せられてあるだけに、両者のあいだは比較を絶するものがあるといえよう。そうして、これの根拠は実に宗教と哲学と、そして国家との一大綜合に求められたのである。だが、ここにこそまさに重要な問題が横たわる。

近世ヨーロッパの精神史において、そうした宗教と哲学、信仰と理性とを融合し、しかもこれを歴史的現実の問題を通して、政治国家論に凝結せしめたものはヘーゲルであった。それはギリシャ主義とゲルマン国家とをキリスト教的原理によって調和・綜合しようとの試みと解することができる。あたかも前記田辺哲学が仏教的絶対無の立場からであるに対し、ヘーゲル哲学はキリスト教的絶対有神論からの、それぞれ近代国家の宗教的・哲学的基礎づけと見られる。両者はその学的動機あるいは信仰が異なり、また、論理的構造内容は同じくないとはいえ、ともに根本において弁証法的合理主義をもってする「宗教」と「哲学」との融合、そしてその上に立って種族的共同体と自由の個人との「国家」による綜合を意図するにおいて、同様の構想と言わなければならない。したがって、そこに論結せられる国家の宗教的絶対性とそれから生ずる問題性を共通にするものがある。

しかるに、ヘーゲルの場合、その後の近代精神の展開において、何故その広大な体系が崩壊しなければならなかったか。それはギリシャ的理性の原理によって宗教的内実を哲学の論理的過程と化し去ったためであり、かようにして一方にキリスト教固有の信仰が理論的知識の中に融解せられるに至ったと同時に、他方に政治的国家生活はむしろその特有の本質から離れ、ひとえに絶対精神の客観的実在として、宗教的「神の国」の哲学的形態と化したのであった。ここに、ヘーゲルの後に、その反動として実証的合理主義の勝利とついにはマルクス的唯物主義の発展がいかにして生じ、それによって一般に価値無関心から価値のアナーキーへ、別しては宗教的無関心から無神論へ、それと同時に自由国家からついに無国家思想へと導かれたかは、本章の最初の部分において概観したところである。そして他方に、かような近代精神の帰結に抗し、これを克服するものとして、新たな形而上学的構想により文化の一大綜合の世界観たろうとするナチスの精神運動が、その現在に至るまでの理論的構成と主張においては、われわれの検《けみ》したように、一つの過渡的・反立的、否、ニヒリズム的さえの性格を帯び、結局、ヨーロッパ精神からの離反にほかならぬとすれば、そもそもヨーロッパ文化の危機打開の途《みち》はいかにして可能であるのか。

ヘーゲルの綜合統一の努力が失敗に終り、また、現在ナチスによる綜合文化の運動がかえって否定的であり、民族国家の問題をめぐって、宗教固有の本質が喪失せられ、人間の自由と文化の自律が脅かされる危険があるとすれば、残された途はヨーロッパ文化の諸契機――ギリシャ的哲学・キリスト教的信仰およびローマ的国家生活――をそれぞれ固有の生活様式として権利づけることから再出発しなければならない。それは、「批判主義」の問題――ほかならぬカントが据え、そうしてヘーゲルがかえって撤し去ったところの思惟の限界である。すなわち、一方ギリシャにおけるごとく真理それ自らの固有価値を前提してあくまで理論的思惟を追求するとともに、他方に非理論的領域、特にわれわれの問題とする宗教ならびに政治的生活について、理論的価値とは異なるそれ自身の特有の本質を承認することにより、それら特有の意義において学的に把握することが必要である。

批判主義の意義は、かようにして文化のおのおのの領域に固有の価値と様式を立てたことにある。それは文化の綜合よりも、むしろそのおのおのの意味と様式との独立の基礎づけである。かくのごときは、文芸復興と宗教改革とにより学問・政治および宗教生活の分離をもって始まった近世文化の形態に適合した思惟方法として依然近代的であり、かつ、現代的意義を有するものと言わなければならない。かような意味において近代文化と近代生活は今日に至るまでいまだ完結したと称することができぬ。なかんずくルネッサンス以来、ギリシャ主義とならんで再興したローマ主義的意味の政治的国家生活に対する近世の認識と評価は決して十分でなく、それはカントの哲学においてもわずかに端緒たるにすぎない。殊に十九世紀において新たに民族と社会との発見は国家的政治思惟の上に新たな問題をひき起し、従前とは異なる省察を必要とするに至った。それは近世以来考え慣らされて来たような個人の主観的自由の原理をもっては解決し得るものでない。さればといって、単にギリシャ的哲学概念である「正義」のみをもってでなく、また、宗教的「神性」の理念によってでなく、必ずや国家的政治生活に特有な本質と意義が確立されなければならぬ。けだし、現代に課せられた喫緊の問題であり、近時民族国家の運動とその哲学的理由づけはいずれもこの問題を中心として闘わされていると見ることができる。ただ、あくまで把持さるべき根本の原則はもろもろの文化生活の固有の本質的価値の承認であり、これによる文化の自律性の尊重ということでなければならない。さようにして文化と政治とはそれぞれ固有の価値を持ちつつ、相互に協力奉仕することが必要である。もし、それを顧慮せずして、ひとり国家的政治生活が他の文化に優位して自らの権利を主張するときには、ついに一つの反動主義となり、かくてはいかなる体系のもとにおいても文化哲学的進歩の原理とはなり得ないであろう。

しかし、人間の形而上学的要求が何らかの形において全体の統一を欲するとすれば、さような文化領域の自律と相関関係をもって満足することができず、さらに全体の綜合に進まなければならぬであろう。しからば、その綜合の契機は何に求められるべきであるか。その場合哲学および政治のいずれもが優位して他を従属せしめてはならぬとすれば、これの統一の可能は何らかの方法によって宗教的理念に求められるであろうことは承認されていい。何故ならば、宗教はその本質から言って他の諸価値と並行することをもって満足することができず、いかなる人間生活と行為にも必ずやその根底にあってそれを支え、その一切を貫いて常住の力と生命を与えるものは宗教的信仰であるからである。カントの宗教理念はもっぱら実践理性に即して考えられ、あまりに道徳的かつ合理主義的な点においていまだ十分でないとの非難を免れないけれども、文化の究極の統一の理念はこの意味において宗教にその場所が残されてあり、ここにわれわれはヨーロッパ文化の統一と綜合の契機もまた彼において見いだし得るであろう。(75)

近代文化の「分裂」についてのヘーゲルの嘆きはその無宗教性に関するものであった。その意味で現代がふたたび宗教を問題とし、実際の運動においても学問の上でもこれを採り上げるに至ったのは、すこぶる意義あることと言わなければならない。しかし、宗教の復興はあくまで宗教それ自身の内面において行われなければならない。宗教的信仰が宗教それ自身にとってはむしろ外部に存する一つの権威から、あるいは一人の政治的意志から抽出せらるるがごときことがあってはならない。かような意味において「教会」とその権威によって維持せらるるものであってはならぬとともに、「国家」とその権力によって支持せらるる宗教であってはならない。少なくともキリスト教――特に原始キリスト教の意味において宗教的であるためには、それはあくまで神に対する人間の直接的関係として個人の良心・心情の深いところにおいて神性と人間との「結び」(religio)に求められなければならない。東洋と西洋を問わず、もろもろの弁証法と神秘主義にはこの点において依然問題が存すると私には思われる。これはキリスト教の意義においての絶対他者である神をば論理上の「否定的」なものに解釈し変える弁証論的原理に根本の問題が存在すると考えられる(76)。将来どのような世界観と国家哲学が形づくられようとも、哲学は自由の信仰と宗教的非合理性のために固有の領域を残さねばならず、国家はかような自由の宗教的信仰に裏づけられてこそ初めて鞏固な世界観的根拠を獲得し能うであろう。この点において近世宗教改革も決して完成せられたと言うを得ず、むしろそれを徹底して同じ方向にさらに推し進めなければならぬと思う。そこに古代理想主義とも中世的キリスト教とも異なる宗教的＝倫理的思想主義の新たな方向が見いだされ得るのではなかろうか。

いまやヨーロッパ文化とその精神はひとりヨーロッパに局限されたことでなく、いわんやいわゆる西欧のみのことでもなく、広くアメリカおよびアジアを含めて、現代世界にあまねく滲透した精神である。それは現にわれわれの生活を規定し、われわれの内的教養の重要な要素であることを否定し得ないであろう。かくのごときものとして、それはシュペングラーが生物学的範型に従って、有機体的生命の形態として考えたごとく、それを作り出したヨーロッパ種族のみの閉鎖的文化圏として一定の時期に栄え、成熟し、そして必然的法則に従って枯死し、没落してゆくものではない。現代ヨーロッパ文化の危機もかような意味においてあまねく世界と全人類の運命にかかわる問題であり、これの克服も、古代あるいは中世や東洋精神への復帰をもって置き換えることができず、必ずや過去を超えて、それ自らの発展の中から形成されねばならぬ事柄である。

しかるに、ヨーロッパ精神の核心が実にキリスト教にあり、その哲学的形成との関係において根本の問題の存することをわれわれは知った。そしてキリスト教はひとりヨーロッパの宗教でなく、むしろその淵源において東洋的で、しかも世界的な宗教である。かようなものとしてわが国将来の根本問題は、好むと好まざるとにかかわらず、このキリスト教精神との対決に存しなければならぬと思う。それは明治以降西洋文化の急速な移入をもってすでに完結した事柄でなく、本質的には今後おそらく幾世紀にわたる課題に属し、国民の精神的苦闘と革新なくしては解決し得ないであろう。あたかも過去の日本が千年の歴史を通じて仏教を中心として東洋文化と融合し、日本仏教と日本文化を創り出したごとく、わが国将来の重要問題の一つは真の意味における「日本的キリスト教」――それは最近教会の合同統一運動において呼ばれるごときものとは異なる――の育成と新日本文化の展開にあると思われる。それによって日本が新たな意味において世界性を獲得し、普遍的にしてかつ特殊的な、それ故に具体的な根拠を一層鞏固にし、日本国家の世界精神的意義の闡明もさらに深化せられるであろう。かようにしてナチス世界観と宗教の問題はひとり現代ヨーロッパの、あるいは単にドイツのみの問題でなくして、また実にわが国と世界の緊要の問題たるを失わぬであろう。

（1）　Vgl. Walter Schulze-Soelde, *Weltanschauung und Politik*, 1937, S. 4.

(2) Wilhelm Stuckart, Nationalismus und Staatsrecht (in "*Grundlagen u. Wirtschaftsordnung des nationalsozialistischen Staates*" Bd. I.), SS. 17-18.

(3) Hitler, *Mein Kampf*, SS. 430 f.

(4) Vgl. Ernst Kriek, *Leben als Prinzip der Weltanschauung und Problem der Wissenschaft*, 1938, SS. 25-26.

(5) Hitler, *a. a. O.*, S. 327.

(6) Alfred Rosenberg, *Der Mythus des 20. Jahrhunderts*, S. 514.（吹田・上村邦訳参照。）

(7) Hitler, *a. a. O.*, S. 485.

(8) Rosenberg, *a. a. O.*, S. 634.

(9) Kriek, *a. a. O.*, S. 130.

(10) Heinrich Härtle, *Nietzsche und der Nationalsozialismus*, 1937, S. 64.（南・松尾邦訳参照。）

(11) Rosenberg, *a. a. O.*, S. 115.

(12) Rosenberg, *a. a. O.*, S. 140.

(13) *ibid.*, S. 22.

(14) *ibid.*, S. 2.

(15) Hitler, *a. a. O.*, S. 440.

(16) 民族社会主義の問題については著者はフィヒテとの対比において別に詳しく論述しておい

た(『国家学会雑誌』第五十四巻第十二号)。

(17) Hitler, *a. a. O.*, S. 741.

(18) Paul Tillich, *Das Dämonische*, 1926.

(19) Hitler, *Mein Kampf*, SS. 292–293.

(20) Rosenberg, *Der Mythus des 20. Jahrhunderts*, SS. 617–619.

(21) Rosenberg, *a. a. O.*, SS. 238–239.

(22) *ibid.*, S. 217.

(23) *ibid.*, SS. 223–225.

(24) Rosenberg, *a. a. O.*, S. 23.

(25) Rosenberg, *a. a. O.*, SS. 71, 235–236.

(26) *ibid.*, SS. 616, 601.

(27) Hans Heyse, *Idee und Existenz*, 1935, SS. 342–343.

(28) *ibid.*, SS. 346–347.

(29) Rosenberg, *a. a. O.*, S. 150.

(30) *ibid.*, S. 241.

(31) *ibid.*, S. 233.

(32) *ibid.*, S. 146.

(33) Rosenberg, *a. a. O.*, SS. 71, 74–75.
(34) *ibid.*, SS. 603–607.
(35) Rosenberg, *a. a. O.*, SS. 226–227.
(36) Rosenberg, *a. a. O.*, S. 600.
(37) *ibid.*, S. 258.
(38) Heyse, *a. a. O.*, S. 218. Rosenberg, *a. a. O.*, SS. 128–129.
(39) かかる観点から、むしろカトリックとプロテスタント相互のあいだの和解が、ナチスの実際の宗教政策として要請せられている。Hitler, *a. a. O.*, S. 63.
(40) Rosenberg, *a. a. O.*, SS. 610–611.
(41) Rosenberg, *a. a. O.*, SS. 257–258.
(42) Rosenberg, *a. a. O.*, S. 634.
(43) Kriek, *Leben als Prinzip der Weltanschauung und Problem der Wissenschaft*, S. 95.
(44) *ibid.*, S. 48, Anmerkung.
(45) Rosenberg, *a. a. O.*, SS. 620–621.
(46) *ibid.*, S. 134.
(47) Härtle, *Nietzsche und der Nationalsozialismus*, S. 113.
(48) *ibid.*, S. 134.

(49) Friedrich Gogarten, *Politische Ethik*, 1932.
(50) Wilhelm Stapel, *Deutsches Volkstum*, 1925.
(51) たとえば今中次麿『危機の文化と宗教』(昭和十年)、第二章参照。
(52) Gogarten, *a. a. O.*
(53) Stapel, *a. a. O.*
(54) Alfred De Quervain, *Das Gesetz des Staates*, 1932.
(55) Paul Tillich, *Protestantisches Prinzip u. proletarische Situation*, 1931.
(56) Barth, *Theologische Existenz heute.* レーヴィット「ヨーロッパのニヒリズム」(『思想』第二百二十二号一五頁)参照。
(57) Quervain, *a. a. O.*, S. 20.
(58) *ibid.*, SS. 25, 27.
(59) そうしたギリシャ的世界観とそれからいかにしてキリスト教が出現するに至ったかの精神的発展の過程については、第二章参照。今は、ヨーロッパ文化の歴史哲学的構造を闡明するかぎりにおいて必要な意味連関だけを述べるにとどめる。
(60) ユダヤ主義とキリスト教との関連ならびにキリスト教固有の思想内容についても第二章参照。
(61) Heyse, *Idee und Existenz*, SS. 347, 353.

(62) *ibid.*, S. 298.
(63) およそかようなプラトン解釈はゲオルゲ一派のそれと相通ずるものがあり、それがいかにプラトンその人と遠いものであるかについては第一章参照。
(64) プラトンの理想国《ポリテイア》はギリシャ的世界を遥かに超え出て、思想的には次いで来たるキリスト教の「神の国」を予示するものがあり、したがってさように「ポリテイア」を一義的に理解することは危険と言わねばならぬ(第一章参照)。
(65) Heyse, *a. a. O.*, S. 350.
(66) レーヴィット「ヨーロッパのニヒリズム」(『思想』第二百二十号一〇頁)。
(67) 田辺元『正法眼蔵の哲学私観』一〇一頁。
(68) 同「社会存在の論理」(『哲学研究』第二十巻第一冊五・八頁)。
(69) 同「国家存在の論理」(『哲学研究』第二十四巻第十一冊七―八頁)。
(70) 同「社会存在の論理」(前掲三三頁)。
(71) 同「国家存在の論理」(前掲第十冊一九頁)。
(72) 同「国家存在の論理」(前掲第十冊二〇頁)。
(73) 同「国家存在の論理」(前掲第十二冊八頁)。
(74) 同「国家存在の論理」(前掲第十二冊二九頁)。
(75) 如上の意味からカントを飽くまで「近代文化の哲人」として理解した標準的著作として、

H. Rickert, *Kant als Philosoph der modernen Kultur*, 1924.（大江精一訳あり）参照。

（76）　Vgl. Rickert, *a. a. O.*, S. 214.

補論　カトリシズムとプロテスタンティズム

一

ヨーロッパ文化を構成する根本契機の一つがキリスト教――われわれがそれを信仰すると否とを問わず――であることは、一般に承認せられていいと思う。そして、キリスト教はその発展の過程において、広く言って、中世的と近世的との、それぞれの存在形式――カトリック主義とプロテスタント主義との二大類型に分ち得ることも、異論ないことと思う。ヨーロッパの国家は、殊《こと》にキリスト教成立以後には、それを支持すると反対するとにかかわらず、もはやこの宗教理念との関連なしには考えられなかったところである。人がヨーロッパ文化を――別しては宗教と国家との関係を論ずる場合、結局、キリスト教に対していかなる態度を取るか、さらにはその二大類型についていかに考えるかによって、おのずから異なる見解を生じて来るのは、必然のことと言わなければならない。

本書『国家と宗教』は、ヨーロッパ精神史に即して、問題の発展につき、客観的＝文化的意味の「理解」を目的としたものであるが、そうした意味の理解には、同時に「批判」が含まれており、すでに著者の「立場」が前提せられてあることも、理論上当然のことと言わなければならない。したがってまた、これに対する批評も、評者がいずれの立場に立つかによって、異なる見方を生じて来るのは、もとより認容されていいことである。そのことは一般に学術の問題についても同様であるが、なかんずく事が宗教的信仰に関するだけに、一層明瞭かつ根本的となり来たるであろう。

本書の紹介ないし批評としては、逸早く石原謙博士が執筆せられ（『帝国大学新聞』第九百二十九号）、最近は田中耕太郎教授（『国家学会雑誌』第五十七巻第五号）ならびに三谷隆正氏（『法律時報』第十五巻第六号）が相前後して発表されたが、評者のそれぞれの立場を示すものとして興味が深い。田中教授は人も知るわが国におけるほとんど唯一のカトリック主義の法理学者として、また石原博士はプロテスタント教会に属するキリスト教史家として、また三谷氏は同じくプロテスタント主義の流れを汲むも、固有の立場を持する哲学者として著名であることは、ここに記すまでもない。著者にとってはいずれも学問上の先輩・先進に当るこれらの人びとから、それぞれ異なった視角からではあるが、小著の全体につきあるいはその内容について、意味を汲み取り、推奨を与えられたことは、深く感銘するところである。

そのうち三谷氏のは、高邁超越的な一文であって、紹介批評というよりは、自ら称するごとく一つの自由な「読後感」として、そこにはむしろ氏自身の思想が力強い言葉をもって語られてあり、その旨とするところ、著者と志向を同じうすると言っていい。また石原博士のは、それとしては比較的長篇にして懇切な紹介であるが、終りに博士専攻の教会史的立場から研究方法上の問題が取り上げられている以外、概観にとどまり、新聞の書評たるの限界を出ない。これに比して田中教授のは、形式・内容とももっぱら学問的に取り扱ったもので、一面、著者の側に立って理解につとめられるとともに、他面、個々の点に立ち入って批判探求の労を惜しまず、そこには若干の疑義や異見が提出せられてある。しかし、それらに対しては、著者としてはいずれも弁明と主張の根拠を有し、ますます本書における以前の論証を支持し、あるものは一層強く表現し、あるものは一層詳しく説明するを適当と感ぜざるを得ない。そうして、それらのうちには、単に立場または世界観の相違だけでは決定し得ず、立場や世界観そのものへの反省の問題があると思われる。それゆえに、ここに、田中教授のを主とし他の両氏にもふれつつ、それらの問題や批評に対する答を織り込みながらも、全体においてむしろ積極的に新たな問題として、カトリシズムとプロテスタンティズムが政治社会理論についていかなる点に相違の根拠があるかを追求するとともに、またプロテスタンティズム自体がいかなる問題を内包するかを明らかにすることによって、将来の解決の方向を示したいと思う。かつその場合、わが国がこの問題に対して何を寄与し得るか、日本におけるキリスト教の将来の問題についても、一条の光を導き出したいと思うのである。

二

ギリシャから現代にいたるヨーロッパの精神史において、国家と宗教との関係の問題は、各時代または各国民の世界観によって異なり、したがって、畢竟《ひっきょう》、それぞれの時代または国民の偉大な個性——創造的な思想家または哲学者が決定的役割を演ずることは、否定し得ないところである。およそ歴史はその本質上そうした個性の世界であり、宗教・哲学のみならず、政治あるいは国家を問題とする場合にも、歴史の源泉にも比すべきこれらの人びとを中心として、あくまで哲学理論の問題として考察すべきであり、決して実際の教会運動や政治事象の中に、いわんや経済力発展関係の中に求むべきではない。そしてわれわれは、優れた思想家のうちの極めて典型的な若干だけを選び出し、さらに選び出した人びとをその思想の全体性において取り扱うのでなく、あくまで当面の問題を中心として行うことを忘れてはならぬのである。かような関係からわれわれの課題には、初めから「特殊研究的《モノグラフィッシュ》」な取り扱いが要求されるということも、当然理解し得られるところであろう。ただその際、それらの思想やイデオロギーを、時代の歴史的・文化史的背景を考慮に置いて研究することの必要なことは言うを俟《ま》たないが、本質的なことはどこまでも文化哲学的関心から、イデオロギーや理念に関連して、原理的問題としてであることに留意したいのである。

著者はかような見地から、プラトン、原始キリスト教、中世トーマス、ドイツ理想主義——なかんずくカントとヘーゲル、近代精神とマルクス、そして現代ナチスなどにつき、そのすべてを必ずしも独立のテーマとして一様の拡がりにおいてではないが、著者の立場からの重点的な叙述によって、ヨーロッパ精神の展開を跡づけたのであった。それは三谷氏が受け取られるごときヨーロッパ二千数百年の精神史的全体にわたって網羅包括するというのでなく、極めて典型的な思想体系を中心としたのであり、しかもそれらにつき精神あるいは思想の発展の全体において見るというのではなく、特に国家と宗教という問題に限定して試みたのであった。そこにはおのおのの思想体系をその構成要素について分解し、さらにそれらの体系をば相互に全体の発展の中に関連づけることによって、それら各時代の世界観ないし時代精神がいずれも、国家と宗教の問題をめぐって、それぞれ異なる方法と体系においていかに解決しようとしたか、そしてその全体の発展においてそのいずれに精神の同質性と異質性とが識別せられ得るか、ヨーロッパ精神史の思想的系譜を明らかならしめるとともに、ついには現在ヨーロッパ文化の危機が何を意味するか、その解決の方向を示唆することが、著者の目的であったのである。

かような問題の立て方と研究方法について、田中教授は法理学者として正当の権利を認められ、わが国にも一時流行をきわめた唯物史観的＝社会学的研究方法と対比せしめて、精神自体の内面的発展の必然性による「イデオロギーの歴史としての政治思想史に対する正当な要求」を是認せられる。その際、教授は音楽の比喩によって、それぞれの時代の各思想体系の演奏する交響楽の多様のヴァリアチオンの中から、そこに繰り返される数個のテーマと、さらにそれを貫く不変の一つのライトモチーフを読み取ろうとするのである。けだし、政治思想史ないし理論史の本質を正しくかつ美しく表現し得たものと称し得るであろう。

この点において石原博士が、特に著者の研究方法を問題とし、前述のごときモノグラフィッシュな方法に対して、むしろ教会史的事実に根拠して「歴史的過程の推移をきわめ、活ける現実に即する根本解決の方法」を高調せられるのと、よき対照をなすものと言えるであろう。おそらく、博士の見解にしたがえば、国家の理念はそれ自体歴史における精神的実在の問題でないかのごとく、したがってそれらの研究からは歴史的現実の根本的解決の方法が期待し得られず、かえって、かのコンスタンチヌス帝以来の、別しては新教成立以後の、教会と国家との対立・苟合《こうごう》・分離・妥協等々の歴史的経験の諸事実の中から、根本解決の原理を抽き出さんとするがごとくである。それは博士がたまたま教会史の専攻家としての角度から見た方法論上の錯誤というべく（そうした角度と方法による別の研究と学問の成立を拒むものではないが）、そのこと自体、評者がプロテスタントたるかカトリックたるかに直接関係あることではない。

しかのみならず、田中教授は、そこになされた各思想体系あるいは世界観の選択についても、著者の立場から解した相互の論理的関連を認めるのに吝《やぶさ》かでなく（トーマスを独立に詳しく取り扱わないことに対する軽い不満を表明されてはいるが）、その各思想体系の分析とそれら相互の関係の吟味によるヨーロッパ精神の「思想系譜」的研究の意義を評価せられたのは、著者の深く敬意を表する点である。ただ、その場合、ギリシャにおいてプラトンを選び、アリストテレスを特に取り上げていないことについて、著者の注意を喚起されたのに対し、少しくその理由を述べなければならない。

教授の所説の根拠の一つは、プラトンもアリストテレスと同じ哲学的思惟要素ないし契合点を有するから、同様著者の学的関心をひくに十分であろうというのであるが、両者はその哲学あるいは形而上学の根本性格において別異なものがある。何よりもプラトンが経験的存在を超出してイデアの世界へ、しかり、神秘的要素にさえ迫ろうとするのに対し、アリストテレスはあくまで経験的事実に根拠して、それに内在する論理的連関をたどろうとすることを注意しなければならない。これが殊に国家論ないし政治学において、プラトンの優れて理想主義的＝当為的なのに対して、アリストテレスの現実的・存在論的性格を有することは、何人も否定し得ないところと思う。そのことは、プラトンが晩年しだいに歴史的経験に接近してゆき、イデアと現実との融和への努力が試みられるにいたっても相違はなく、かの『法律国家論』(*Nomoi*)は人の想像するように根本において『理想国家論』(*Politeia*)の放棄を意味するのでなく、依然として一つの「小理想国家論」たるを失うものではない。これに比べてアリストテレスの『政治学』(*Politica*)

が、たとい倫理学との連関において理解するにしても、ギリシャの歴史的発展における現実諸国家の研究とそれを支配する法則の抽出とそれによる合理的説明であって、いかにプラトン的精神が稀薄化し、内面性が色褪せていることか。

この点において、近来アリストテレスの哲学をもってソクラテス＝プラトンの正系をようやく離脱し、ギリシャ本来の世界観ないし国家論を頽廃に導くものとする解釈も生ずるわけである。(1) 著者はそれほどアリストテレスを低く見ず、やはりプラトンを継承発展したものとして、他方共通のギリシャ的なものを認めるものであるが、宗教と神の国を問題とするかぎり、両者には比較を絶するものがあると思うのである。すなわち、アリストテレスの、一元的な力を発展とする、むしろ力学的な物の観察と、かの現実の世界に対して永遠の秩序の存在を指し示したプラトン主義の根本確信との間には、埋めがたい溝渠《こうきょ》が横たわると言い得る。かようにして、後のキリスト教との精神的連関を考慮におくとき、特にプラトンを取ってギリシャ主義を表徴せしめるのに適当かつ十分と考えるのである。そこに中世がまずプラトンを迎え入れ、アウグスチヌスのように、彼をもって古代哲学のうち真に神の座を有する唯一の哲学として、これに接近した所以も了解し得られるであろう。

もしそれ、周知のごとき、また教授自身もそれをもって他の一つの理由とするのを躊躇しなかったところの、中世後期においてアリストテレスが迎えられ、トーマス等スコラ哲学の支柱とせられるにいたった所以は、むしろ彼の一元的形而上学の方法が、キリスト教的一神論およびその世界観の体系化に対して、有力な論理的武器を供したためと、また自然や社会の諸科学につき彼の該博な知識と正確な概念規定が「知ある人の教師」(ダンテ)の役目をしたためにほかならない。そのことは、カトリック主義の哲学に限らず、近世プロテスタント主義の上に立ってのヘーゲル哲学の形成においても同様であり、およそ過去の成果を集大成して秩序と組織を与え、体系的整理をなすときには、常にアリストテレスの形而上学ないし論理学が重要な契機を構成して来たのであって、その精神的内実において決してプラトンのごとき内面性の深味と高い宗教的理念を有するがためではない。

三

かようにして著者の関心が、アリストテレスでなくしてプラトンに、さらにトーマスでなくしてカントにと凝集せられてゆくことは、広く読者の看察せられる通りである。

カントこそは初めて中世的世界観を根底から打破した人であって、彼が認識主観に根拠して、絶対的実在あるいは超越的対象に関する知識としての「形而上学」の可能を否定したときに、それはひとり啓蒙哲学に対する批判であったばかりでなく、中世的リアリズムに対する根本的抗議であったのである。彼は実に中世に対立して、近世ルネッサンスと宗教改革の精神との綜合——少なくともその巨大な礎石を築いたものと称していい。

それはまず新たに近世自然科学的認識の根拠に立脚してであった。ここに、いかに「自然」が中世とは異なる、また彼以前の近世とも異なる取り扱いを受けるにいたったか。すなわち、中世にあっては、自然はそれみずからに固有の真理性をもつのでなく、常に自然をして自然たらしめる超自然的神的秩序の下位に従属せしめて考えられた。しかるに、ルネッサンスにおいて自然の新たなる発見は、かえってそのような超自然的者をば自然の中に解消しようとしたのであり、これに則って啓蒙の諸家の形而上学体系が立てられたのであった。カントは自然の客観的普遍性を確立するとはいえ、それは単に悟性の立法によって構成せられるかぎりの世界、すなわち「現象」の世界においてであり「物自体《ディング・アン・ジヒ》」は認識の限界の外にある。カントにおいて「物自体」の概念が何を意味するかは別個の大きな問題であるが、少なくとも彼が自然必然の世界の外に、それを超えて自由の「人格」の世界を開いたことは、この問題に関係のないことではない。

カント哲学の支柱は、客観的な自然科学的真理概念とともに、実にこの自由の道徳的人格の観念である。これによって中世的人間観と、そしてまたそれに次ぐ近世啓蒙のそれとが、いかなる改変を受けるにいたったか。すなわち、中世の神学的倫理においては宗教的権威に人間存在の基礎があり、個人は全体の中に置かれたおのおのの次序と位置とにしたがってその存在が規定せられた。しかるに、ルネッサンスにおいて自然とともに新たに発見せられた人間概念のさらに啓蒙哲学発展の結果は、いかに人間個人を立てて宇宙万有の一切の中核として考えるにいたったか、しかもそれは実は自然の中の原子的個のほかのものではなかったのである。これに対しカントにおいて人間は、必然の法則に従属する自然的存在者としての人間としてでなく、内面的な人格——道徳的法則に根拠する意志の自由の主体として、したがって、いかなる意味においても他律的ではない「自律性」において立てられたのである。これはルッターの思想の継承、その哲学的形成と考えられる。なぜならば、ルッターにあってはただ「神」に信頼し服従するところに自由が存したのであるが、カントにおいては実践理性の「義務」の法則を畏敬し遵守するときに自由が成り立つ。その場合ルッターにおいては神の「言葉」に、カントにおいては当為の「形式」に、それぞれの規定根拠が置かれてある。しかし、両者ともに自律の根底を人間個人の「心情《ゲジンヌング》」に求めることは同様であり、この点において中世的人間観とはまさに対蹠《たいしょ》の位置にあると称していいであろう。それは近世的人間の理想化――ルネッサンス以来の人間個性の概念の最深の哲学的基礎づけと考えられる。したがって、カントの哲学は何を措いても道徳的自由の「人格」の哲学であった。だが、問題はそれにとどまったかということである。

カントをもって「個人主義」世界観の範疇に属すと見るのは、田中教授の引例するラスクのほかにも、従来しばしば法律哲学者のとり来たった解釈である。著者はそれにあき足らないで、ひとり法律哲学に限らず、彼の全体系の構造と精神から新たな解釈を提起したのである。これがために、初めに彼の道徳哲学において、義務と義務に値する幸福との綜合としての「道徳的最高善」が人格の課題として要請されたのみならず、これと相即して正義とそれに値する安寧・福祉との綜合としての「政治的最高善」である永久平和が、まさに政治上の理念として立てられたことを解明した。そうして最後に、さらに彼の歴史哲学思想において、道徳的共同体の理念である神の国とともに、ほかならぬ純粋立憲政の理念と世界の普遍的政治秩序が、まさに人類歴史の理念として立てられてあることを論証したのであった。かくのごときは、いずれも、カントにおいて政治国家の問題が人の往々誤解するがごとき個人人格の単なる「手段」ではなくして、かえって国家と法律に固有の価値と理念的意義を認めようとするものと言えるであろう。

カントのごとき哲学について、人格主義か共同体主義かの二者択一をもってのぞむのは不可能である。すべての人間は他の人格をもって代え得ない唯一独自の個性であるが、しかし、かかる個性が同時に彼が生活している国家社会の成員であること、よく道徳的個性を生きるためには国家的でなければならず、またすぐれて国家社会的なためには個性的でなければならぬこと、この間の相関関係、すなわち個人的と社会的因子とから全体を形成するものであることを示唆したのは、カントであるとさえ思われる。

問題の彼の『法律哲学』の解釈についても、国家を「自目的」(an sich selbst Zweck)とし、あるいは超個人的な「道徳的人格」(moralische Person)としたのは、著者の解釈ではなくして、まさにカント自身のことばである(本書一七一―一七三頁)。それは決して個人人格に対する単なる手段ではない。国家・法律をもって道徳法の実現を可能ならしめる「外的条件」ということは、逆にまた道徳法則は国家・法律の秩序の実現を可能ならしめる「内的条件」というと同義に解して差支えない。カントが立てた「道徳性」(Moralität）と「合法性」（Legalität）の区別も、この関係において理解さるべきである。後者の概念は往々批評せられるような「必然」の法則に決して堕せしめられたのではない。それは彼の用語をもって言いかえれば「内的自由」（innere Freiheit）に対する「外的自由」（äussere Freiheit）の問題であり、その真義は「主観的自由」に対する「客観的自由」の問題である。ここに、後年ヘーゲルが二者を綜合して、人倫の最高形態、自由の実現態として国家の理念を展開せしめるに至った重要な契機を認め得るであろう。このことはまたカントが『法律論の形而上学的原理』（*Metaphysische Anfangsgründe der Rechtslehre*）と『徳の形而上学的原理』（*Metaphysische Anfangsgründe der Tugendlehre*）とを一つに結合して『道徳の形而上学』（*Metaphysik der Sitten*）としたこととも重要な関係を有すると思われる。ドイツ観念論の国家哲学は一朝にしてヘーゲルによって成ったものでなく、その基礎はすでにカントにおいて据えられていたことを了解し得るであろう。

もとよりカントの国家・法律哲学に啓蒙的国家・法律観——主として英仏における自由思想が影響を与えたことは事実であり、また、その痕跡の存することは認容されて差支えない。「原本契約」（contractus originalius）の観念のごときはそれである。しかし、彼の立場は啓蒙的「自然法」思想を遥かに超え出て、もはや「契約説」の意味内容を全く揚棄して、厳密に規定せられた実践理性の自由の理念の媒介によって、新たに「理性法」「理性国家」の概念を確立するものであった。

ただ、それにもかかわらず、そこに問題が残り、結局、カントが政治的国家の固有の基礎づけに不十分であった所以は、ひとえに彼の国家が実践理性の先天的法則から演繹せられ、純粋に「理性の国」たる「法律国家」として、抽象的・形式的にとどまった点に求められなければならない。すなわち、それにはなお「民族」の概念を欠き、深く現実の政治的非合理性の上に置礎するものでないと同時に、まだ文化的共同体としての精神的内容を盛るものではなかった。一言にしていえば、民族的個性の政治的表現としての国家の理解ではなかったのである。それを問題とし、なおそれにまつわる世界政治秩序の問題について、何をわれわれはカントに学び得るかを、本書において述べたはずである。その場合、カント哲学がひとり科学的「認識」と「人間」観においてのみならず、まさに「国家社会」と「歴史」の問題に対して、なお現代に有する意義は看過されるべきでなく、著者はそれをヘーゲルでなく、かえって依然カントに求めるべきものがあると思うのである。かようにして彼の哲学こそは中世カトリック主義に対し、近世プロテスタント主義の上に立って、キリスト教的人生観と世界観とを築き得るなお鞏固な哲学的基盤たり得るであろう。

四

しかるに、ドイツ理想主義哲学発展の歴史において、カントの残した問題の解決を求めて、ヘーゲルの哲学がいかにして樹立せられたか。それはドイツ理想主義国家哲学の完成であるとともに、根本においてギリシャ主義とキリスト教との新しい一大綜合の企てであった。この意味において彼の哲学は中世トーマスの体系とまさに相対比せらるべく、そのことはただに新ヘーゲル学徒の主張するばかりでなく、ヨーロッパ精神史を客観的に追考する者のひとしく認めていいところである。それほど厖大な近世最後の綜合体系であった。しかるに、それが何ゆえ脆くも崩壊の運命をたどらなければならなかったか。これの契機は、その絶対的な国家観にあったことは覆うべくもないが、根底において宗教と哲学と、信仰と理性との融合、言いかえればキリスト教の理性的論証としての一個の哲学的神学あるいは神学的哲学であった点に求められなければならない。

ここに彼以後、一歩を進めていわゆるヘーゲル左派における人間学的な立場から、さらにマルクスの経済的唯物史観へと発展し、それによって真理に対する相対主義から二ヒリスティッシュな態度へ、同時に宗教の本質の転換からさらに没却へ、別しては国家理念の相対化からついに否定的帰結へと、いかにして趨《おもむ》いたか。それはあたかも主として西欧英仏における実証主義精神の、同じく真理に対する相対主義の立場と、ついに宗教に対する無関心の傾向とともに、政治国家の単なる権力的手段化と相まって、ヨーロッパ文化の根底を脅かす大なる危機に導いたことは、とりわけ前大戦以後、白日の下に曝されるに至った事実と言われなければならない。

これに抗してナチス・ドイツが新たな民族的世界観を提げて興り、それによって国家共同体の理念がいかに前面に高く掲げられるに至ったか。しかし、それはもはや絶対的真理概念ではない非合理的な人種的生の哲学を地盤とし、かつ、その向うところキリスト教ではなく、かえって古代的世界の宗教に結びつくものがあり、ここにヨーロッパ文化との決定的分離の兆候を前にして、現在いかに深刻な新たな問題が発生したか。かようなヨーロッパ精神の危機と苦闘は、われわれのすでに熟知するところである。

この現代ヨーロッパ文化の危機をいかにして打開すべきであるか。なかんずく、これを宗教と文化——別しては政治社会文化との関係においていかに考えるべきであるか。近世が辿りたどってついに往きついた以上のごとき危機の原因を根本において近世宗教改革にあるとし、ここに古代にではなく、むしろ近世がそこから出発した中世に立ち帰ることによって、問題の解決に当ろうとするのが、カトリック主義本来の立場であり、その理論的方法が田中教授等の掲げる「自然法」の概念である。ここに称する自然法はいうまでもなく近世自然法――「個人主義」的自然法ではなくして、「共同体」的自然法――中世固有の自然法を意味する。けだし、それは近代精神の帰結したところ、普遍からの個の分離、伝統からの自由と独立の結果、もろもろの文化の対立と分裂に導いたのに対して、中世的普遍と伝統を回復することによって、文化の綜合統一を目途するものにほかならない。

トーマスによって代表せられるスコラ哲学が、異なるもろもろの文化の統一調和のための「位階的《ヒエラルヒッシュ》」構造を持ち、一切の自然的秩序は超自然的秩序へ結合せしめられてあるごとく、カトリックの自然法それ自体は、さらにその上の、すべての実在の根元である神的叡智の絶対規範としての永久法に下属せしめられてある。かくのごときはキリスト教本来の宗教理念とギリシャ的自然法概念との結合であって、アリストテレスの発展の概念を媒介とし、神的絶対目的が自然的素材を通して実現せられるとの考え方に基づく。けだし、トーマスによる自然法概念の新しい解釈であり、自然的秩序はもはやギリシャ・ローマにおけるのとは異なり、超自然的な宗教的恩恵の世界の前段階、神秘的共同体の自然的前段階として理解せられてある。かような自然法を媒介とすることによって、宗教的理念から一般に中世キリスト教の社会・国家の理論が導き出されるであろう。

人間理性の課題は、かような自然法に包含されてある本来普遍的で不可証明的な法律原理を、人間の行為と関係して応用することにあり、国家の高い任務はまさにかような法則を採用し、適用することに存しなければならない。それ故に、国家は近世においてのように法の創造者でも主たる淵源でもなくして、むしろ国家とその法律は超国家的な自然法、さらに根源的には神の永久法の所産として考えられてある。ここに由来カトリック主義の「世界法」理論の根拠が見いだされるのであって、近世的国家・法律理論とは異なる中世特有の思惟方法でなければならない。自然法をもって国家の以前に与えられ、そしてそれを神の叡智の法則が人間世界に顕現された秩序として解するのである。その前国家的な点において、また、あらゆる時代と国民を通して普遍的に妥当する規範たる点において、近世的自然法と同様ではあるが、その異なるのは近世自然法概念のごとく主観的人間理性に依存するものでなく、絶対的な神的啓示に基づくことである。それは何によってであるのか。

ここに中世的自然法思想において重要なのは「教会」の概念であり、自然法は教会を通しての神的啓示に基づく理性の解釈にほかならず、何が自然法であるかは、結局、教会の決定にかかわらしめられてある。近世の主観的な個人主義的自然法に対する客観性の根拠はここに置かれてあると言える。宗教改革の結果生じたと見なす近代思想的アナーキズムに対する彼らの保障の根拠もここに求められてある。それにはローマ＝カトリック教会の権威と歴史的伝統とが基礎である。だから、カトリック主義の「自然的合理主義」は根本において教会的神秘と超自然主義に結合せられたものと称して差支えない。これによって一般に中世の包括的な社会理論とキリスト教的統一文化の体系が成立したのであり、相対的な現実の社会秩序を受け容れて、これを宗教的理念と結びつけ、それによって全体の調和にまでもたらしたのであった。そこから当時のすでにまとまり、完成された固定化した中世特有の政治的＝社会的状態に適用して、実証的な国家立法の合理的説明がなされたのであった。近世自然法思想がむしろ主観的改革の原理としての意味を持ったのに対して、中世のそれが主として実定法秩序の基礎づけとして保守的役割を果すに至ったのは、この理由によるのである。

カトリック自然法とはほぼかくのごときものであり、そこには世界的普遍統一教会が政治・法律理論の客観的支柱として、いかに根本的な関係を有するかが了解し得られるであろう。著者が自然法を「回避」するのでなく、むしろこれに反対する理由は、一般に自然法の理論において、およそ人間の道徳的精神的態度を問題とする国家社会生活に対し、単なる「自然」概念をもって当てはめることの妥当であるかどうかの問題、また、その普遍妥当的な法則をもって、政治的国家生活をその歴史的特殊性において理解するに適当なるか否かの問題はしばらく措くとして、特にカトリック自然法について決定的なのはこの教会との関係の問題である。しかもそれは歴史に現われたごとき、時に教会の不法な事実についてではなく、まさに教会の理論・理想の問題としてである。著者はかような見地から本書においては問題を主として教会論――カトリックの「教会主義」に集中して論じたのであった。

まことに教会はそれ自ら固有の共同体として、普遍的キリスト教社会の全構造の頂点に位する。国家は一方アリストテレスに従い、人間の自然的本性の発展に根拠して認められるけれども、他方その最後の根拠は神の啓示による教会神学に置かれていることから、教会が必然に国家を指導し、その奉仕と従属を要求しなければならない。否、教会みずからが一つの独立の法的＝政治的秩序として自己の主権的存在を必要としなければならない。かつての「神聖ローマ帝国」がそれを証明し、また、現にローマ法王庁がそのことを主張することによっても明らかである。まさにこの意味において、それは語の正しい一つの「神政政治」「教会政治」――人がこの語を好むと否とにかかわらず――と言われなければならない。

もとより教会といえども堕落の状態においては、アウグスチヌスのいわゆる「地の国」――肉の法則にしたがって起り、それによって支配される悪の社会――であることを免れるものでなく、また国家もそれ自体必ずしもかような意味においての地の国と同義でないにしても、教会はその本質において地上の「神の国」として、キリスト教理想社会の具体的実現者たる意義を担うのに対し、国家は本性上それ自身何か非キリスト教的なあるものを包むもの、したがって教会に奉仕することによって初めて絶対的正義に参与し得ると考えられてある。この意味でわれわれが、中世における教会と国家との関係をアウグスチヌスの「神の国」と「地の国」との観念をもって対比象徴せしめることには、十分の理由があるのである。

しかし、唯一ローマ＝カトリック教会の秘義は、以上のごとき政治的＝社会的秩序としてよりも、むしろ依然、霊的＝精神的共同体として、人間霊魂の救済である純粋に宗教的な点に求めらるべきはずである。それは周知のように、使徒ペテロに淵源すると解釈せられる(マタイ伝第一六章一八節)歴史的伝統に基づいて興り、司祭制と礼典《サクラメント》とを不可欠の要件として存立する共同体であって、真理と恩寵との保持によって謬ることのない聖なる使徒的結合である。かようなものとして、それは田中教授の説明されるような単に「一般に対して救済の確実性ある道程」として以上の意義を持ち、それ自ら「地上における神の国」の具体的実在として考えられねばならない。それゆえに、カトリック的信仰を告白する者は教会を通して神の国に属するのである。「教会の外に救いなし」(Extra ecclesiam nulla salus)というのは、カトリック側の解釈するように「実質的に精神的カトリック(spiritual catholic)たるを要求する」ものとしても、そこに例示される旧約時代の預言者や罪なき嬰児や異邦の哲人らのごとき、キリスト教以前でまだそれについて知らない者や自己意識のない者は問題外として、いやしくもキリスト教成立後に生き、カトリック主義を公然かつ意識的に拒否する者、すなわち実質的にも「精神的カトリック」でない者は、救済から除外されなければならぬであろう。ここに少なくとも実質的には依然、ローマ普遍的教会の成員たることなくしては神の国の市民となるを得ないはずではなかろうか。

かようにして、教会こそカトリック主義の政治社会理論のみならず、神学・道徳・哲学——要するに中世的キリスト教世界観の核心を形づくり、カトリック的世界観の強味も弱味も、すべてはかかってこの教会論にあるのである。しかるに、田中教授は説いて曰く、中世的世界観の特徴は「なにも教会とか教皇とかの制度の意味に存するのでなく、すべての被造者が神の宇宙計画のもとに、その世界秩序の中に編入せられ、おのおのの事物がその範囲内において所を得、理性を具備する被造物たる人間が他の被造物と異なる特有の使命を有し、人間にふさわしく自由に行動し、しかしその自由がいかに方針づけらるべきかを指示する点にある」と。十九世紀ロマン主義の人びとも、またかようにして、宇宙の全体性と統一性とを求める知的欲求と、さらには芸術的＝美的要求からカトリック主義に改宗し、カトリックそのものよりも、むしろ宇宙と人類とが編み合わされた世界秩序の深みへと沈潜したのであった。そこでは世界的なものが直接に普遍人間的なものに連なり、宇宙的なものと個性的なものとが一つに結合して思い浮べられる。そうして、彼らは政治社会の領域においては、一面、国民精神と国家共同体の思想を語るにかかわらず、結局、彼らの宇宙的な世界観から、カトリック普遍教会を媒介として、かつて中世においてそうであったように、ヨーロッパ諸国民を統一結合して、世界の普遍的政治組織の樹立を理念とするものであった。それは中世的な宗教理念のロマン主義的変容であり、その思想にはロマン的要素とカトリック的要素とが入り乱れて相交錯している。これらの点において教授自身は一種のロマン主義的カトリックの側にあるのかどうか、われわれには不明である。

スコラ哲学、なかんずくトーマスの哲学が、宗教理念によって人間と世界の全体を包括し支持しようとするキリスト教的世界観として、ギリシャ以来いまだかつて見なかったほどの、いかに宏壮な統一的組織体系を有するものであるか。それは中世精神の成果を示すものであるとともに、中世社会の発展の結実をその体系のなかに織り成すものであり、この基礎の上にキリスト教自身の完成した文化組織を樹立し、これによって中世一千年の長きにわたって、いかにヨーロッパ諸民族を一つに結合し、その文化と社会とを維持し来たったか。まさに人類歴史における偉業と驚異であったことについては、著者はこれを称讃するに躊躇せず、教授の承認せられるように、それに関しては別の機会にいささか述べるところがあった。(2)

だが、その広大なスコラ哲学体系も実は異質的なもろもろの文化の巧妙な結合・調節であり、そのための絶大な知的所産にほかならなかったのである。その実行に当って何よりもキリスト教そのものは、かえって異質的要素の影響と支配のもとに立つに至ったのである。われわれは、なかんずくその全体系の頂点もしくは中核を形づくる「教会」を取って考えるのが最も適当である。元来その拠って立つ伝統――ペテロに淵源すると見る聖書の前掲の解釈が成立し得ないとすれば(周知の如く、さような研究と文献は数多くある)、カトリック教会とその信仰は根底から崩壊するに至ることは、ここには触れない。また、それがキリスト教本来の愛の共同体としての「神の国」の理念であるよりも、むしろ法王の権威を中心として古代ローマ的政治要素が前面に結成せられたのであることについても、もはやここには論述しない(本書一〇六―一一二頁参照)。ただ、その可視的組織として持つ外的・統一的な権威は、宗教の内的な過程をば支配組織への服従において承認する結果となり、各人はむしろ見える全体的組織に織り込まれた肢節となり、そこからはもはや真に人格の自主的な力や世界に対する自由にして創造的な態度は生じて来ないであろう。何故ならば、カトリックの現存している支配秩序組織と本来内的生命に対して持つ生けるキリスト教の信仰とのあいだの矛盾は、いつまでたっても解決し得られないであろうから。

また、その純粋に宗教的な内実についても、教会において感性的な手段によって超感覚的世界を表現する結果、いかに多くの古代的宗教や東方的魔術的の要素がとり容れられていることか。そこに行われるさまざまの礼典は、それなくしては到底成立し得ないものである。まことに「礼典は単に象徴にとどまらず、恩恵を作用する」(“non solum significant, sed causant gratiam.” Thomas)として、神秘的に把握せられるときに、魔術に陥るまいとしてもほとんど不可能と言わなければならない。それはカトリック教会に豊かな芸術的気分と輪奐《りんかん》の美を与えはしたであろうけれども、また多くの宗教的迷信と誤謬の因子をつくるものであった。

これらにはキリスト教の純粋福音主義の変質・転換――学者の言う「性格転換」(トレルチュ)を認めないわけにはゆかない。その際、それを測定する基準は本書においてわれわれが究めたごとき「原始キリスト教」――主としてイエスの人格と教えに求めなければならぬ。ひとりプロテスタントのあいだのみならず、広く歴史や哲学の世界に使用せられるこの語は、キリスト教が問題となる場合、いつでもそこに帰って自らの生命と力を汲まなければならないところの源泉である。近世「宗教改革」の運動はそれを目ざして台頭したのであり、それには何よりも厳格な道徳的自律の個性の魂の自覚を必要としたが、同時に鋭い科学的良心と歴史批判を前提とした。

中世において、文化の頂点に立ってこれを導き、全体を支えたものは教会であり、哲学も科学も、真理と価値の一切が教会によって判定せられ、また保証せられて来たのである。それは文化作業についてある程度の独立を許し、宗教はただ全体の指導的任務に当るという要請に立つものではあるが、元来、宗教みずからがその組織的体系をもって文化の上に君臨し、独自の文化を作ろうとするものである以上、一般に文化の狭隘化、科学的精神の拘束を伴わざるを得なかった。スコラ哲学がよくギリシャ哲学——プラトンやアリストテレスを包摂し、それによって信仰と理性、超自然と自然との形而上学的綜合を企てるとはいえ、絶対的真理はすでにローマ＝カトリック教会の教理《ドグマ》の所有として自明のことに属し、ただそれを論証し、合理化するための学問であった。いかにそれが聖なる役目であったとはいえ「神学の侍女」(ancilla theologiae)としての位置にあったことは、広く認められた事実であるだけに、その真実性は否定せらるべくもない。ここに、かような位置から哲学と科学がみずからの独立を要求し、ギリシャ的人間理性の自律と「真理のための真理」価値を主張して、近世「文芸復興《ルネッサンス》」の一大運動を捲き起した歴史的必然にわれわれは目を覆うてはならぬ。中世的自然法がその超自然的秩序への従属から身を解いて、やがて再び古代的自然法概念に復興するに至ったのも、そうした関連の一つにほかならない。

国家が宗教的絶対目的の下に隷属して、位階的秩序を通し、つつましく教会に奉仕するあいだは、いかに政治的＝歴史的現実が無視せられ、固有の倫理的共同体としての国家の自律が没却せられたか。トーマスがたとい法と国家を実践的目的の学として樹立しようとしたにかかわらず、法はついに神的啓示の法則に依存せしめられ、国家の権力は教会神学の規定に基礎づけられた。かくのごときは、カトリシズムがもつ内的ならびに外的組織の矛盾の結果として、一面、宗教そのものの「政治化」を示すとともに、他面、政治の「宗教化」を意味するものであり、二者の妥協はひとえに「教会」という固有の組織によって初めて可能にされたのである。中世歴史は半面から見ればかような教会的国家の統一の歴史であると同時に、他の半面から見れば、これに対する国家主権の抗争の歴史であった。そうして最後に、教会からの国家の独立、国家存在の理由を高調して、古代国家理想が新たにせられるに至ったことはあえて怪しむに足りない。それは広汎なルネッサンス運動の一つの流れとして理解されねばならぬ事柄である。これまで、ひとえに教会神学とスコラ哲学との構成のために利用せられて来たアリストテレス哲学そのものの研究が開始せられ、彼の政治学の方法に基づき、さらにその道を推し進めることによってマキアヴェリーが大胆に近代国家の生誕を告知するに至ったことは、たといいかに行き過ぎに見える点があるにはしても、以上の関連において考えるときに、理由なきことではない。それは一方、特有の中世的キリスト教文化の体系が内包する矛盾の露呈であるとともに、他方、中世的普遍社会が動揺し、その統一調和が破れ、多くの対立・分化の発生、別しては近世諸民族の勃興を意味するものであった。

しからば、宗教改革の結果プロテスタンティズムは、かようにして生起した近世民族的国家生活に対し、いかなる態度をとり、中世的思惟方法に代えていかなる構成に向ったか、さらにわれわれ自身将来この問題についていかに思惟すべきであるか、これがわれわれに残された課題である。

五

近世が文芸復興《ルネッサンス》と宗教改革《レフォルマチオン》との競合によって、その幕を開いたことは、すこぶる重要な意義が認められなければならない。もともと、両者はその本質においてまったく異なる精神に基づいて遂行せられたのであり、文芸復興が古代ギリシャ文化に復《かえ》ろうとするいわゆる「人文主義」(Humanism)の主張であるのに対して、宗教改革は原始キリスト教そのものに帰ろうとする純粋に宗教的な要求であったのである。それにもかかわらず、両者はともに中世に対して同じく古代に復帰せんとするものである以上、そこに共通の契機がなくはない。けだし、ルネッサンスによって高揚せられたヒューマニズムの自由の精神は、宗教生活における自由と批判の能力を各人に意識せしめた。われわれは、この点において、聖書の近代語訳の事業と自由討究をめぐるエラスムスとルッターとの関係を想い浮べただけでも十分であるであろう。しかし、何よりもこの二つの精神運動を共同ならしめたものは、一つは主として教会の外部から、他はその内部からではあるが、いずれもカトリック教会に対抗して、スコラ哲学の綜合統一と中世的普遍主義との否定であったのである。そうして、その際、さらに積極的にこの両者をかたく結びつけたものは、実に「人間」の観念であったと思う。

ルネッサンスの運動において新たなのはこの人間主観の発見であり、自己の心的気分をスコラ哲学の煩瑣な図式や思惟方法から独立に表現するということ、もって人間本性の自由な成長と完成ということであった。そこにはすでに人間人格の積極的な自主的力の緊張が見える。しかしながら、単に人間主観の自己自身の沈潜によって、いかに人間性を豊醇にし、高揚したとしても、それだけではまだ主観的な人格個性の自覚を期待し得るものではない。それがためには、主観の内奥に、自己の自然的理性の力によってはいかんともし難い人間性の矛盾と相剋を意識し、ここに単に自然人間的なものを超えて、超人間的な絶対的・精神的なものへの自覚に到達することが必要である。これは人間の内面的転換あるいは根本的更新の道であり、それこそが宗教改革によって成し遂げられたところのものである。中世を通じて人びとの心が自ら識《し》らずして長く求めて来たものは、文芸復興ではなくして、実にこの宗教改革であったのである。ギリシャ的学問および芸術による古典的教養の再発見の歓びではなくして、一切の拘束から脱れしめ、値なくして人間を罪より救い、人間個性の魂を自由ならしめるところの、古えのごとき純粋の福音の喜びであったのである。そうして、それは近世的人間――ルネッサンスによって発見せられた人間観念の、新たな宗教的更生と内面化である。ルッターの信仰の核心はこれ以外のものではなかった。

ルッター（Martin Luther, 1483-1546）の信仰において新たなものは、神とわれわれ人間とのあいだの直接的な結合である。各人が神の恩寵に与るためには、もはや中世のような司祭制と法王の権威との媒介を必要としない。ただ聖書の「言葉」を通して、各個直接にキリストによって新たに更生せられる人格の結合関係を中心とする。それは、神の恩恵に対する各人の魂の絶対の信頼を中核とし、特定の司祭の掌《つかさど》る礼典を要件とせず、また各人の道徳的努力の成果としての善行を条件とするものでない。何よりも人間の「良心」「心情」の問題として、純粋の心情の道徳であって、かような信仰が最高の道徳的要求であると同時に、それ自体神の恩寵である。そこでは各個が神の前に自ら責任を負うべきものとして立ち、神の救いの恩寵は直接に各個人の体験すべく、それによって自己固有の人格個性の意識が根底をなすのである。

語の深き意味において「個性」の概念、人格の「自律」の根拠はここにある。これらの概念の厳密な哲学的構成は後年カントをまって初めて可能となったが、精神内容的にはすでにルッターによって見いだされたと言って誤りない。これによってわれわれは、もはや中世の外に立ち、カトリック的世界観とは根本において分たれるのである。ここに、真に中世的世界観を克服したのは、文芸復興ではなくして、この宗教改革であったことがわかる。なぜならば、ルネッサンス自体は、中世とはある意味において両立することを妨げず、宗教には直接無関係であって、中世文化のうちにすでに培われて来たものと解し得るのに対し、宗教改革はキリスト教内部の問題として、宗教そのものの分裂を意味し、ここにローマ＝カトリック教会の存在を根底からゆり動かすに十分であったから。いまや、ただ自己の承認する永遠の真理に従うほか、いかなる他律的権威にも屈しない個人の魂が核心であり、そしてそれは、文芸復興による古典的教養の結果ではなくして、聖書的福音の真理に対する信仰と道徳的な意志の力の発見であったのである。

しからば、ルッターの思想はしばしば人の誤解するように、個人主義にとどまったか。ただ個人の心情を問題とし、「信仰のみによって」(sola fide)、一切の行為と業績を問わないのであろうか。そもそも両者の結合ないし関連はいかにして考えられるのであろうか。ルッターは言う「見よ、信仰から喜びと神への愛とが流れ出る。そうして、愛から自由にして悦ばしい生活——隣人への奉仕——が流れ出る」と。信仰自体は何ら道徳法則を要するものではなく、その点において彼の倫理の一見「世界無関心」的性格のごときも、それはただ行為の動機に関してのみであって、信仰の果実として愛と善の行為が生じ、ここに世界と同胞にまでの積極的な世界関係をもたらさざるを得ない。彼が「キリスト者の自由」と称したものは、何ら媒介を要しないで各人が直接神に結ばれると同時に、かような自由の個人が互に愛によって奉仕するところに成り立つ関係にほかならない。

だから、彼の倫理は、個人主義倫理のように単に「自己聖化」または「自己完成」のためではなくして、神の愛が隣人のあいだに行われ、神の意志が世界において実現されることを目的としている。そうして、ここに「隣人」とは、ひとりキリストにある信仰の兄弟のみでなく、現実に隣りする者、すなわち、ともに社会に生き、互に他を必要とする「同胞」の意味である。したがって、なべて人は世間を超脱することなく、僧侶といえども出世間と禁慾の業を行う必要なくして、かえって世間に留まり、そのなかにあって、この世の現実の生と職業との闘いを通して、神と隣人とに奉仕することができるのである。ここに、ルッターの基本とする信仰から行為の義務が生じ、個人的心情の道徳から社会共同体の倫理的規範の導出が可能となる。「世間」あるいは「世界」はすべてのキリスト者が愛心と責任意識とをもって充たすべき神聖な場所となり、それぞれの現実の職業がこれによって神に奉仕するところの貴い「使命」または「天職」となるのである。

かような場所として、家族、社会、この世の職業、なかんずく国家的共同体と政治的活動の生の領域が挙げられなければならない。ルッターにあっても国家は、人間の福祉あるいは秩序維持のために社会共同生活の条件として、その意義が承認せられる。そして神は人間にその理性によってこれらのことを処理すべき素質と能力とを与えてあり、その意味において国家は自然法的理性の所産と言えよう。ここにルッターによる自然法の新しい解釈の因素が存在する。それは、もはや中世のように神的永久法の前階としてでなく、人間に内在的な理性的規範として考えられてある。それ故に、国家権力の妥当性は、究極において超自然的恩恵の秩序の認証するところよりも、それ自体、自然法的理性の要求として承認せられる。そこには実証的現実秩序をそれとして是認する保守的自然法論の傾向が見える。その帰結においては中世と同じようであるが、もはやその理論の構成においては異なるものがある。

さらにルッターにおいては、人間の自然的理性の作用の裡《うち》には同時に神性が認められてあり、したがって、その自然法思想は人間理性の裡に神の啓示を見ようとするものであり、自然的理性秩序とキリスト教精神との内的結合が前提せられてある。その意味において、国家はそれ自体、神的性質を有し、神がこれを建てたのみでなく、また、これを支え導くものと解せられねばならない。かようにして、歴史的国家生活において神的意志の啓示が認められ、国家はもはや中世のように教会の指導のもとに、初めて道徳的価値と課題を受け取らねばならぬものではない。それ自ら神的制度として、独立の道徳的義務を有し、かようなものとして、国家の歴史の裡には神的摂理が承認せられるに至る。ここにおいて、国家の権威は、また近世自然法思想の主張するがごとき人民の個人的意志に依存することなく、結局、神から賦与せられた権威として、その意志に従って行使することが要求せられる。すなわち、国家の権威はそれ自体神を代表し、神によって立てられたものと解せられる。これが通常、ルッター的国家観と称せられるものである。それは中世のように超自然的秩序としての教会の権威の指導に服属するものでなくして、人間があくまで自然的生活秩序から離脱することなく、その中にあって、かえってそれを積極的に道徳的行為の対象、否、それ自身ひとつの人倫的共同体たらしめることを意味する。この点において、ルッターにおいて自然法思想は承認せられるがごときも、中世的自然法と相違するはもちろん、近世的とも異なり、結局、自然法思想そのものは超克されてあると解しなければならない。ここからヘーゲルの理性国家あるいは客観的精神としての国家観念へは、いま一歩と言うことができるであろう。

かような国家の観察は、おのずから教会と国家との関係に一大変化を来たさざるを得ない。否、それはかえって教会そのものに対する観察の変革が根本の原因をつくった。それルッターにおいて「見えざる教会」が唯一の真の共同体として把持されてあるが、それにもかかわらず、彼には同時に、「見える教会」の観念が存した。そうして人間の救いの確実性は、かような教会において説かれる神の言葉による媒介に求められなければならない。しかし、もはやカトリック教会のような歴史的伝統とスコラ哲学的教理が中心でなく、一に聖書が中心であって、いまや神の言葉が教会の客観的支柱をなし、「言葉」においての神的作用を通しての啓示に基づく新たな宗教的人格交互の関係の霊的共同体が教会である。また、カトリック教会のごときローマ法王の権威を中心とする位階的な固有の組織原理を持たず、ルッターにあっては「信者はみな霊的祭司であり」、かようなものとして各キリスト者は平等であり、また、おのおのの人間と神との間には何ら制度的仲保者を容れる余地がない。

かくのごとき教会概念の深化または一層の内面化は、現世的権威としてのいわゆる世俗的国家の剣を、霊的権能としての教会の剣の下に置くことを排斥する。否、教会の霊的剣なるものは、もはやそれ自体、この世の力の象徴としての剣たることを認められない。教会はもっぱら福音を宣し、罪を赦す純粋に霊的救済の任に当り、国家は現世的＝

世俗的生活の領域に限定せられる。そうしてその場合、人間の道徳的生活は新たに国家の領域とせられ、道徳的＝精神的訓練は国家の課題として承認せられる。これによって、カトリック教会のようにキリスト教の宗教的＝道徳的理念を教会を通して法的規範化することはなく、ルッターは教会をあくまで純粋福音の自由の上に置き、国家を自然法的ないし理性法的道徳法則の基礎の上に置いたのであった。そうして二者相まって同じく、不可視の教会である神の国の理念に連なっている。

しかし、以上のごとき教会の概念はルッターにあっては徹底されないで、僧職の権能とそれ自らの秩序の設定において、またその他教会組織の財政的・技術的維持等において、人間的事業の要素と合目的的手段が容認せられ、ふたたびそれ自ら一個の教理的かつ法的教会制度が立てられるに至った。ここに、ルネッサンスによって新しく興った神学者と国君とが、教義の保護と福音の宣布に関する補助監督の指導的地位を占めるに至り、「国教会」(Landeskirche)の観念を生じた。そこから教会は国家の統治的地方教会を意味するに至り、国家権力と宗教的精神との結合から成るキリスト教社会の理念が要請せられる。それは、その本質において一旦分離せられた教会と国家とがふたたび結合せられ、中世とは異なる意味と方法とによって、宗教的統一社会の理念が取り上げられたものと解して差支えない。すなわち、位階的次序においてでなく、教会と国家との妥協、相互の「自由の協約」に基づくものであった。しかし、国王および諸侯の教会に対する補助的指導監督から、実際的政治干渉の権能への変更は、きわめて容易な道であった。ここに、中世の「教会国家主義」に対して、新しく「国家教会主義」の典型が成立したのである。ルッターにおける教会の意義ならびにその内包する矛盾については、なお後に論ずるつもりである。

ルッターが、それにもかかわらず、一旦、教会を純粋に内面化し、その固有の権威組織たることを否認したのは、教会を頂点とする価値の位階的＝普遍的統一秩序の崩壊を意味し、近世における価値体系の自律と独立の契機をつくった。すなわち、中世は超自然的秩序のもとに一切の自然と社会を価値段階的に秩序づけたのであったが、いまや自然と社会がそれとして自己みずからの世界を開拓するのを拒むものではなかった。ルッターが修道院生活を一擲《いってき》し、みずから僧職の身で率先、家庭結婚生活に入った一事を想いみよ。世界の姿が一変したのである。「全世界が神聖となり、不浄なものはそこから取り除かれた。この世はそのすべての使命の故に主の葡萄園となり、神の宮と化し、そのなかにおいてわれらが霊と真とをもって神に奉仕すべきところとなったのである」（ゾーム）。ここに新しい人生の理想が始まり、いまや人は安んじて、己れの周囲に真理と美に対する新しい歓喜を見いだし、宗教的絶対価値の支配から独立して、一般に人間文化価値の樹立への道を歩んで往った。そこにローマ教会的文化から脱却して、近世科学的運動の内的条件がつくられ、新たに人間の自然に対する支配が基礎づけられ、科学と芸術とのそれぞれの領域における自律的体系の樹立と完成に向うことができた。そうして、それはいうまでもなく、ルッターの出現する前に、すでに文芸復興の運動として、中世の神学的＝形而上学的世界観と教会的規律の拘束に抗して、自然的傾向の発展とこの世の現実のなかにおける喜びに満ちた生活理想とが、開拓し準備して来たものである。

われわれは、かような連関のなかに、ひるがえって政治的国家生活について考えるときに、そこには政治に固有な原理の定立、言いかえれば国家的自律への新しい契機が認め得られないであろうか。彼が、国家の自然的ないしは理性的秩序において、同時に神的固有の法則と神性の内在を認め、別してはその君主的統治に服することを、各人の道徳的＝宗教的義務として称揚したことは、あたかもルネッサンスにおいてマキアヴェリーによって提示せられた近世主権国家とその君主主義の内面的＝精神的裏づけないしは宗教的＝道徳的基礎づけと解し得られるであろう。実にルネッサンスにおいて新たに発見せられたものは、人間個性の概念とともに、かような政治的国家意識であったのである。「人間」存在と「国家」存在とのそれぞれの精神的基礎づけと、そしてその上に両者の関係をいかに関連づけるかは、爾来、近世を通じて哲学の根本課題となったのである。そうして注目すべきはルッターにあって、この両者が相反立することなくして、互に共存し得たことである。彼は、往々人の解するがごとき、個人主義者では決してなかった。逆説的に言えば、彼は徹底した個性主義者であったが故に、それによって、よく共同体思想の徹底した主張者たり得たのである。

いまや各人が国家的秩序のなかに入り込み、その社会的関係をキリスト教精神をもって滲透し、内面づけ、それによって政治的国家生活を高き精神的価値生活にまで高める義務を説いたのは、実にルッターであったのである。ただ、彼の国家社会倫理思想の特色は、信仰と愛との宗教的心情による自然的＝理性的秩序の肯定と受容にあるのを否み得ない。したがって、その世界肯定の性質は、能動的＝積極的であるよりも、むしろ受動的＝調和的であり、政治社会理論としてはまだ体系的構成を与えたものと称するを得ない。ルッターの偉大さは、哲学者としてでなく、あるいはおそらく神学者としてでさえなく、あくまで一個の信仰の人としてであった。それゆえに、彼からわれわれが読み取るのは、一つのまとまった組織的体系ではなく、むしろ生ける信仰の体験と生の態度である。政治社会論においても、教会論と同じく、多くの矛盾と問題の存するのを否定し得ないとともに、しかし、それだけにまた、そこには、近世国家社会生活の新しい要素と固有の思惟方法が含有されているのを看過してはならない。

そのうえ、彼の根本思想からは、進んで積極的に国家社会道徳の形成原理を演繹し得るものがあるであろう。なぜならば、彼のいう信仰からはやがてその表明として行為が現われ、それが世間のなかに働きかける場合に、決して単なる受容にとどまらずして、現実の社会と実証的秩序との批判、あるいは改革の力とならざるを得ないからである。言いかえれば、もはや所与の秩序に対する単なる肯定と受容として、往々解せられるような当時の農民的中産階級の君主主義の政治社会思想にとどまらず、したがってまた、かような関連において後のドイツ復古主義《レスタウラチオン》の運動に応用して考えられたような保守主義の理論にとどまるものでなく、さらに進んで政治社会制度を理性の批判のもとに立たしめ、これを改革しようとする、来たるべき時代の要求に応ずるものがあるはずである。そうしてルッターにおいて、宗教的心情の生活から発生する道徳と知識の新しい生活理想の支持点は、ほかならぬ政治的社会組織のなかに与えられてある。政治的な結合、国家的社会秩序に媒介せられて、各人の神から与えられた使命が実現せられ、社会的活動の組織が可能となるであろう。この政治的＝国家的なものこそ、信仰から流れ出るこの世における行為の「場所」であり、歴史を新たに形成する組織的力の源泉である。その際、ドイツの国民的一致の必要と国民的統一運動を説き、初めて民族的共同体意識のために準備したのも、またルッターであったのである。

彼は決してそれらの理論を体系づけはしなかったけれども、それは爾来、ドイツ思想の特質と性格を決定したものであり、なかんずく、人間の「自由」の理念と「国家」の理念との結合の問題を中心として、後のドイツ理想主義哲学がそれの上にいかに展開せられるに至ったか。まとまった組織的体系を主として取り扱った本書においては、かような関係から、ルッターをむしろ背景に置いて、その体系的完成としてのドイツ理想主義哲学、なかんずくカントとヘーゲルとを対象としたのであった。われわれはいま、カントとヘーゲルとのいずれが果してよりルッター的であり、彼により忠実であったかを問おうとするのではない。ただ、そのいずれもが、中世カトリシズムのスコラ哲学に代えて、新たにプロテスタンティズムに基づく偉大な近世綜合哲学の構想として、ともに宗教改革者ルッターの体験と思想の体系的組織化であったことを知れば十分である。この意味において、まことにルッターによってかつて人類が持ち得た最大の思想の一つの型が歴史の上に現われたのであり、ここに彼によって語の正しい意味の近世文化の新しい時代が始まったというべく、爾来、近代文化のなかにあって真に宗教的信仰に生きんとする者の、そして同時に、国家的政治を行ぜんとする者の、何人も彼の体験と思想に出発せねばならぬであろう。もとより、それは彼一個の生と体験ではあった。しかし、その生と体験のあり方はドイツ国民の内面的苦闘と真摯な努力の表われであったのみならず、およそ真理と正しきを求め、それの勝利を疑わざる者のあまねく体験内容と生の態度であるであろう。

ルッターを説いて、われわれは彼に次いで起ったなお一人の改革者カルヴィン(John Calvin, 1509-1564)とその流れに言及しなければならない。

カルヴィンはルッターから出発し、プロテスタンティズムに神学的組織原理を与えた人である。その中心思想は、ルッターのごとき、神の恩恵に対する各人の信仰と愛の心情であるよりは、神の主権的意志とこれに対する各人の絶対服従であり、そのために神の意志にもとづく「予定」(Predestination)と、それによって選ばれた者の行為と活動とがより多く前面に現われる。ここに聖書を基準として、宗教的愛の行為を規範化し、信仰の内容に倫理的形式を与え、世間と社会生活の全面にわたって、倫理的＝合理的形成が要請せられた。それは新しくキリスト教理念のもとに、世界教化のための合理的＝目的的な社会形成の全体的計画であって、ここに人は、ルッターにおいてよりもさらに積極的な「活動主義」(Aktivismus)の倫理と、それのみでなく、プロテスタンティズムの立場から新しい政治社会の統一的＝組織的解釈を見いだし得るであろう。

しかし、カルヴィンにおいてその世界教化――広く世界の形成と人類共同社会の建設――の中心を占めるのは教会であり、教会がふたたびそれ自身、固有の組織と秩序をもった独立の共同体としてのぞみ、政治的国家とのあいだには、もはやルッターのような相互の「自由の協約」によってでなく、国家の側における義務的奉仕となり、彼自身ジュネーヴにおいて、その模範的政治の実現を企図したように、キリスト教的統一社会の理念のもとに、全社会生活の厳格なキリスト教的倫理化を要求するものであった。この点において、それはふたたび中世のごとき一種の「神政政治」または「教会政治」の典型をつくり出したものといえる(もちろん、カトリシズムとはちがい、もはや、固有の伝統的権威のもとにおける位階的秩序と普遍的教会の理想を承認するものではなかったが)。そしてその結果は、彼の出発点とするプロテスタンティズムないしルッターの教説と根本において矛盾に陥ったと言わなければならない。

かようなカルヴィンの思想は彼一個の特異《ユニーク》の信仰にとどまり、カルヴィン主義(Calvinism)はその発展において間もなく、矛盾の内在的批判と根本の変更を受けねばならなかった。「新カルヴィン主義」(Neo-Calvinism)の主張がこれである。それはまず右に述べたような教会に対する国家の関係において現われる。けだし、カルヴィンがカトリックの普遍的教会の統一理想を否定して、むしろ教会の多様な存在を承認する以上は、いずれが果して真の教会であるかの判断の基準を欠くことになり、カルヴィンのように、国家が教会に奉仕して、真の宗教を支持するという宗教目的からは、ついに分離しなければならないわけである。ここに「自由な国家における自由の教会」(the free church in the free state)の観念が生じ、国家と宗教との完全な分離が要求せられるにいたった。それとともに、その必然の系として、また教会に対する個人の自由を要求する「寛容主義」(Toleranz)が主張せられ、これは他方に国家に対しては、信教の自由とひいて思想の自由、一般に市民のすべてのあいだに良心の自由の確保の主張となって展開せられるにいたった。

これが現在、われわれがカルヴィン主義として受けとるところの内容であり、もはやカルヴィンその人の教説とは発展変化したものであって、かようにして新たにせられたカルヴィン主義はルッター主義とも相違し、なかんずくカトリック主義が伝統的権威と階統制とをもって、中世政治社会の典型的理論たり得たのに対して、あたかも個人の自由と平等の倫理思想に適合して、よく近世自由主義および民主主義の政治社会理想となり得たのである。そうして、この発展のなかに、初めて「近世自然法思想」の確立も見るにいたったのである。それらの理論の基礎づけを大成したのは誰よりも啓蒙哲学者ロック(Locke, 1632–1704)であった。この啓蒙思想から近代「実証主義」がいかにして展開し、さらにそれとマルクス社会主義とがいかなる関連にあるか。それらの発展において、宗教の問題につき、いかにロックの「寛容」主義からさらに「無関心」、ついに「否定」へと導かれるに至ったかは、われわれのすでに本書において見たところである(二四〇頁以下)。

それは、これまでトーマス、カルヴィン、ある意味ではルッターにおいても、その形式と方法との相違こそあれ、いずれも直接間接、企てられたキリスト教的統一文化の理想に対して、それの断念・放棄ないしは拒絶を意味する。すなわち、新カルヴィン主義や自由主義は、宗教を狭い特殊領域に閉じ込め、これによって宗教の此岸的＝世界的性格を大いに稀薄にする結果となったことは否み得ない。他方、文化に対しては、生の宗教的深味との最後の連関を次第に断ち切ることによって、単に世俗的＝世界的性格を与えるに過ぎず、かくして、宗教と文化とは遂にはまったく異なる出発点、しかり、全形象のまったく相反立する両極として考えられるにいたり、人間の全体的生を二つに引き裂くこととなったのである。そこに自由主義ないしは民主主義文化、おしなべて「近代文化」の無宗教的性格への転化が始まり、信仰の自由と寛容の名のもとに無神論を生み出し、その文化の極めて外面的浅薄化となって現われ、いわゆる近代「文明」への転落を見るにいたったのである。かような宗教の問題を中心として、現代ヨーロッパ文化の危機の根本原因が存するのであって、これが危機の克服を目ざして興ったナチスが問題の解決でなく、かえって矛盾と混乱であるとすれば、そもそもヨーロッパ文化の危機はいかにして打開せられ、ヨーロッパ精神は将来いかにして建設せらるべきであるか。これはわれわれの求める新しい哲学の体系的構造、特にその宗教と文化との関係の問題でなければならない。

六

およそ哲学あるいは世界観の体系の問題は「個性的」であり、もろもろの国民または個人によって多様なるべく、人類一般に普遍的に妥当する世界観または哲学体系と称するがごときは考え得られない。何故ならば、もろもろの国民または世界において、たとい人間の品位や価値、あるいは形式的な善や正義というがごとき、ある種のきわめて抽象的な概念が広まったとしても、なお現代の人類と世界に共通する文化内容を組織化することは不可能であるからである。しかるに、カトリシズムはまさにこれを目ざして、人類全体を包括するキリスト教文化組織と普遍的な神学的世界観を要請し、別してはトーマスの哲学を中心に、世界のカトリック学者が協同して、不断に護持し、弘布して来たのである。そうして、人類全体を具体的な精神的統一体と解するところに形而上学的独断が存するとともに、スコラ哲学自身その内的精神と外的組織において幾多の自己矛盾と混淆とを包有することは、われわれの見たごとくである。

プロテスタンティズムにおいては事情は異なり、このような問題は初めから「個性的」「多様的」であり、創造的な偉大な哲学者・思想家が、自己の体験とそれぞれの時代の要求にもとづき、たがいに相承け、相超克しつつ、人生と世界の統一的な把握に努力し来たったのである。近世は、実証主義やマルクス主義における「近代精神」の帰結を見て、ある人びとの言うように、無体系・無哲学に始終したわけではなく、たといまだ完成されてないとはいえ(おそらくそういう時期は到来しないであろうが)、それぞれの固有の仕方において、文化の綜合と統一的体系の樹立に専念して来たのである。われわれはそれを、なかんずくドイツ理想主義哲学の発展において見ることができる。そこには、カントに始まりヘーゲルにいたる優れた天才たちが、いかに広大な体系の樹立を目ざして労作し来たったか。それらはいずれも、プロテスタンティズムの上に立ちつつ、新たに宗教と文化との綜合の問題を、中世スコラ哲学とは異なる方法によって、解決しようとの哲学的努力にほかならない。たとい彼らのあいだにニュアンスの相違や形式の差異があるとはいえ、この一事については共通である。

宗教改革が原始キリスト教に立ち還ることにより、中世のごとき宗教の政治化ないしは合理化に対して、宗教の独立に決定的転回を与えたことは重要な意義であるが、そのことは決して宗教と文化との断絶を意味するものではない。キリスト教がギリシャ精神とはまったく異なる新しい世界を宣示した意味においては、ギリシャ文化をも超出して起ったものであるが、それはやがて新たな宗教的生命をもって、人間と世界とにまったく新しい意味と価値とを与え、その実現を要請しなければやまない。言いかえれば、キリスト教は永遠的者を単に時間から分離しただけでなく、ふたたびその中に持ち込み、それによって各個人のみならず、世界の生と現実を肯定し、これを新しいものに変えようとし、いわば純粋の精神生活の要求するものを歴史的現実の中にもたらさねばやまぬのである。キリスト教の成立によって生じた一切「価値の転倒」または「価値の転換」は、在来の文化と価値の永遠の否定ではなくして、否定を通しての新たな肯定でなければならぬ。この意味において、キリスト教は当初から高い新たな文化の要求を担って起ったものであり、人類歴史はこれによって新たな目標を受けとり、高き文化理想をみずからに課するにいたったことは、本書の詳しく論叙したところである。そうして、イエスの教えがあえて道徳の破壊ではなくして、かえってその成就であったことを引証して、政治社会文化についても、その否定ではなくして、宗教との関係において新たな意義と課題が立てられねばならぬことも、著者の説いたところである(二〇二—一〇四頁)。

われわれが前項において改革者ルッターの信仰について考察したところは、またそれ以外のものではなく、いわゆる「心情」「良心」の道徳、「信仰のみによる」道徳は、田中教授の解するように、行為・業績を排除するものでなく、むしろ一般に世間生活への喜ばしい肯定と活動とがそこから湧き出て、新たな文化の価値の創造に向うものであった。これは文化の「自律」(Autonomie)の意義であって、中世のごとき、すべての文化は教会に直接奉仕し、その真理性を強めるかぎりにおいてのみ許容せられ、価値ありとせられるのとは根本において異なる。文化の負荷者あるいは主体はいまや個性であり、文化価値に対する個性の自由な態度が根底である。かような自由は、もはや近代自由主義のごとき自由ではなく、超個人的な自由、精神の自由であり、かような自由に裏づけられて、初めて文化の自律が可能となるであろう。

重要なのは、各個人の心情・良心において神的生命と直接に結合することであり、それによって、一切の外的権威に対して内面的独立を保つことである。なぜならば、信仰は、結局、人間的欲望と表象の所産にほかならぬ伝統と社会秩序によって允許《いんきょ》されるものでなく、深く人間個性の魂の内奥において行われる超経験的事実であるから。この意味においては、人はできるかぎり、まず文化の世界から超越して、個人的心情の内面に沈潜し、個人的心情と確信とにおいて宗教の純粋性を維持することを心がけなければならぬ。かような態度にとどまるかぎり、世間的文化作業から来た矛盾によっては、信仰そのものは毀損せられずに済むでもあろう。現在、危機の神学が終末観的信仰によって、一切文化から宗教の分離を主張するのも、この境位にとどまるものと言えよう。しかも、彼らが、それを固守するとき、キリスト教と文化との関係は永久に切断せられて、言うところの「福音主義神学」は単なる「狂信的敬虔主義」となり、文化の領野は浅薄化せられ、ついに荒廃に帰するに至るであろう。その際、彼らは好んでルッターに依拠するけれども、それはルッター的信仰の半面であることを忘れてはならない。われわれは、出でて世間生活および文化的作業と勇敢に闘い、これを宗教的精神をもって克服し、滲透することに努力しなければならない。何故ならば、文化は決して生の外郭の出来事ではなく、深くわれわれの精神の全体生活のなかに入り込んだ事柄であり、世間的＝文化的形成の努力との闘いにおいて、われわれの宗教的内面性は現実性と確実性を取得するからである。

そうして、いまや文化の新たな形成の力の源泉は無限の精神的生命であり、かようなものとして、それは超人間的「事実性」である。かような根本事実の体験は、人間の裡よりほかにその場所を持つものではないが、それは決して単なる主観的想像や心理的感激ではなくして、もはや絶対的な超人間的「神的事実」である。生はそこにおいて人間を超え、また、そこから人間に作用する。かような精神的生の創造力に導かれて、人は世間生活と文化作業に赴くのである。「主体的能動主義」の倫理はここから生じ、精神的「自律」の意義はここにあるのである。

かような「自律」の概念は、ヘーゲルでなくして、かえってカントにおいて見いだされると思う。ただ、カントにあっては、宗教があまりに合理主義的、かつ道徳的に把握されたところに難点があった。言うところの「意志の自律」と宗教固有の神的意志とが、いかにして連繫されるかは確かに一つの問題たるを失わない。それは単に概念の外的把握をもってしては、矛盾のごとく見えるでもあろう。なぜならば、「自律」は通常、あらゆる依存関係の拒否——より高き意志に対しても拘束の拒否——として考えられるのに対して、宗教的信仰はおよそ神の意志への絶対的信憑と服従関係を中核とするから。しかし、意志の自律は、もとこれによって高き精神的自我への高揚にほかならず、かようなものとして、直接に超個人的な無限の神的意志を自己の本質として承認することにほかならず、そしてそれがまさに宗教固有の意味であり、宗教的神秘に属する事柄でなければならない。けだし、人間意志の裡に神的生命の現存を自覚し、この生命を自己の本質として意識すること、それによって無限の神性に関与することは、取りも直さず、キリスト教における神性と人間性との本質的結合にほかならない。

かようにして、文化は単に人間的作業たるにとどまらないで、精神的生の建設は、宗教より見れば、もはや神性に属し、神的命令と義務にほかならぬ。われわれの宗教的信仰と文化的活動とは、田中教授の問題とせられるがごとき「無関係」や「没交渉」では決してなく、プロテスタンティズムの立場においても、否、その立場においてこそ、より内面的に結合せられ、信仰から文化に対してより積極的に働きかける生々の力を有し来たるであろう。それが倫理的性格を有することに疑いはない。ただ、倫理的生として特殊の領域に限局された世界ではなくして、生の諸領域、文化の全領域を包括することを妨げない。この点において、われわれは自律の概念をカント自身よりも広く解することを必要とし、彼のあまりに「道徳主義」的な一面性は止揚されなければならぬ。すなわち、自律的な人間が自発的に従う規範は、ひとり道徳の倫理的領域に限ることをもって満足せず、広く学問・芸術および国家生活においても、およそ独立価値を有する財の存在すべきところでは、必ず自律的な人間がなければならぬと解するのである。

そうして、以上のことは、一般に自然法思想の思惟するような人間の「自然性」においてでなく、自然と区別して独立固有の世界である精神的「文化価値」の世界を場として行われる。ここに道徳・国家・学問・芸術が、単なる人間性の生成発展でなくして、結局、人間における固有の精神生活のうちに神的理念の顕現を意味する。かくして宗教は、個人に道徳的善を獲得せしめるにとどまらず、精神生活の全体を通じて、人間の全存在の領域の深所において価値を創造し、歴史的現実の形成に与らなければならない。人道あるいは人類愛というのも、またカントの形式主義の倫理も、sola fide の主張と矛盾するものでなく、いまやそれ自体、その本質において、神性の内在に対する信仰と不可分に結びつけらるべく、永遠の超自然的力が人間のあいだに現存することの信仰にほかならない。なかんずく歴史的具体的な国民または民族共同体の思想は、単なる自然的＝生物的存在としてでなく、永遠の神的理念の地上における顕現として、この世界における強大な力を通して超越世界の確信を形成する。そうした神性の確信と宗教の力ほど、個人を内面において深化し、また同時に国民の個性を確固不抜たらしめるものはない。

もちろん、宗教は自己自身のうちから全世界像を生み出させるのでなく、学問・芸術・国家などはそれぞれ固有の原体験を有し、その関係においては宗教に対しておのおのの独自の存在を要求し得べく、かの聖典の解釈からそれらの存在を規律する一切の規範を抽出するごときは不可能と言わなければならぬ。しかし、精神的価値生活の全体のなかにおいては、文化は宗教と結合・協働するのである。しかもその意味は、中世のように教会が中心となり、聖典や自然法の一定の解釈によって人間の文化活動を指導し、国家社会がこれに奉仕するのではなく、いまや自由な個性が、みずからの責任において、反価値・反精神的、その意味においてまた反宗教的の思想とは断えざる闘いのなかにおかれるのであり、政治的共同体である民族的価値国家がこれに協働するのである。したがって、カトリック側の評するように、文化の世界内において、価値も反価値も、たとえばマルクス主義も無政府主義も、一切と矛盾なく常に提携し結合するものではない。

これらの文化闘争は、外部から見れば、果てしなき無効の戦いのごとく見えるでもあろう。しかも、宗教の根本確信はこの闘争においてますます拡大せられ、もろもろの反立・対抗の唯中に精神の内的建設は徐々に進行し、不可視の世界との結合をいよいよ確実ならしめる。われわれの生活は決してただ希望なき彼岸における慰めではなく、いまの現在においても神的絶対の前に緊張と充実の生活である。その意味は永遠のいまの絶対の存在というのでなく、むしろわれわれの存在は永遠の未完成である。宗教に固有なのは決して対立と矛盾を弁証法的に止揚するのでなくして、それを深めること、そして人生と世界の全体を次第に高めることでなければならぬ。かかる精神的生活の事実こそは、宗教的真理の証明にほかならず、このような宗教的根本真理なくしては、深い意味の学問も芸術も道徳も国家生活も成り立たないであろう。人が宗教を否定するとき、真の意味の精神生活も個性も決して獲得されないであろう。かようにして、宗教が精神生活の全領域に高くあまねくゆきわたるときに、初めてみずからにふさわしい位置を保ち得るであろう。そうして、世界の歴史的状況をただに承認し受容し、常にこれに適合するというのでなく、かえって宗教が独立の理念として固有の力をもってみずから作用し、闘うことが肝要であり、特にこのことは近代文化と近代世界に対して主張されなければならぬ。もって、ひとり個々人の救いにとどまらず、人類と世界全体の高揚と更新に向わねばならぬ。

そのためには、新しい形而上学的要請を必要とするであろう。すなわち、われわれの内面的生をそれ自体一つの世界にまで拡め、自己固有の精神の共同体として、独立の「国《ライヒ》」にまで高めなければならぬ。しかし、われわれ人間に関するかぎりは、われわれ自身の精神の裡に緊張と自覚がまだ生ぜず、まだ新生のための闘いの焔が燃えないあいだは、この固有の内的世界は開示されるものではない。イエスの人格において象徴せられる生の新しい体様と精神的創造的生とそれを中心とする無限の新しい精神の共同体としての「神の国」の理想は、かような内的世界以外のものではない。しかも、それは単なる「教養の宗教」ではない。教養人の単なる思惟像でなく、何よりも自己内奥の「事実性」に根拠し、それによって感覚的なものよりも超感覚的なもの、見えるものより見えざるものの把握を確実ならしめる。それは知的教養を要件とせず、ただ、われわれの心的生活の真実さを要求するのである。かようにしてそれは、もはや文化の世界を超出する。文化はわれわれの生の完成のためには必要なるも、人間は文化において最後の錨の場所を有しはしない。それはすべての文化を超えた内的超越の世界であり、そこで初めて主観と客観、当為と存在、一切の対立を止揚する期待がかけられてある。

このような世界の存在は、しかし、われわれの理論的知識にとっては、どこまでも課題であり、理念たるを失わず、科学的認識によってはこれを肯定することも否定することも、ともに論証不可能としなければならぬ。それはわれわれの批判的認識の限界を超え、いわゆる価値の極限にあるものと考えざるを得ない。しかし、それにもかかわらず、宗教は必然に究極の統一として、形而上学的要求を欠き得ないとすれば、われわれの理論理性が肯定も否定もなし得ないこれらの領域について、哲学と矛盾しない思考によって、世界全体の学術的把握を補うことは差支えない。ここにカントの排斥したような絶対的実在または超越的対象に関する知識としての形而上学ではなく、新しい別の意味の形而上学的領域の指示について、哲学は異議をさしはさむべき権利を有しない。何故ならば、哲学が片面的でなく、あくまで包括的な価値哲学体系たろうとする場合、理論的と同時にこれらの非理論的価値をも理解しようとする者にとって、上記のことは反対されるべき理由がないからである。

以上は、形而上学の問題と関連して、著者の覚書として少しくここに記したまでであって、その根本の原理と基礎については本書において述べておいたところである。それは石原博士の観察されるような著者の単なる「確信」にとどまるものでなく、また単に「過去の思想家の教え」としてただに「すべて偉大なる国家理論が究極において宗教に関連する」ことを証明しただけでなく、そのいかにして関連するか、まさにその関連の仕方、あり方を問題として、これが分析的解明と何よりも批判において、三谷氏にはかえって著者の立場が前面に出過ぎると見えるほどに、著者の見解は随所に明示されてあり、それによって「著者の言葉」によってもこの確信の論証を試み、かつ問題の将来の解決の方向に連関して、積極的に著者の理論的体系の根幹をも提示しておいた（なかんずく第二章第四節および第四章三二〇頁以下参照）。それらの理論の構成に当って著者の立場を、田中教授が、マルブルヒ学派の耆宿《きしゅく》、故シュタムラー教授のそれに擬せられるのは、一面、著者の光栄でもあろうが、シュタムラーがおよそカントの形式主義の方法を徹底し、否、まだそれを不十分とし、「綺麗に舐《ねぶ》った骨からなお肉の繊維をも発見しようとして」（ラードブルッフ）、他面、カントの豊かな精神的内容と世界観的パトスを濾過し去ったのと比較して、本書を一読した者の、誰か同一に論ずる者もなかろうではないか。著者はそこに註しておいた通り、むしろヴィンデルバンドやリッケルトらの西南学派に関心を持ち、その上にトレルチュやオイケン等に汲みつつも、何よりも乏しきながらみずからの体験と思索にもとづいていささか努力して来たのである。

著者の立場が、単なる形式主義やいわゆる概念法学と相去ること遠く、かえって非理論的・非合理的なものが前提せられ、むしろ直接の経験内容から出発して、そのなかに理解せらるべき叡智的意味内容の解明につとめるのは、文化哲学共通の特徴と称していいであろう。しかし、哲学が一方、理論的であるかぎり、概念や形式はあくまで重要であり、そのかぎり、われわれの哲学的叙述が「抽象的」「形式的」であることは、何ら恐るべき理由がなく、むしろ確然と把持されなければならぬ。何故ならば、われわれは一方、文化の諸問題について、歴史的＝具体的な内容を顧慮すると同時に、他方、普遍的理論によって、文化生活の普遍妥当的な意味を解釈しなければならず、すでにそのこと自体、事を抽象的に思惟する必然性を前提しているからである。かようにして、著者が提示した国家社会および人類社会に対する要請について、それらの抽象的・形式的な点に「一々同感」する読者は、哲学的にはもはや著者の根本主張と論結に同意したものと見なしていいであろう。

七

しかし、ここになお一つの問題がある。著者がわが国将来の重要問題として示唆した「日本的キリスト教」についてである。田中教授は、キリスト教は「単に相対的」な文化現象とは異なる「普遍的人類的」な問題に属するとして、かようなキリスト教の日本化に反対されるのである。けだし、世界観をはじめ、教理・礼典・権威などの単一公共性を旨とするカトリシズムの立場においては当然のことであるであろう。これに対して、もともと教理や組織の多様性の中から興ったプロテスタンティズムにおいては事情はおのずから異なるものがある。元来、文化が「普遍的かつ歴史的民族的」問題であるのに対し、何故、宗教的信仰は単に「普遍的人類的」であらねばならないか。キリスト教が世界・人類の普遍的救済の宗教であるということと、同時に歴史的＝国民的性格を有するにいたるということとのあいだに、矛盾はないはずである。

これを哲学の問題として考えるときに、宗教も文化の此岸に行われるかぎり、国民的＝歴史的生活のうちに発展し、したがって、歴史的＝個性的性格を帯びるのは論理的必然であり、他方に、学問・芸術の文化もその民族的＝歴史的制約にもかかわらず、単なる相対性を超えて、よく超歴史的＝超国民的に理解することができる。これは一方、いかなる人間——宗教的人間も、民族的＝歴史的共同体を超えて、その外に立つことは不可能であり、いずれも歴史的に限定せられ、民族あるいは国家の一員として生きることにもよるのである。キリスト教は世界宗教として、すべての時代と世界を通して同一なる確定不動の本質をみずからに保有せねばならぬとともに、それにもろもろの民族の特殊な歴史生活が伴うのを妨げるものではない。かようにして、本来、古代的国民国家の境界を超えて、普遍的＝人類的な要請をもって興ったキリスト教が、一方、超国民的＝超歴史的であるとともに、他方、歴史的＝国民的に限定せられ、かように歴史的に限定された国民的＝歴史的性格を顧慮することなくしては、キリスト教も十分理解し得るものではない。

だが、そのことは、石原博士などの考えるように、日本にはヨーロッパとは違い、キリスト教精神そのものに何か「限界」や「制限」があるというのであってはならない。かくては、もはやキリスト教としての本質を喪失するにいたるであろう。また、それは、現下の時局に遭遇して、にわかに英米教会と絶縁して、日本全体の教会の連合統一を結成するごとき「組織」の問題ではない。かくては、「国家的教会」とはほとんど選ぶところがなくなるであろう。いうところの「日本的キリスト教」とは、何よりも、そうした教会の組織やドグマの「権威」から自由独立でなければならないことを本書において力説したのであった。

まことに、プロテスタンティズムに内在する根本の問題は「教会」にあると思う。ルッターがカトリック教会に抗して教会を一層内面化し、唯一の真の共同体として、むしろ「見えざる教会」の理想を強調したことは、たしかに宗教改革の意義であった。聖なる教会も、またそこに行われるサクラメントも、もはや人を義とするに足らず、ただ信仰を通して直接神によって捉えられた人びとの全体――それは不可視なるにもかかわらず、この世における唯一の共同体であって、場所と時間を超越して一つに連なる実在であるというのは、生涯、彼の不変の理想であった。しかるに、彼が同時に実際的見地から「見える教会」を承認したことから、ついにルッター教会が「国教会」制度に堕したことは、一つの大きな矛盾であった。爾来、教会問題はプロテスタント陣営内における果てしない紛争と抗争、対立と分離の不幸な原因を醸成するにいたったところのものである。ついにキリスト教そのものに対する反対よりも、むしろ教会の組織形態に対する異見から、同じくプロテスタント内に「教派」(Sekten)が発生し、ルッター的国教会を否定して、ある者は独立の自覚的なキリスト者の結合を理想とするにいたった。さらに進んで、思想的・政治社会的領域において近世自由主義ないし民主主義の台頭にともなって、宗教生活においてもそれぞれ自由の組織を要求するにいたったことは、いずれもすでに述べた新カルヴィン主義の影響によるのであった。

しかし、何かの組織制度として「教会」を承認する以上は、教会の可及的自律を主張し、客観的な恩恵の共同体として何らかの伝統の上に、礼典と救済の制度としての意義を要求せざるを得ない。かようなものとしてプロテスタント教会は、常に種々の要求のあいだの妥協と政策の結果にほかならず、カトリック教会の徹底せるに比較して、むしろ中途に止まれる観なきを得ない。

われわれは、かえって宗教改革の精神を推し進めることによって、カトリック教会はいうにおよばず、かようなプロテスタントの、一般に教会概念の超克に向わなければならない。かの中世的思惟方法の特徴とするところの、感性的手段の助けによってのみ超感性的存在を表現し、精神的なものの実在をば感覚的形体化に結びつけることによって、精神と人格との宗教を奇蹟と徴しとの宗教に化することを思い止まらなければならぬ。「人類の一般の感情において、もはや象徴と真理とが矛盾するにいたるときは、合目的性の考察は真理の要求に譲らなければならない」(オイケン)。「見えざる教会」はそれ自体実在し、しかも彼岸において開始せられるのでなく、すでに「事実」として此岸に存在するとの信仰は、あくまでキリスト教の核心でなければならぬ。われわれは、どこまでも見えざるものを見えざるものとし、精神を精神とし、イデアルのものをイデアルのものとして把握し、確信する力を喪失してはならない。この「見えざるもの」の本質を宗教のなかに新しく取り入れたことによって、中世は終りを告げ、ここに近世理想主義が始まったと称していい。

キリスト教の「神の国」の共同体性は、いかなる方法——たとい可及的自由の組織をもってしても、現実には具体化し得られず、最後まで不可視の教会として取りおかなければならない。そうして、かくのごときは、ルッターの信仰の純化、宗教改革の精神の徹底化であり、したがってまた原始キリスト教への復帰にほかならず、神により直接結合せられることによって成り立つ自由なる人格と、その愛の共同体理想の復活にほかならない。そうして、銘記すべきは、教会と信条の設定について何事も説かなかったイエス自身のキリスト教の本質は、これによっていささかも毀損されるものでないということである。

ヨーロッパ世界に教会が発展して来たのには、固有の伝統と歴史的環境を必要とした。いま欧米のごとき何らの歴史と伝統を持たないわが国に必要なことは、それを創りまたは模倣することではなくして、ヨーロッパ世界とは異なった出発をなすべきであろう。何か。それは原初にしてかつ新たな方法である。すなわち、ひたすらキリスト・イエスの人格において象徴せられるごとき神的絶対理念との結びによって、内面的に更生された新たな人格的関係である。そうしてそれには、長い歴史を通じ君臣・父子のあいだの絶対的忠信と信従の関係を実践し来たったわが国には、ただに絶対主義的・封建的道徳という以上に、それを超えた、固有の高い道徳的基礎を欠きはしない。かようにして、国民の各個がこの聖なる深き結合関係に入り込み、ついには全体のわが国民的共同体が、真の神的生命によって充たされるにいたるまで、神の国の形成は已まないであろう。しかるとき、日本国家の内的基礎は最も鞏固な永遠の精神と地盤の上に据えられたものとなるであろう。「日本的キリスト教」とは、これ以外のものではないのである。その他に、いかなる現代の宗教運動と宗教哲学からも――しかり、無の弁証法や神秘的汎神論からも、真に何事をも期待し得ないであろう。

以上のごときは、往々「無教会」主義の名をもって呼ばれるところのものである。それをかくのごとく徹底して唱道した近世思想家としては、ヨーロッパにおいてはおそらくキェルケゴールを挙げ得るであろう。彼はニイチェと同じく当時ヨーロッパの宗教界の現状――その官能化、政治的権力化と道徳的頽廃に反対し、しかし、ニイチェのごとき「超人」の理想ではなく、あくまで神の前に謙虚な「孤独の人」を説いたのであった。わが国において、キェルケゴールの役割をさらに預言者的洞察と情熱とをもって果敢に実践したのは、内村鑑三その人であった。今より約半世紀前、わが国に西洋文明の流行旺盛を極め、キリスト教界また英米教会の糟粕を嘗めつつあった時代に、およそドグマと制度の教会の権威に反対して、敢然純粋福音主義のために闘ったのは彼であった。だが、彼はしばしば国人に誤解されたごとき個人主義者では決してなかった。著者の解するところによれば、彼はキェルケゴールのように単に神の前における「孤独の人」を説いたのとは異なり、神の前に真の「日本人」たることを教えたのであって、彼の無教会主義信仰の裏には、燃ゆるがごとき祖国愛が脈うっていた。

キリスト教がわが国体と相容れるか否かは、もはや論議を超えた問題である。それは三谷隆正氏の言えるごとく、「……問題はもはやキリスト教を取るか捨てるかではなくて、これをいかに摂取するかである」。日本民族は、これまで世界的宗教たる仏教を摂取して、すぐれて日本的なものに創り上げたのであった。近世の初め、ローマ的＝ラテン的キリスト教から独立して、第一の宗教改革を断行したものは、ゲルマン的ドイツ民族であった。これによって人類に普遍的なキリスト教共同の使命を保持したと同時に、古代のドイツ人がかつて受け容れたものの中から異質的なものを排除することによって、よくドイツ的キリスト教を完成したのであった。同様のことが、将来第二の宗教改革として、東洋の日本民族によって遂行し得られないと、誰が断言し得るであろうか。否、その礎石はすでに築かれたと見ていい。それは第一の宗教改革が原始キリスト教を再現しようとしてできなかった原因を芟除《さんじょ》するものでなければならない。そうして、それが何よりも「教会」を問題とするものであることは、上に述べ来たったところによって、もはや明白であるであろう。日本が将来、世界の精神界に寄与し得る大なる一つの道は、この本来東洋的にして世界的なキリスト教の東洋的還元と日本化にあると思われる。そして、そのことが完成せられる暁に、それを核心として、新たな意義において世界的なる新日本文化の展開を期待する者は、ひとりわれわれのみであろうか。

八

かようにして問題の核心は、教会と国家との関係にあるのでなく、それを超えてあくまでキリスト教精神と国家精神との関係にあると思う。それをふたたびヨーロッパ精神史について見るとき、近代実証主義とマルクス主義とを承け、それを克服しようとして興った現代ドイツ・ナチス的精神が、ニイチェと同じく、何故カトリックおよびプロテスタントを通じてキリスト教一般を否定し、「権力への意志」を高唱して、むしろ古代世界への復帰に向ったたか。それは一面、これまで中世から近世にわたって、おおよそ政治的国家が手段的・従属的関係におかれ来たり、価値的・原理的なものは国家の外にあり、国家は単に権力的手段視または機構視せられ、みずからのうちに自己自身の存在の根拠を有するものと見なされなかったことによる。ナチスは、むしろそれを徹底して、そうした自然的存在の背後に、かえって「暗き深淵」を覗かしめ、新たに国家の種族的＝生物的存在の力を強調することによって、巨大なデモーニッシュの国家をつくり、あらゆる精神的＝価値的なものをみずからのうちに引き寄せて、みずから生の根源的な創造的原理たらんとするものと解して差支えない。ここにヨーロッパ文化の伝統であるギリシャ的真理概念もキリスト教理念も、すべて民族的非合理的価値に吸収される結果になったのである。

現下のヨーロッパ大戦は、ある意味において、いままであまりに貶下し、蹂躙せられて来た「政治的真理」の報復であり、「国家理性」の高揚と考えることができよう。民族的政治共同体それ自身、一個の偉大な個性として、自己の存在の権利とその政治的＝歴史的現実の価値の主張である。けだし、かくのごときは、西欧精神はもちろん、ドイツ理想主義のヘーゲル哲学によってでさえいまだ確立されなかったところ、またロマン主義といえどもついに逸し去ったところのものである。この関係において、好むと好まざるとにかかわらず、いまや人類はこの偉大な世界の政治的現実の前に立たされており、あたかも現代に思惟する何人もニイチェを回避して哲学し得ないと同様、ナチス的国家観と対決することなくして、政治的真理を把握し得ないであろう。

しからば問題は、ナチスにおけるこのような新たな「政治的現実性」の意義が、ほかならぬドイツ理想主義——ひいてギリシャ主義とキリスト教精神との、永遠の離反に終るであろうかということである。そこに重要な今後の問題が横たわると思う。われわれは、かの本来のドイツ精神の深味を想起しよう。それは、いかなる現実のなかにも理念を持ち込み、理念と結びつけ、それに従って形成しなければ已まぬ精神であった。ドイツ固有の「ライヒ」にしても、その意義は「王国」あるいは「帝国」であるよりは、むしろ「精神の国」「理性の国」にある。民族共同体は、その存在の根拠を現実の深いところにおくと同時に、ついにそうした高い精神の世界に連なり、それによってみずから文化の価値個性としての意義を獲得せずには已まない。さらに、国民をして真の統一的全体たらしめる最深の根拠は、これを永遠なる神的理念と、時間を超えて妥当する絶対的真理概念を措いては、他に求め得られないであろう。ここにふたたび純粋なキリスト教理念とギリシャ主義への通路が開かれないであろうか。ドイツ国民は将来ふたたびこの道を自分で発見するであろう。それはほかならぬカントやルッターの歩んだ道であって、著者が一方ナチス的精神の時代的意義を汲むに吝《やぶさ》かでないと同時に、他方その批判追及を忽《ゆるが》せにしないのは、このためであって、およそナチス的世界観ならびに国家観の基礎とその政治的独裁原理の大なる危険と覆うべからざる過誤については、もはやここに繰り返さないであろう。要するに、国家共同体は、それを構成する個人の自律、言いかえればその宗教的信仰ならびに文化的作業の自由の意志による内面的紐帯なくしては、決してみずからの自律性を確立し得ないということである。

この本来のドイツ精神の回復と同時に、ドイツ国民は一般にヨーロッパ文化と共同にし得る「世界主義」の理念をもふたたび見いだすであろう。それが見いだされるとき、その基礎においてのみ、ヨーロッパの真の秩序が樹立されるであろう。本来、このヨーロッパの秩序――その道徳的・社会的秩序が、なかんずく近代西欧精神によって破壊せられ、不具にせられるに堪えずとして興起したドイツ国民は、そのかぎりにおいては、その国民の歴史と運命を賭けて、世界史的転換の事業に呼び出されたものと称していいであろう。他の諸国民は、好むと否とを問わず、みなこれを中軸として、あるいはこの側にあるいは反対の側に立つことによって、そこに全ヨーロッパの、否、全世界の文化的・世界観的一大闘争が展開せられつつあるものと見ることができよう。だが、ドイツの前途は苦難に充ち、必ずしもさように容易に究極の勝利者たり得ないであろう。だが、彼らはたといいかなる廃墟のなかからも、ふたたび新しいヨーロッパ文化と平和の秩序の創造に参画するであろうし、また、せしめねばならぬ。

そのことは、ヨーロッパ諸国民、全人類の共同の課題として認識せられることが重要である。しかもそれには、単なるヒューマニズムでなくして、いままでよりも一層内的に人類相互を結びつけることを必要とし、そのために諸国民のあいだに緊密な精神的紐帯の結合と深い内面からの新たな建設を必要とする。現今、政治・経済の外的世界がさように強く働きかけ、われわれの上におし迫る時代においては、他のいずれの時代よりも、一層われわれ自身における内面的沈潜と、それによる力強い内的生活の形成が不可欠である。端的に言って、宗教——独自の精神の世界の開示が必須である。かようにして、おのおのの人間の魂に神的絶対者を映し出すことによって、人間の裡に新しい世界、行の世界を開くと同時に、かような人間を真の精神文化の闘士として固く共同体に結合せしめることが必要であり、そうして、それはもはや民族共同体を超えて広く世界と人類に結びつけねば已まぬであろう。かようにして世界のうちに、それぞれ諸国民相互のあいだの協同によって、新しい世界の道義的＝政治的秩序が創られねばならない。

その際、個々の宗教のほかに、ついに全人類を包括せねば已まぬ世界的＝普遍的宗教としてキリスト教は、何よりも心情の純粋の内面において新しい世界を開き、万人をそれに結びつけることによって、最深かつ不変の基礎を供すべく、この点においてカトリシズムとプロテスタンティズムとならびにその諸教派は、キリスト教内部の対立を超えて、同じく世界歴史的現実のなかに不可視の「神の国」の建設を目ざして、共同の事業に参加することが要求されるであろう。

(1) K. Schilling, *Geschichte der Staats- und Rechtsphilosophie.*（出隆教授『ギリシャの哲学と政治』参照。）

(2)『国家学会雑誌』第五十七巻第二号、堀豊彦教授『中世紀の政治学』の紹介批評参照。

南原繁年譜

一八八九（明治22）〔0歳〕　九月五日、香川県大川郡相生村（現在東かがわ市）に、婿養子三好貞吉と母きくの次男として誕生（長男は生後まもなく死亡）。

一八九一（明治24）〔2歳〕　十月、父貞吉離籍。

一八九四（明治27）〔5歳〕　八月、日清戦争起こる（翌一八九五年四月終わる）。

一八九五（明治28）〔6歳〕　四月、香川県大川郡相生尋常小学校に入学。一学年より四学年までの在校中、担任の阿部正樹訓導の薫陶を受ける。

一八九九（明治32）〔10歳〕　四月、香川県大川郡白鳥高等小学校引田分校に入学。在校期間、別に三谷栢之介につき漢籍を学ぶ。

一九〇一（明治34）〔12歳〕　四月、香川県大川郡教員養成所に入所し、一般科目のほかに教育学・教授法・倫理・心理学の科目を履修。

一九〇二（明治35）〔13歳〕　三月、小学校準教員検定試験に合格。四月、香川県立高松中学大川分校（翌年独立して大川中学校）に入学。とくに国・漢担任の福家幾太郎教諭、英語の鈴木熊太郎教諭、西洋史の大川利吉教諭の指導を受ける。

一九〇四(明治37)[15歳]　二月、日露戦争起こる(翌一九〇五年九月終わる)。

一九〇七(明治40)[18歳]　三月、香川県立大川中学校卒業。七月、第一高等学校(一部甲類)に入学。同級に三谷隆正・川西実三・森戸辰男・岩切重雄・真野毅・佐口文六郎・村井四郎・荒井誠一郎・樋口実・三枝茂智・鈴木敬一らがいた。在校中、新渡戸稲造校長の思想的感化を受ける。

一九一〇(明治43)[21歳]　六月、幸徳秋水ら、大逆事件関係者として検挙される(翌年一月処刑。二月、一高弁論部主催の徳冨蘆花の「謀叛論」の講演を聴く)。同月、第一高等学校卒業。七月、東京帝国大学法科大学政治学科入学。十二月、無教会主義の創始者内村鑑三の聖書講義に出席。たまたま同時に初めて出席した坂田祐・鈴木錠之助・松本実三・星野鉄男・高谷道男・石田三次の七人をもって「白雨会《むらさめ》」を組織する。さきに組織された「教友会」「柏会」とともに、後に「柏木兄弟団」に統合。大学在学中、とくに小野塚喜平次教授の「政治学」「政治学史」および筧克彦教授の「法理学」の講義に傾倒。

一九一四(大正3)[25歳]　七月、東京帝国大学法科大学を卒業。第一次世界大戦起こる。十一月、文官高等試験に合格。十二月、内務属に任ぜられる。

一九一六(大正5)[27歳]　十一月、星野百合子と結婚。

一九一七(大正6)[28歳]　三月、富山県射水郡長に任ぜられる。在任中、郡内十四カ町村にわたる排水工事ならびに耕地整理を計画。また郡立「農業公民学校」創設を立案。十一月、ロシア十月革命。

一九一八（大正7）［29歳］　二月、長女待子誕生。十一月、第一次世界大戦休戦成る。

一九一九（大正8）［30歳］　一月、内務省警保局事務官に任ぜられる。在官中、わが国最初の「労働組合法」草案の作成に携わる。

一九二〇（大正9）［31歳］　十一月、内務事務官に任ぜられる。

一九二一（大正10）［32歳］　五月、次女愛子誕生。内務省を辞し、東京帝国大学助教授に任ぜられ、法学部に勤務。八月、在外研究のためヨーロッパに出発。十一月、英国着。ロンドン大学（経済・政治学校 London School of Economics and Political Science）にて研究。

一九二二（大正11）［33歳］　五月、ドイツに移る。ベルリン大学にて研究。法哲学担当のルードルフ・シュタムラー教授の個人指導を受ける。ベルリン滞在中、同教授の当時未完の論文「近世法学の系列」を訳出して翌年『国家学会雑誌』に連載。十月、イタリアにムッソリーニのファシスト政権成立。

一九二三（大正12）［34歳］　九月、関東大震災起こる。

一九二四（大正13）［35歳］　一月、フランスに移る。グルノーブル大学にて研究。七月、ロンドンおよびアメリカを経て帰国。十一月、新設の政治学・政治学史第二講座を担任し、ただちに特別講義の「国際政治学序説」を講ずる。

一九二五(大正14)[36歳] 四月、政治学史を講ずる。八月、東京帝国大学教授に任ぜられる。妻百合子永眠。十一月、新宿区中落合に新居を造り居住。

一九二六(大正15)[37歳] 四月、西川博子と結婚。

一九二七(昭和2)[38歳] 十二月、「カントに於ける国際政治の理念」発表(吉野作造編『小野塚教授在職二十五年記念・政治学研究』第一巻所収)。

一九二八(昭和3)[39歳] 十月、「政治原理としての自由主義の考察」発表(『国家学会雑誌』四二巻一〇号＝五〇〇号記念号)。十一月、三女恵子誕生。

一九二九(昭和4)[40歳] 一月、小野塚教授の総長就任に伴い、政治学・政治学史第一講座担任、第二講座分担。政治学史のほかに政治学の講義にもあたる(一九三二年三月まで)。九月、文学部新聞研究に関する特別指導を嘱託される(一九三二年三月まで)。

一九三〇(昭和5)[41歳] 三月、恩師内村鑑三逝く。四月、「プラトンの理想国と基督教の神の国」発表(『聖書之研究』三五七＝終刊号)。十一月、長男実誕生。この月および十二月および一九三一年五月・九月「フィヒテ政治理論の哲学的基礎」発表(『国家学会雑誌』四四巻一一・一二号および四五巻五・九号)。十一月十四日浜口雄幸首相狙撃される。

一九三一(昭和6)[42歳] 九月、満州事変勃発。

一九三二(昭和7)〔43歳〕　五月、五・一五事件起こり、犬養毅首相暗殺される。

一九三三(昭和8)〔44歳〕　一月、東京帝国大学評議員に就任(一九三六年一月まで)。三月、ドイツにヒトラーのナチス独裁政権樹立。五月、京都帝国大学法学部教授滝川幸辰、休職処分に付せられる。これに抗議して京都帝国大学法学部諸教授辞職(京大事件)。七月、次男晃誕生。十月、恩師新渡戸稲造、カナダ・ヴィクトリアにて急逝。

一九三四(昭和9)〔45歳〕　四月、「フィヒテにおける国民主義の理論」発表(杉村章三郎編『筧教授還暦祝賀論文集』)。十二月、東京帝国大学医学部長長与又郎総長に就任(一九三八年十二月まで)。

一九三五(昭和10)〔46歳〕　二月、東京帝国大学名誉教授貴族院議員美濃部達吉の憲法学説が貴族院にて攻撃される(天皇機関説事件)。四月、美濃部達吉の三著書発禁処分。十二月、四女悦子誕生。

一九三六(昭和11)〔47歳〕　二月、二・二六事件起こり、内大臣斎藤実・蔵相高橋是清ら暗殺される。九月、「プラトーン復興と現代国家哲学の問題」発表(『国家学会雑誌』五〇巻九号)。

一九三七(昭和12)〔48歳〕　四月、東京帝国大学図書館商議委員となる(一九三九年五月まで)。七月、盧溝橋事件起こる(日中戦争開始)。十月、この月および十一月「基督教の「神の国」とプラトンの国家理念――神政政治思想の批判の為に」発表(『国家学会雑誌』五一巻

一〇・一一号)。十二月、東京帝国大学教授矢内原忠雄、思想問題で辞職。

一九三八(昭和13)〔49歳〕 二月、東京帝国大学教授大内兵衛ら検挙される(教授グループ事件)。七月、文相(陸軍大将)荒木貞夫、大学自治改革の必要を言明。九月、「大学の自治」発表(『帝国大学新聞』第七三〇号)。十月、東京帝国大学教授河合栄治郎の四著書発禁処分。十二月、前東京帝国大学工学部長(海軍造船中将)平賀譲、総長に就任(一九四三年二月まで)。

一九三九(昭和14)〔50歳〕 一月、平賀総長、河合栄治郎・土方成美両経済学部教授の休職処分を文部省に上申(「平賀粛学」)。二月、河合栄治郎、出版法違反で起訴。九月、第二次世界大戦起こる。十二月、この月および一九四〇年十二月「フィヒテにおける社会主義の理論」発表(『国家学会雑誌』五三巻一二号および五四巻一二号)。

一九四〇(昭和15)〔51歳〕 二月、津田左右吉の四著書発禁処分。三月、出版法違反で津田左右吉と出版者岩波茂雄起訴。九月、日独伊三国同盟成る。

一九四一(昭和16)〔52歳〕 四月、「大学の本質」発表(『帝国大学新聞』第八五二号)。六月、母きく永眠。十二月、太平洋戦争起こる。この月および一九四二年二月・四月「ナチス世界観と宗教の問題」発表(『国家学会雑誌』五五巻一二号および五六巻二・四号)。

一九四二(昭和17)〔53歳〕 四月、「国家と経済――フィヒテを起点として」発表(『東京帝国大学学術大観 法学部・経済学部』所収)。十一月、『国家と宗教――ヨーロッパ精神史の研究』（岩波書店）出版。

一九四三（昭和18）［54歳］　三月、工学部長内田祥三、総長に就任（一九四五年十二月まで）。十月、学生・生徒の徴兵猶予全面停止（十二月、学徒出陣）。

一九四四（昭和19）［55歳］　一月、学徒勤労動員決定。五月、再び東京帝国大学評議員に就任。十一月、恩師小野塚喜平次、軽井沢別荘にて逝く。

一九四五（昭和20）［56歳］　三月、東京帝国大学法学部長に就任。五月、ナチス崩壊し、ドイツ軍連合国へ無条件降伏。八月、日本のポツダム宣言受諾によって太平洋戦争終結。十一月、大内兵衛・矢内原忠雄・有沢広巳教授らの復学によって東京帝国大学経済学部再建。十二月、東京帝国大学総長に就任。

一九四六（昭和21）［57歳］　二月、紀元節にあたり「新日本文化の創造」と題して演述。三月、『学問・教養・信仰』（近藤書店）出版。アメリカ教育使節団の来日にあたり、日本側「教育家委員会」委員となり、委員長に互選される。貴族院議員に勅選され（一九四七年五月まで）、日本国憲法草案審議に関与。七月、帝国学士院会員に選ばれる。八月、教育刷新委員（のち審議）会委員。副委員長、翌年十一月委員長に互選される（一九五二年六月同会解散まで）。

一九四七（昭和22）［58歳］　二月、『祖国を興すもの』（東京帝国大学協同組合出版部）出版。十二月、全国大学教授連合創立にあたり、初代会長に就任(一九五三年十月まで)。

一九四八(昭和23)[59歳]　三月、歌集『形相』(創元社)出版。『人間革命』(東京大学新聞社出版部)出版。五月、国家学会会長に就任。十月、米国人文科学顧問団来朝にあたり日本側委員。委員長に互選される。十一月、日本政治学会創立にあたり、理事長に就任(一九六〇年十月まで)。

一九四九(昭和24)[60歳]　一月、日本学術会議第一期会員に当選、就任(同年四月辞任)。六月、『母』(中央公論社)出版。十月、中華人民共和国成立。十一月、『真理の闘ひ』(東京大学綜合研究会出版部)出版。十二月、再び東京大学総長に就任。「占領地域に関する全米教育会議」に出席のため渡米、ワシントンにおいてThe Ideals of Educational Reform in Japanと題して講演、最後に文化と政治の関係を説いて全面講和を訴える。会議後、ハーヴァード・コロンビア・イリノイ・ミシガン・カリフォルニア・スタンフォードの諸大学などを訪問(一九五〇年一月帰国)。

一九五〇(昭和25)[61歳]　三月、定年により東京大学教授を退職。四月、『日本とアメリカ』(朝日新聞社)出版。七月、国立大学協会創立にあたり、会長に就任(一九五一年十二月まで)。

一九五一(昭和26)[62歳]　二月、東京大学出版会創立にあたり初代会長に就任(同年十二月まで)。五月、『平和の宣言』(東京大学綜合研究会出版部)出版。十二月、任期満了して東京大学総長を辞する。

一九五二（昭和27）〔63歳〕　三月、東京大学名誉教授の称号を受ける。四月、対日講和条約および日米安全保障条約発効。五月、『大学の自由』（東京大学出版会）出版。八月、ハーグにおける第二回世界政治学会議に出席のためヨーロッパに出発。スウェーデン、デンマーク、英、仏、西ドイツ、スイス、インドを歴訪し、十月帰国。

一九五三（昭和28）〔64歳〕　五月、『人間と政治』（岩波書店）出版。

一九五五（昭和30）〔66歳〕　五月、日本学術使節団の一員としてソ連邦および中国を訪問（六月帰国）。九月、『ソ連と中国』（中央公論社）出版。

一九五七（昭和32）〔68歳〕　五月、『文化と国家　南原繁演述集』（『祖国を興すもの』『人間革命』『真理の闘ひ』『平和の宣言』『大学の自由』合冊）（東京大学出版会）出版。十月、『現代の政治と思想』（東京大学出版会）出版。十二月、心筋梗塞発症。

一九五八（昭和33）〔69歳〕　七月、『ふるさと』（『母』と合本）（東京大学出版会）出版。八月、『国家と宗教』（岩波書店）新版。

一九五九（昭和34）〔70歳〕　四月、『フィヒテの政治哲学』（岩波書店）出版。七月、日本学士院第一部長に就任（一九七〇年十一月まで）。「政治哲学への道」発表（『国家学会雑誌』七三巻二号）。九月、『自由と国家の理念』（青林書院）出版。

一九六二(昭和37)[73歳]　五月、『政治理論史』(東京大学出版会)出版。

一九六三(昭和38)[74歳]　十月、『小野塚喜平次――人と業績』(岩波書店)出版(蠟山政道・矢部貞治と共著)。

一九六四(昭和39)[75歳]　四月、『日本の理想』(岩波書店)出版。八月、親友、三谷隆正の全集編集に着手(岩波書店出版・一九六六年一月完結)。十一月、学士会理事長に就任。十二月、妻博子永眠。

一九六五(昭和40)[76歳]　十二月、『瑠璃柳――南原博子遺文・追悼集』(私家版)上梓。

一九六六(昭和41)[77歳]　九月、『南原繁対話　民族と教育』(東京大学出版会)出版。

一九六八(昭和43)[79歳]　九月、『若い世代への証言』(図書月販)出版。

一九六九(昭和44)[80歳]　四月、『歴史をつくるもの』(東京大学出版会)出版。

一九七〇(昭和45)[81歳]　十一月、日本学士院院長に就任。

一九七一(昭和46)[82歳]　九月、『政治哲学序説』脱稿。

一九七二(昭和47)[83歳]　十一月、『南原繁著作集』全十巻(岩波書店)刊行開始(翌年八月完結)。

一九七四(昭和49)　一月、「年頭のご挨拶」発表(『学士会会報』七二二号)。五月十九日永眠(享年84歳)。

解　説⑴

1

福田歓一

『国家と宗教――ヨーロッパ精神史の研究』の初版が岩波書店から刊行されたのは、昭和十七年(一九四二)十一月であった。時に著者南原先生五十三歳、はじめて公にされた単行本であるから、自ら「処女作」と呼んでいられるが、その内容は、後に述べるように、著者がかねて発表して来られた四篇の論文を四章に構成されたものである。この初版に対して間もなく現われた批評に答えて、著者は翌昭和十八年八―九月にわたって論文「カトリシズムとプロテスタンティズム」を発表され、さらに論旨を敷衍されるところがあった。昭和二十年九月刊行の第三版以後、この論文は補論として本書の終りに収められて、著者はこれを「むしろ全体の「緒論」であり、同時に「結論」でもある」と述べていられる(第三版の「序」、本書一〇頁)。この巻の底本としたのは、昭和三十三年(一九五八)著者自ら全体を現代表記に改められた改版であるが、著者の諒解のもとに、編者の側でさらに表現を改めた個所が若干ある。

（1）　解説は書評ではないから、ここで『国家と宗教』の解釈や分析を試みようとする意図は筆者にはまったくない。ただ本書の内容を読者が理解する上に役立ち、将来の研究者のためにも必要と思われる事実は、なるべく記録しておきたいというのが、執筆にあたっての一つの願いであった。本書に収められた諸論文の発表に著者の助手、また若い同僚として立会って来られ、さらに初版の刊行にあたっては、著者の希望によって字句の表現まで著者とともに検討に当られた丸山先生から、時には著者を交えて、当時の記憶をできるだけ伺い、また資料を示して頂いた。なお文中なるべく著者という表現を用いるように努めたけれども、三十年来先生とお呼びして来た習慣が記述にあたっても顔を出し、また敬語を用いたことについては、読者の諒承を仰ぎたいと思う。

一

右のような成立の由来にもかかわらず、本書が世の常の論文集と異なり、一個の特殊研究《モノグラフ》として緊密な一体を成していることは、おそらく万人の認めるところであろう。初版の「序」において著者は述べて、「本書に収めた諸篇」が「年来、相互にほぼ一つの連関のもとに書き来」たったものであり、「全体を貫いて根本の問題は国家と宗教との関係であり、もともと著者が西洋政治理論史研究の興味と目的の一つは、この問題にかけられて来た」(一三頁)と言われているように、そこには一貫した主題があり、しかもその主題は著者自身にとってきわめて切実な意味をもつものであった。

ところで、著者が「国家と宗教との関係」と言われるとき、それは必ずしも欧米で普通に理解される範囲のことではなく、すぐれて著者自身のユニークな問題であることに注意したい。著者もこの問題は「ヨーロッパ精神史の上に、最も純粋な形において展開されたところ」(七頁)と述べていられるが、キリスト教の制度化としての教会は、近代国家にはるかに先立つ巨大な組織体であり、久しく世俗の権力と交渉し来った事情から、教会と国家との関係は歴史的にも理論的にも現代においてなお重要性を失わない研究主題である。また現代にも珍しくない宗教政党の問題、さらには所与の組織体にとどまらず、活動や機能や作用の面から政治と宗教との関係などを歴史的、経験科学的に扱う場合には、その対象はヨーロッパを越えて普遍化されるのが当然であろう。

これに対して『国家と宗教』の主題は、このような意味での「教会と国家」でもなければ、まして「政治と宗教」でもない。「ヨーロッパ精神史の研究」という副題の示す通り、ここで取上げられるのは、プラトンから危機神学までの思想と理念とであって、経験科学や事実史の問題ではない。著者は「補論」において欧米にむしろ一般的な教会史的方法を明示的に斥けて、「本質的なことはどこまでも文化哲学的関心から、イデオロギーや理念に関連して、原理的問題としてであ」り、「あくまで哲学理論の問題として考察すべ」(三三八―九頁)きことを主張され、そのような見地からこの主題の展開をさぐられたのである。

この意味において、初版への「序」に著者がその確信を述べられた次の一節ほど、著者の立場を鮮明に示すものはないであろう。「およそ国家の問題は、根本において全文化と内的統一を有する世界観の問題であり、したがって、究極において宗教的神性の問題と関係することなくしては理解し得られない」(一五頁)。著者にあっては、政治の問題は到底所与の国家の歴史や機構のそれにとどまるものでなく、およそ人間の創造する一切の文化の批判、すなわち哲学との関連においてはじめて解き得るところであり、しかも人間文化の究極にその個性的創造を導くものは、ついに理論的認識の彼方にある神性にほかならないのである。こうして著者の志ざすところは「非理論的・非合理的なものが前提せられ、むしろ直接の経験内容から出発して、そのなかに理解せらるべき叡智的意味内容の解明」(傍点著者。三九七頁)においてはなく、それは政治についてまさに最も根本的な課題の設定であり、同時にわが国の歴史的現実を原理的に問うものにほかならなかった。けだし「近代」日本における政治の問題は、その精神的支柱たる擬似宗教「国体」との対決なくして、そもそも学問的に立て得るはずはなく、一見最も抽象的な著者の労作には実にこの現実との息づまるような緊張がひそんでいたからである。もとより著者は本書において「もろもろの時代の精神あるいは世界観については、できるだけそれぞれの側に身をおいて、その歴史的＝客観的意味の了解につとめ」(一五頁)ていられる。けれども『国家と宗教』を真にユニークならしめ、類まれなる精彩を与えているものは、ついに著者のこのような哲学的立場をおいてはないであろう。それは単に本書に取上げられたもろもろの思想に対する著者の批判や、著者が示唆された「解決の道」についてのみ言うのではない。そもそも個々の思想の解釈にあたって、すでに著者のすぐれた個性が現われ、独創をもたらしているからである。

しからば、本書を全くユニークなものにした著者のこの立場はいかなるものであり、またどのようにして形成されたであろうか。著者の思想的営為とそれが進められた時代とのうちに、しばらくこれを跡づけて見よう。

奉職すること足掛け七年にわたった内務省を辞して、三十一歳の著者が恩師小野塚喜平次教授の許に投じ、新任の法学部助教授としてヨーロッパ留学の途に上られたのは、大正十年(一九二一)夏のことであった。長い「冬の時代」を過したわが国の社会運動が第一次大戦とロシヤ革命とを契機としてにわかに活潑化した頃、内務省にあった著者がわが国最初の労働組合法案を起草して、その大胆な内容にもかかわらず、この草案は床次竹二郎内相のもとに一度は内務省の省議にもなったことがある。(2) それにもかかわらず著者が内務省を去るに至ったのは、原敬首相がこれを握りつぶしたからではなく、著者の真にやみがたい学問への渇望による。労働問題との真剣な取組みが、これを解決するには政策的処理を以てしては足らず、運動を生み出した世界観、マルクス主義そのものの客観的理解の必要を痛感せしめ、この点における自己の無力の自覚は、職を抛《なげう》ってもこの課題に立向おうとする欲求をもたらしたのである。しかもここにユニークなのは、著者が自らの信仰を以てこの世界観を審《さば》こうとせず、また社会政策学や経済学の道をとらず、かえってヘーゲルに遡り、さらにはカント以来のドイツ観念論の全体に眼を向けられたことである。それはついに政治社会についての原理的認識の要求であり、学的世界観樹立への衝迫であった。したがって、英独仏三ヶ国、三年にわたる在外研究にあっても、何よりも力を注がれたのは、ベルリンにおけるカント三批判書の研究であり、シュタムラー教授の懇切な個人指導を受けられつつ、すでにその極端な形式主義に慊《あきた》らず、『実践理性批判』の解釈について一再ならず異議を挟まれたという。

ところで、著者が帰朝とともに新設講座の担当者として特別講義を試み、ついで正規に政治学史を開講して教授に進まれた大正十三―四年(一九二四―五)ごろは、大正デモクラシーの気運とともに政治学に志した新人が花々しく学界に登場しはじめた時期にあたり、わが国の政治学は、やがて、かつて小野塚教授のもたらされた国家学の枠を急激に乗り越えて、多様な展開を遂げることとなる。小野塚門下の少壮学徒にとって、それは恩師の思想と方法、立憲主義と実証主義との積極的展開でもあった。同時に注意すべきは、第一次大戦後のわが国哲学界を風靡した新カント派のいちじるしい影響である。事実左右田喜一郎教授を先頭に、その方法論は社会科学の世界にも奔入し来り、決して政治学を例外としなかった。政治学の新鋭たちが国家学からの解放、科学としての独自性を強調して、いわゆる概念論争を生んだのは、この影響をはなれては考えられない。

これに対して、留学中三批判書研究に沈潜された著者は、ほとんどこのような風潮の外にとどまられたと言ってよい。もとより著者が新カント派、わけても西南学派の業績を大きな共感を以て学びとって来られたことは、自ら語られる通りである。けれども著者本来の哲学への関心は、かような科学方法論にあるよりは、すでに記した通り、現実の叡智的意味内容の解明、一個の学的世界観の確立にこそかけられていた。ここに著者は「流行の哲学」を追うことを避けて、どこまでもカント、ひいてはドイツ観念論の原典について、全文化価値の批判的体系化に思索を集中されることとなった。「国家と宗教との関係」は著者のこのような関心のまさに焦点をなすものにほかならなかったのである。

いうまでもなく、このような関心は単にアカデミズムの中で現われたものではなく、はるかに深い実存的な根をもっている。法科大学の学生として著者が傾倒された講義は、純粋な科学精神に立つ小野塚教授の政治学と並んで、哲学することの興味を触発する筧克彦教授の法理学でもあった。思想内容においてまったく対立しながら、著者はこれによって「朧気ながら」政治についても科学とならんで哲学する領域があることを感じ、また生涯を貫くプラトンへの傾倒の機縁を得られたのである。

けれども、このような意味ではるかに深刻な体験は疑いもなく内村鑑三の「鉄槌に打たれ」たことである。郷里香川から笈を東都に負うて新渡戸稲造校長時代の第一高等学校に学んだ青年南原は、襲い来る懐疑懊悩のうちに先ず海老名弾正牧師に「外国の宗教」を聴き、ついに柏木の門を叩いて内面の転回を遂げた。それは文字通り全人的な体験であり、「修身斉家治国平天下」の道徳を清算して「新しき人」として歩み出た著者は、ここに生涯を支える信仰にとどまらず、その世界観の「隅の首石」を見出されたのである。歴史的キリスト教のその単純な根源への還元。天皇制国家、特に国体思想とのギリギリの対決。普遍的真理による国民の浄化とそれを通じての民族的使命の実現。信仰と哲学、体験と学術とを常に峻別し、あくまでも客観的な学的世界観の形成を目指す著者が、しかもいかに深くこれら内村の思想を受け継いだかは、本書を繙く者のひとしく認めるところであろう。「教会と国家」ではなくして、まさに「国家と宗教」を主題とし、宗教をまったく人間文化の上に超出せしめることによって、かえって文化の個性的創造を基礎づける著者の試みは、ついに恩師内村の無教会主義を離れて考えられるものではないのである。

（2）この間の事情については労働省刊行『労働行政史』「余録」昭和三十六年参照。

三

ところで、本書初版の四章を構成することとなった四篇の論文のうち、第一、二章の原型が昭和十一―二年(一九三六―七)に、第四章のそれが昭和十六―七年(一九四一―二)にそれぞれ発表されたのに対して、第三章に当る一篇は最も早く、昭和二年(一九二七)著者の恩師小野塚教授の在職二十五年を記念して門弟たちの献呈した論文集『政治学研究』の第一巻に現われた。原題は「カントに於ける国際政治の理念」であって、論文集の篇別構成では国際政治の部に収められている。

この発表年代の相違は、実は単に時間の前後だけの問題ではない。その間に横たわるのは昭和初頭以来の息づまるような危機の連続であり、わが国が超国家主義の狂瀾に自らを投じ、観念論の祖国ドイツがナチスの本能信仰にその文化的伝統を自ら葬って、ともに第二次大戦による破滅にとどめようもなく突き進んだ時期である。したがって「国家と宗教」という主題そのものがにわかに高度の政治的意義を帯びずにはすまず、しかも昭和十年代の三論文をこの現実との理論的対決として見るとき、これに先立つカント論文において、これが批判の基準が築かれていたからである(3)。まさに「著者の立場からは、このような問題について、誰よりも重要な位置を占めるのはカントであろうと思う」(「序」、一四頁)とは、けだしこの事情を離れて言われたものでなく、控え目にも「カント入門以来歳未だ浅き私のカント研究、否、カント解釈の序説」[4]と称されたこの論文には、学説史研究における著者の個性と、学的世界観探究の方向とが、すでに明らかに予告されていたのである。

何よりもこれは、しばしば老年偶然の作と看做されるカントの政治論の紹介ではなく、彼の「全哲学思想との根本の関連における」その再検討、むしろ再構成である。著者の理解が新カント派に負うことは自ら原論文の結びに記された通り[5]であるにしても、「政治に関する形而上学的研究」を「まさに哲学の課題として、カントの全哲学体系における思惟発展との必然的連関を有し、これによって全哲学思想が完結せられる」(一六一頁)とする著者の見解は、きわめてユニークなものと言わざるを得ないであろう。第一に著者はカントの政治哲学に啓蒙的個人主義の克服を認め、彼の『法律論』が、国家における人類の結合を「自目的」とし、その相互関係において国家に「道徳的人格」を認めたことを重視される(一七一―一七二頁)。著者が『ポリテイア』の構造を引照されるように、政治を道徳さらに宗教につなぐカント理解は、すこぶるプラトン的であって、文化の諸領域に固有の価値原理を与えた批判の体系に、政治社会もここに並立する諸価値の一つとするとき、著者は「プラトンの偉大な理想国家の構想がカントによって初めて批判的構成を得た」(一七一頁)とされる。

しかもカント哲学の完結をその永久平和の理念に求めて、倫理における徳と幸福との二律背反へのアナロジーとして、政治における正義と福祉との二律背反がこの「人類の最高善」において解決される(一八二―一八三頁)とは、著者のカント理解の頂点にほかならない。永久平和がまさに歴史における人類の課題となる故に、アウグスチヌスによって「神の国」から切断された「地の国」はこれによって固有の意味を与えられ(二三二―二三三頁)、中世における宗教への従属から解放された近代国家は、ここにはじめてその哲学的根拠を獲得する。これが中世に対して「神に属するものは神に、カイゼルのものはカイゼルに」(二二四頁)復る途を開き、「ルッターの精神に忠実」にプロテスタント主義に立つ哲学を確立するものとされたのである(三四六頁、三五〇頁)。

けれども著者はもとよりカント哲学に満足すべき解決を見出されたわけではなく、何よりも彼の「あまりに合理主義的、かつ、道徳主義に偏した」(二二五頁)宗教論とともに、「畢竟《ひっきょう》、道徳原理の応用たるを免れ」ない(二二七頁)その政治理論が、「本来超個人的な政治的国家生活に固有の本質をまだ闡明《せんめい》し得ない」(二二七頁、一七三頁)ことを批判されている。ここに著者のフィヒテ研究が出発し、著者はフィヒテの宗教的歴史哲学における民族国家の基礎づけにおいて「近世国家理論を通じて最高の認識」[6]を見出される。しかも著者はフィヒテの思弁的形而上学に対してはきびしい批判を貫かれ、しかもその基準は公然とカント哲学におかれていた。こうしてのちに『フィヒテの政治哲学』第一部に再構成された論文「フィヒテ政治理論の哲学的基礎」、なかんずくその結論的部分で著者が展開された価値並行論は、まさに著者の学的世界観そのものの提示となった。この一応の結論が現れたのが、昭和六年(一九三一)九月、ほかならぬ「満洲事変」勃発のその月であったことは、まことに暗示的に思われてならないのである。

(3)　例えば第一章について五〇、五七頁参照。
(4)　『小野塚教授在職二十五年記念・政治学研究』第一巻、昭和二年、五〇四頁。
(5)　同五三六頁。
(6)　『フィヒテの政治哲学』第二部第三章五、著作集第二巻四一二頁。

四

満洲事変以後の政治の激変によって、著者の生活に変化が生れたわけではもちろんない。それどころか、著者は「かたつぶりの殻にひそめる如くにも」[7]象牙の塔に籠ったまま、一場の講演、一篇の論文にも時事を論ずることは全くなく、ひたすら純学術的労作に打ちこまれた。けれども今や確乎たる学的世界観に達せられた著者が、超国家主義の風潮を黙視されたわけではもちろんない。それどころか、この精進そのものが、それ自体政治的現実との凄まじい緊張を内面化する「非情の情熱」に支えられた作業であり、ここから生れ出たこの時期の作品には著者の現実との対決の軌跡がまぎれもなく刻印されている。例えば昭和九年(一九三四)四月に発表された「フィヒテにおける国民主義の理論」を、さきの論文と比較するとき、「フィヒテ政治理論の哲学的基礎」においてカントの批判主義を基準として後期フィヒテの形而上学を批判された著者は、ここではフィヒテにカントの忠実かつ積極的な発展をたどって、むしろ「フィヒテとヘーゲルとの間には越ゆべからざる一線が横たわること」[8]を指摘され、真の国民主義のあるべき姿を提示される。それが「暗い憐れな愛国主義」[9]の批判であることは、すでにあまりにも明らかであった。

そのような現実批判として、『国家と宗教』の第一章、第二章を構成する二篇の論文は、おそらくさらに著しい例と見てよい。この二篇は「プラトーン復興と現代国家哲学の問題」、「基督教の「神の国」とプラトンの国家理念」として、それぞれ昭和十一、二年(一九三六―七)の秋、『国家学会雑誌』に発表された。もとより、プラトンと原始キリスト教とは、ヨーロッパ精神史の淵源であると同時に、著者自身の学的世界観の原体験であって、その学問的再構成は著者にとって必然の課題であったとも言えよう。第二論文について言えば、早くも昭和五年(一九三〇)著者は恩師内村鑑三の慫慂《しょうよう》に応じて、「プラトンの理想国と基督教の神の国」を彼の雑誌『聖書之研究』に寄せたのも事実である。しかし以後七年ドイツ当代の精神史学、国家哲学の検討をつづけた著者が、「廃刊のため序説的部分を起したのみで中絶した」問題を「今日思うところあって再び取り上げ[10]」た動機はどこにあったか。この論文の副題「神政政治思想の批判の為に」が実は「祭政一致の批判の為に」であったと当時洩らしていられるのが、おそらくこれを物語るであろう。林銑十郎首相が「祭政一致」を唱えて一年ほどのことであった。

ことは「プラトン復興」についても共通するものがあった。ここではゲオルゲ派に属するザーリン、アンドレー、ヒルデブラント、それに経済学部に招かれて来朝し、著者もしばしば語を交わされたジンガー等のプラトン解釈を拉し来って、著者自身のプラトン像を見事に造形しつつ、しかもヨーロッパ近代文化固有の価値を無視する彼等の神話的解釈を「政治上の自然主義である権力主義」(四九頁)に陥る反動として徹底的に批判されたからである。『ポリテイア』は単なる所与のポリスの映像ではなく、「ディアレクティックな哲学的思惟要素」(五〇頁)によって伝統を内面的に深化し、超絶的な理念に到達したものである。その精髄はついに「合理」的精神と「自由」の精神とにほかならず、これが「実にギリシャの世界をして東洋的神話の世界と分たしめる標識」(五八頁)とされたのである。

このようないわばカント的なプラトン解釈は「キリスト教の「神の国」とプラトンの理想国家」においてさらに一歩を進め、純粋なイデアの先験性において「正義の国」はすでに宗教的信念を湛え、「次いで来たる新しい時代の理念——キリスト教の「神の国」を予示するものがある」(七七頁)とされている。しかも原始キリスト教は全く文化を超絶する信仰の非合理において、プラトンの貴族主義を破って個人人格の絶対価値を措定し、愛の共同体としての「神の国」は古代神政国家とその権威信仰とを理念的に解体する。

著者はここにギリシャ哲学と原始キリスト教から「地の国」と「神の国」という核心的主題を抽出し、二者綜合の類型としてのトーマスとヘーゲルとにおいて、ともに地上における「神の国」の組織化が神政政治を帰結する所以を明らかにされる。現代政治の危機にあたって、カトリック復興が叫ばれ、新ヘーゲル主義が現われるのは、その解決が政治と宗教との統一に求められるからである。著者はこのような「形而上学的独断と政治的独裁」(傍点著者。一三五頁)とに対して、断乎として侵すべからざる個人の人格と自由とを以て答えられる。ヨーロッパ精神の淵源への問いは、こうしてその現状への批判を以て結ばれるのである。

(7) 歌集『形相』、著作集第六巻二三九頁。

(8)『フィヒテの政治哲学』序、著作集第二巻四頁。

(9) 同第二部第三章四、著作集第二巻三八八頁。

(10)『国家学会雑誌』五一巻一〇号一頁。この原論文は改めて「我邦近代の予言者にして其の愛する祖国と真理の為に生涯を傾け尽して戦はれた故恩師」に捧げられている。

五

すでにここに現われたファシズムとの原理的対決を、直接かつ全面的に展開されたものとしては、本書の第四章に若《し》くはないであろう。「ナチス世界観と宗教の問題」としてその原型が『国家学会雑誌』に連載されはじめたのは、実に昭和十六年(一九四一)十二月、まさに太平洋戦争開戦のその月であった。さらに遡ぼれば、これに先立つこと一年、恩師小野塚教授を囲む第一次政治学研究会の席上、著者は同旨の報告を試みておられる。

この報告の行われた昭和十五年(一九四〇)十二月には、著者は同じ雑誌に連載中の「フィヒテにおける社会主義の理論」を完結されており、著者はそこでナチスが一見フィヒテに似てしかもいかに異質であるかを徹底的に解明して、これが「所与の社会の歴史的構造そのままの認容にほかならぬ資本主義発展の一形態」に帰結する(11)と断定してはばかられなかった。けれども宗教は著者にとって問題の核心である。場所が信頼に結ばれた師弟同門の間であるだけに、研究会における著者のナチス批判はまことに明快そのものであり、当日の記事によればそれは次のように結ばれている。「この危機の中において生れたるナチはギリシャの真理至上主義を否認し、キリスト教の普遍主義を否認し、要するに、ヨーロッパ精神の伝統を否定するものに外ならず。それ故に、かかる立場に立つナチはそれ自らの理念を追求して没落する外なく、若《も》し没落せずして存在をつづけんとせば、それ自らの理念を放棄せざるを得ず(12)」。時に第二次近衛内閣が三国同盟によって祖国の運命をナチス・ドイツと結びつけてからわずかに三ヶ月であった。

これが雑誌論文となった時には、さすがに表現は慎重になり「危険がある」「可能性がある」「惧《おそれ》なしとしない」という修辞が見えるが、その論旨に至ってはいかなる変更もない。近代ヨーロッパ精神の展開を辿り、これへの反抗としてのナチスの思想的系譜を問うて、ロマン主義の能動化、ニーチェの自然主義的歪曲に「精神的なものから野獣的なものへ、理性的なものから非理性的なものへの転化」、「粗野な自然主義による精神や理性文化の完全な征服」(二六五頁)を指摘されるごとき、さらにはヨーロッパ文化の危機との関連において、ナチスを以て「人間がついに自己存在の確実性を喪失し、みずからの不安に直面するに及んで、いまや自己の存在の問題を探究して、これを民族的生の全体の上に見いだすに至ったもの」(三〇五頁)、「人間存在を突きつめ、下り下ってその地底にまで到達したもの」(三一一頁)と断定されるごとき、そこには一点の妥協もなく真理を告げようとする凛乎たる姿勢が貫徹されている。

なおこの章には二つの思想の流れへの言及がある。一つは危機神学であり、一つは当時わが国を風靡した絶対無の弁証法である。著者は前者がナチスの悪魔性に対して「それを克服すべきものとしての「神性」が問題である」(二八九頁)として、ファシズムの理論的表現とする見解を斥け、第二章(一三七頁)におけるよりも同情的に扱われた。また田辺元博士の国家論、なかんずく国家信仰の批判は、すでに前年の報告にも述べられているが、田辺博士がこれを受け入れられた率直さは著者が今も尊敬を以て回想されるところである。

(11) 『フィヒテの政治哲学』第二部第二章四、著作集第二巻三四二頁。
(12) 岡義武幹事執筆の記事による。

六

このナチス論文の完結を俟《ま》って、以上の四篇をほぼ対象の年代に従って四章に改めた『国家と宗教』の初版は成った。この書物の意義としては、何よりもまず、本格的なヨーロッパ精神史の確立をあげてよいであろう。著者は本書において鋭く浅薄な西洋批判を衝き、「われわれが「ヨーロッパ文化」もしくは「西洋文化」について論ずるとき、深くもその根底を究めることなくして、近代に極端にまで押しつめられた形態、むしろ一時代において受けた変容を捉えて問題とするくらい、笑うべく、また危険なことはないであろう」(二九一頁)と述べられた。これと対比して著者が試みられたのは「内にその文化を創り、育成し、現にその根元において生命を付与する「精神」について吟味する」作業であり、このような「根本において文化の本質を決定する構成要素と原理的組織」への問いは、「その文化をして他の文化と区別せしめる特質」を明らかにせずにはやまぬものであった。国家と宗教との関係はそれ自体ヨーロッパ文化の本質にかかわる問題であったが、その深刻かつ精到な徹底性において欧米にも稀な著者の把握は、わが国のヨーロッパ研究においてかつて見なかったところと言ってよく、すでに特殊研究の範囲を越えた意味をもっていた。もとよりそれは単に「東洋精神」主義や、「近代の超克」論の批判にとどまるものでなく、このきびしい態度決定は、わが国の哲学、社会科学を通じてあまりにも長く支配的であった概念の普遍性への素朴なよりかかりに対する強烈な批判と自覚的な克服との試みであったのである。

いうまでもなく、このことはそのままわが国の政治生活についての根本的な課題の設定を意味するものであった。それは政治の問題を人間文化全体の連関に引戻すばかりでなく、それを超えて宗教的神性との関係を問うことにおいて、「国体」の意味を問わずにはすまず、およそ実証主義的方法の企て及ばざる深層との対決を避け得なかったからである。著者がアカデミーの世界に入られた第一次大戦後の時期には、このような問題は蔽われていた。平和と民主主義とは文字通り「世界の大勢」として通用したし、機構の普遍性を信頼する立憲主義はやがて政治そのものが先進国に近づくかの楽観に安住することができた。けれども、一度このレジームが危機に陥ったとき、蔽われていた深層が政治の表面に噴出して、国運を支配するに及んで、著者の問題設定がいかに卓抜し、その批判がいかに透徹したものであったかは、当時における政治学の動向とその射程との対照において遺憾なく明らかになったと言ってよい。本書に即して見れば、最も早く書かれた第三章は、その点ではまことに興味ある事例であろう。このカント論が現われた時点は、なお平和が自明の価値であり、国際協調主義が大いに称えられた頃であったから、永久平和を主題とする著者の所論は特にユニークとは見えず、むしろあまりに哲学的で迂遠なものと映ったにちがいない。しかし襲い来る嵐に堪えて平和の主張を貫いたのは、この哲学的な一篇であり、戦時下にそれが『国家と宗教』に収められたことは、それ自体現実に対する最大限の批判の意味をもたずにはいなかったのである。

まして、他の三章がはじめから息づまるような現実との対決として執筆された事情を考えると、『国家と宗教』が、太平洋戦争第二年、すでにわが国が戦争の主導権を失ったときに現われたことを以て、後世の史家は日本軍国主義下にも言論の自由は存在した、と推定するかも知れないとは、単に思想史学者の冗談ではない(13)。発売禁止の噂が流れたという話もあり(14)、現に内務省筋に多少の問題が芽生えたことも事実ではある。しかも、それが発展せずに終ったのは、論述があまりにも純粋にアカデミックであって、検閲当局の理解を越えたと言うほかはないであろうし、著者がかつてジャーナリズムに時事を論じられることなく、その意味でむしろ無名であられたことが幸した点は疑いを容れない(15)。

けれども、その事情とかかわりなく、『国家と宗教』は学問と思想の世界において確実に大きな影響をひろげて行った。汎濫するウォア・ブックスのただ中に、この難解な純学術書がたちまち初刷五千部を売り切り、窮屈な用紙事情から盛んな需要を満たし得なかったことは、戦時下にいかに根強い真理への思慕が存在したかを物語るであろう。新鮮な感動は学問的批評としてただちに反響して来たし、しかも、読者ははるかに専門学徒の狭い範囲を越えていた。読むに値する書物のいよいよ稀なときに、本書は心ある読者の魂を捉えずにはいなかったし、読者は多かれ少なかれ著者の烈々たる批判精神を読み取って行ったのである。

(13) 著者から『国家と宗教』の一冊を贈られた矢内原忠雄教授は、すでにそれへの返信の中で「たゞ恐れるところは蓑田胸喜氏一派の飛びつくことでありますが、貴兄のことでありますから十分御覚悟の上にて御出版と存じ、一層たふたく感じました」と述べていられる(昭和十七年十二月三日付著者宛私信)。

(14) 昭和十八年二月一日付著者宛私信で、三谷隆正教授は、学生が本書の発禁の報をもたらしたのを案じて、著者に実情を質していられる。

(15) この間の事情については、著者の『若い世代への証言』(昭和四十三年、図書月販・出版事業部)三四頁以下参照。

七

『国家と宗教』に寄せられた批評のうち、「政治理論に対する宗教的世界の重要性」の立証を高く評価して、著者の精神史の方法に深い共感を寄せながら、その内容に最も詳細な論評を加えられたのは、年来の同僚田中耕太郎教授が昭和十八年(一九四三)五月

『国家学会雑誌』に寄せられた一文であった。本書の補論「カトリシズムとプロテスタンティズム」は元来三ヶ月をおいて同じ雑誌に連載された論文であるが、それが他の批評への回答をも含むにしても、主要な目標が右の批評であったことは、すでに題名の示す通りである。かつては内村門下にも連なったわが国カトリック主義の第一人者によるこの批評は、何よりも国家と宗教という主題そのものについて sola fide の宗教が果して文化に働きかけ得るかを問うて、著者のプロテスタンティズムに根本的疑念を投げていたからである。

これに対して著者は従来ドイツ観念論の背景にとどめられたルターやカルヴァンについてはじめて詳しい見解を述べられるとともに、カントをプロテスタンティズムの哲学的展開として位置づけつつ、文化との結合の構想を示唆していられる。それはいわば第四章の結論的部分の詳細な敷衍であり、展開であって、その平明な叙述の故に巨大な主題を簡潔かつ明快に示して余りがない。そして田中教授が質された「日本的キリスト教」への疑念に答えた一切の教会概念への批判はまさに全体の頂点をなし、著者は端的に内村の名をあげて、「第二の宗教改革」に「日本が将来、世界の精神界に寄与し得る大なる一つの道」(四〇六頁)を指示された。これは宗教の内面化の徹底によってゆたかな国民的個性を解放する企図の展開として、「世界のうちに、それぞれ諸国民相互のあいだの協同によって、新しい世界の道義的＝政治的秩序」(四一〇頁)の創造への訴えにつらなり、宗教と文化との関連喪失が生んだ現代の悲劇の彼方に、結末近き戦争を超えて、この人類的課題の設定によって全巻が結ばれるのである。

ここにも明らかなように、本書における著者の現実批判は、もとよりわが国のそれやナチス・ドイツのみにとどまるものでなく、ひろく十九世紀以降の近代思想とその所産の全体にわたっていた。否。むしろカントを出発点として著者がすでにユニークな哲学的立場を築かれていればこそ、著者は現実との凄絶な緊張を本書のような理論的労作に結晶して、真に国民的なものこそよく世界的たり得るというその命題を自ら例証されたのであった。この意味で、著者が敗戦直後、「カトリシズムとプロテスタンティズム」をも収めた本書第三版の「序」に述べられたところはまことに力強い。著者はここで大戦の終結によって「ヨーロッパ文化の――なべて世界人類の「危機」は去ったか」を問い、「否。現代文化の危機が一面、近代実証主義の精神とマルキシズムに深く根ざすと見る以上、断じて然らずと言わなければならない」として、この危機の打開について、「著者の立場は今に至ってもますます強められこそすれ、少しも変更されていない」と言い切られたのである。ひとはここに、著者が身を挺して戦争終結に努め[16]、次いで敗戦につづく精神的混乱のさなかに、確乎たる信念をもって新しい目標を示し、何ものをも怖れずに国民に訴えられたのが、いかに深い学問的根拠に基づくものであったかを知るであろう。

この点において著者の立場は、現代政治における特定の体制に結びつくようなものではもとよりなく、むしろこれらの背景にある近代精神そのもののうちに現代政治の不安と恐怖との根を見出して、その批判的解決を目指すものにほかならなかった。そこに戦後における情勢のはげしい変転のうちに著者が一貫して批判的立場をとられた理由があり、これを離れては、戦後における著者の現実へのかかわりを理解することもできないと言ってよいのである。

（16） この点については、さしあたり日本外交学会編『太平洋戦争終結論』昭和三十三年東大出版会所収の向山寛夫氏執筆の第三章第五節、同書一三三頁以下を参照。

偶然ではあるが、今次の著作集の第一巻として本書が刊行される本年十一月は、『国家と宗教』の初版が太平洋戦争のさなかに世に現われてから正確に三十年にあたる。その間に本書はすでに古典としての声価を確立したし、その内容はもとより今なお新鮮である。けれどもこの三十年は文字通り一世代であって、本書の成立をめぐる時代は新しい読者には無縁の過去になってしまった。したがってこの解説では、できるだけこれにふれて読者の理解に役立ちたいと心掛けたつもりである。私共には自明のことであっても、著作集の刊行の順序から最初に読まれる解説であることをも考えて、若干著者の伝記的部分にふれるところがあった。それらのために量的に長きにわたったことについて、諒解を得られるならば幸である。

一九七二年九月

解説2

加藤節

この「解説2」では、本書『国家と宗教』の成立事情や歴史的背景、また著者の閲歴についてはふれない。それらは、故福田歓一教授の手になる「解説1」に委曲をつくして語られているからである。その代わり、ここでは、主として次の二点についてできるだけ簡潔に論じることにしたい。

第一は、本書がもつ現代的な意味は何かにほかならない。一九四二年の初版から七十余年、『著作集』版からでもすでに四十余年の時が経過している以上、本書が今、改めて世に問われることの意義を見ておく必要があると思われるからである。第二に、本書の内容的な特質について述べることにしたい。「解説1」での故福田教授が、「解説は書評ではない」として本書に関する立ち入った「解釈や分析」をあえて禁欲されたので、本書への若干の道案内を試みて、いささかでもそれを補っておくことが読者への便宜になるのではないかと考えたからである。

一　戦中期の日本思想史を再考するために

本書の現代的な意味について考えるためには、まず、近代日本の思想史に関連してとりわけ冷戦終焉後に強まった次のような傾向に注目する必要がある。それは、西田幾多郎、田辺元、和辻哲郎といったこの国の戦前から戦中にかけての時期を代表する思想家たちへの関心が高まっていることにほかならない。では、なぜ、このところ彼らへの関心が強くなっているのであろうか。そこには、天皇制が国体の名の下に軍国主義や超国家主義と結びついて全体主義化し、ファシズム化していった一九三〇年代から四〇年代の戦中期における彼らの言説の評価に関わる次のような背景があるように思われる。

知識人の戦争加担の問題が厳しく問われた敗戦から一九五〇年代にかけての日本の思想状況のなかで、西田、田辺、和辻らは、非難のされ方に濃淡の差こそあれ、ともに戦争責任を指弾され、ある意味では、客観的な評価の埒《らち》外に置かれてきた。このところ顕著になった彼らの思想や学問への関心の高まりは、そうした戦争責任パラダイムから彼らを解き放って自由に再評価しようとする動向の反映であるといってよい。その動きを、イデオロギー的な観点から一方的に思想を裁断することへの反省に立っている点で、いわば歴史修正主義的な視点に立つものとみなすこともできるであろう。それは、また、戦中にかまびすしく論じられた「近代の超克」という主題に関連してかつて廣松渉が述べたように、彼らの言説が「戦後の反省においては……矮小化して〝始末〟された感がある」(『〈近代の超克〉論』講談社、一九八九年)ことへの反動でもあった。しかし、彼らの思想を戦争責任パラダイムから解き放つ動向は、この国における戦中の思想史を考える上で妥当性をもつであろうか。

たしかに、西田、田辺、和辻は、知性を重んじる知識人として、たとえば戦中に思想警察の役割を自覚的になった蓑田胸喜一派のように狂信的ではなく、また、京都学派を代表する西田や田辺の弟子たちほど世界史における日本の優越的な地位や独自の使命の主張において露骨ではなかったかもしれない。しかし、彼らが、直接的であれ間接的であれ、結局のところ、天皇制や国体論を、場合によっては戦争そのものを合理化した事実を消し去ることはできない。その点に関連して、注意すべき点が二つある。一つは、天皇制や国体論への彼らのコミットメントが、彼らの哲学がもっていた妥協的性格に由来するものであったことにほかならない。それを導いたのは、所与としての歴史的現実を「絶対矛盾的自己同一」(西田)とか、「絶対弁証法」(田辺)とか、「土と血との共同」(和辻)とかといった特異な用語を駆使して「解釈」することに腐心してきた彼らの哲学の現実宥和的な性格だったといわざるをえないからである。

注意すべき第二の点は、彼らの哲学の妥協的な性格について、それを、思想界も体制への翼賛を余儀なくされた天皇制ファシズム下ではやむをえなかったこととしてすますことは許されないことである。彼らとまったく同じ状況に向きあって生きながら、時代に対して、独自の哲学的立場に依拠しつつ彼らとは正反対の反時代的な態度を貫いた知識人たちがいたこと、これがその理由にほかならない。そして、本書の著者南原繁は、そうした知識人を典型的な形で代表する一人であった。彼は、西田や田辺や和辻と同じように、ヨーロッパ哲学を徹底的に学び、それを自らの思想経営に積極的に生かしながら、超国家主義や擬似宗教としての国体論に支えられた天皇制ファシズムに対して、宥和者としてではなく批判者として立ち続けたからである。その意味で、南原は、時代の大勢に巻き込まれていった同時代の多くの思想家とは明確に一線を画する思想家であった。

そうした事情に注目する限り、あらゆる可能性の中から、ある人々はなぜ戦争や天皇制や国体論に思想的にコミットし、ある人々はなぜその道を選択しなかったのかという複眼的な視座から戦中期の日本の思想史を再構成する上で、南原繁を落とすことはあきらかに不当である。その点で、『国家と宗教』が、西田、田辺、和辻らの作品とともに岩波文庫に入れられて多くの人々に読まれることは、戦中期におけるこの国の思想史を改めて批判的に考え直すための貴重な機会を提供することになるであろう。そこに、現在の時点で『国家と宗教』が再刊されることの第一の重要な意味が求められるといってよい。しかし、南原の仕事をふりかえることの現代的な意義はそれにつきない。南原がそれとの一体化に自らのアイデンティティを見いだした政治哲学という彼の学問の特質にふれながら、次にその点について考えてみることにしたい。

二　批判的知性の復権のために

南原繁という人物は多様な顔をもっていた。まず彼は、内村鑑三に連なる無教会派の敬虔なクリスチャンであり、歌集『形相』を遺した歌人でもあった。南原は、また、ヨーロッパ精神史への沈潜を通して築きあげた独自の「学的世界観」の上に政治を基礎づけた政治哲学者であった。さらに、彼は、戦後初の東大総長として大学行政や学者の組織化に尽力した卓越した大学政治家であり、また、憲法制定や教育改革へのコミットメントを通して戦後日本の体制構想に大きな影響を与えた思想家でもあったのである。

こうした多面的な姿をもつ南原にあって、その精神の核心にあったのは政治哲学者としての自覚であったといってよい。キリスト教信仰に基礎を置く南原の政治哲学は、歌作、大学行政、戦後改革といった彼のあらゆる活動の原理そのものをなしていたからである。では、このように南原の活動の根底にあり、その限りで彼のアイデンティティの中核を形成していた政治哲学は、学としてどのような特質をもっていたのだろうか。

その点に関連して、南原の学統に連なる丸山眞男は、南原のライフ・ワークの一つである『フィヒテの政治哲学』の書評のなかで、「現代に対する切実な問題意識が純粋な歴史的研究と奥深いところで契合している見事さ」を指摘したことがある。しかし、こうした特徴は、実は南原のすべての作品に共通していた。しかも、それは、南原が専門としたヨーロッパの政治思想史という学問への南原の関心それ自体に由来するものであった。南原は、ヨーロッパ政治哲学の古典の研究を中核とする自分の学問を振り返って、

「私の関心は政治思想史といったものが現代にどこまで生かされるか、そうした現代との関連に絶えずあった」と述べているからである。

しかも、南原の場合、こうした関心は、古典と現代とを往還する学問の方法ともなっていた。南原は、自分がその中で生きている同時代史の動向を根底で規定する精神やイデオロギーへの「切実な問題関心」をもって古典に向きあい、古典の厳密な理解をもって同時代の現実に立ち返る手法を貫きながら、時代の意味を批判的に問う作品を次々に書きあげていったからである。しかも、その場合、南原は、プラトン、カント、フィヒテといった哲学者の仕事、またより根源的には内村鑑三から引き継いだキリスト教の原精神に代表されるヨーロッパ精神史に関する独自の解釈から、同時代の現実を批判する理念的な原理を引きだした。その点で、南原の学問の最大の特徴は、ヨーロッパ精神史への徹底的な沈潜を通して見いだした原理的な視点を理念として立て、その理念から遠い日本と世界との現実に根底的な「意味批判」を加えた点にあったといってよい。しかも、理念に立って現実を批判する南原のそうした態度には、理念と現実、価値と存在との二元論を前提とした上で、理念を現実化する努力を通して現実を理念に、存在を価値に近づけようとする「現実的理想主義者」としての立場が貫かれていたのである。

このように、南原の政治哲学には、自分が生きている時代の問題の解決を求めて学問に向かい、その学問から引き出した原理を理念として同時代の現実を批判する精神が脈打っていた。こうした批判精神を回復すること、そこに、現代において南原の仕事を振り返ることの第二の重要な意味を求めることができるであろう。その理由は次の点にある。現代において、理念へのシニシズムが理念から遠い現実への批判の弱体化を招き、それが、ついには、眼前にある現実を現実主義の名の下にそのまま容認する知の保守性、あるいは対象を問題化する批判性を喪失したことに無自覚な知性の堕落が目立つことにほかならない。そして、われわれに、批判的知性の復権の必要性を呼びかける南原の学問の批判主義的な特徴をもっとも鋭角的に示すのが『国家と宗教』という作品なのである。その点に注意しながら、以下、本書への若干の道案内を試みてみたい。

三　『国家と宗教』を読むために

南原は、若くしてその「鉄槌に打たれて」キリスト教に導かれた内村鑑三の影響もあって、「国家と宗教との関係」の問題をヨーロッパ政治学史の研究に関わり始めて以来の自らの根本的な課題としてきた。その場合、南原には、この課題を解くにあたっての一つの「確信」があった。「解説1」にも引かれているように、「およそ国家の問題は、根本において全文化と内的統一を有する世界観の問題であり、したがって、究極において宗教的神性の問題と関係することなくしては理解し得られない」という視点がそれである。

しかも、南原は、この視点を、原始キリスト教、プラトン、カント、フィヒテの理解を実質的内容とし、新カント派、特に西南学派の価値哲学を形式的な理論枠組みとして、次のような「学的世界観」に結晶させていく。すなわち、南原は、まず、真・善・美という文化価値に対応して成り立つ学問・道徳・芸術の領域と並行する文化領域として、政治を、「正義」、具体的には「人類の最高善としての「永久平和」」を仕えるべき先験的な価値とする文化領域として位置づけた。その上で、南原は、その政治が行われる場である国家＝「地の国」は、最終的には文化を超越する神性に通じる先験的な文化価値としての「正義」、すなわち「永久平和」の理念の実現＝「神の国」の招来に向けて不断に接近していかなければならないとする構想を打ちだすのである。

時間的には最も早く執筆された、本書の第三章「カントにおける世界秩序の理念」でほぼその大枠が形成された南原のこうした「学的世界観」の決定的な特質は、次の点にある。すなわち、それは、宗教とは文化を超越しながら文化に内在してそれに生命を供するものであるとみなす宗教観に立って、まず、国家＝「地の国」と宗教＝「神の国」とを峻別し、次いで、前者に、「永久平和」を実質とする「正義」という理念を実現して「神の国」に不断に接近すべき義務を課した点がそれである。こうした「学的世界観」に立つ南原の前に、いかにしても首肯することのできない歴史的現実が次々に出現し、南原はその現実に対して、まさにその「学的世界観」を批判原理として正面から立ち向かうのである。その結実が、本書の第一章「プラトン復興」、第二章「キリスト教の「神の国」とプラトンの理想国家」、第四章「ナチス世界観と宗教」であった。

その場合、これら三つの章のいずれもが正面から問題化した時代の潮流があった。それは、一切の人間文化を超越するがゆえに文化に生々の生命を与える宗教を人間化し、此岸化して現実の国家と結合し、政治と宗教とを直接的に統一しようとする思想動向、その具体化としての「神政政治」の観念や「国家信仰」の思想にほかならない。そうした同時代の動向に対して、南原は、それらが、ナチズムに典型的なように、政治を宗教化し、宗教を政治化することにもとづく「形而上学的独断と政治的独裁」を結果するものとして徹底的に批判した。もとより、その先には、「祭政一致」を唱えて「超国家主義」にいきついた天皇制ファシズム下の日本、さらには、それを、「絶対無の弁証法」という独特の論理によって正当化した田辺元らの哲学に対する南原の痛烈な批判があったのである。

このように、南原の『国家と宗教』は、一九四二年、戦時下に、カントとともに、「正義」としての「永久平和」の理念を国家が目指すべき政治的価値として高々と謳いあげ、地上の国家を神話的な「神の国」として神聖化するすべての思想動向を徹底的に拒否する作品として世に問われたのである。初版五千部が直ちに売り切れた事実が示すように、この作品は、狂気の時代に正気を、熱狂に対して知性を示す作品として、多くの心ある人々に歓迎された。そこには、学徒動員された若い世代が、それを、精神の拠り所を求めて戦場にまで持参してむさぼるように読みふけったという悲痛な例もあったのである。その点を考えるとき、もし、戦中の日本が、時流に阿《おもね》らず、世界と日本との現実をヨーロッパ精神史の深みから批判した『国家と宗教』という作品をもたなかったとすれば、この国の知的世界は世界に誇りうる思想をほとんどもてなかったのではないかという印象が強い。

もとより、読者のなかには、『国家と宗教』がキリスト教信仰に究極的な基礎を置いている点で、それに違和感を覚える向きがあるかも知れない。しかし、その場合にも、重要なのは、南原の立場を、思想における信仰の有意性の問題としてではなく、むしろ、超越的な理念に立って現実を批判する批判主義的な思考様式が時代のなかでもちえた意味という視点から再評価することである。そうした観点から接近する限り、『国家と宗教』という稀有な作品が文庫化されて、多くの人々、とりわけ若い世代に読まれる機会を提供することは、この国の戦中における知的営為になお残されていた知的誠実さや知的良心を後世に伝え、また、政治的弾圧が予想されるなかで貫かれた批判精神の可能性を現在において再考するためにも、この上なく大きな意味をもつであろう。偶然とはいえ、南原没後四十年という記念すべき年に『国家と宗教』が岩波文庫に収録され、それが広く読まれる機会が巡ってきたことを心から歓迎したい。

国家《こっか》と宗教《しゅうきょう》——ヨーロッパ精神史《せいしんし》の研究《けんきゅう》

2014年9月17日　第1刷発行

著　者　南原《なんばら》 繁《しげる》

発行者　岡本 厚

発行所　株式会社 岩波書店
〒101-8002 東京都千代田区一ツ橋 2-5-5
案内 03-5210-4000　販売部 03-5210-4111
文庫編集部 03-5210-4051
http://www.iwanami.co.jp/

印刷・三秀舎　カバー・精興社　製本・松岳社

ISBN 978-4-00-331672-6　Printed in Japan

読書子に寄す

――岩波文庫発刊に際して――

岩波茂雄

真理は万人によって求められることを自ら欲し、芸術は万人によって愛されることを自ら望む。かつては民を愚昧ならしめるために学芸が最も狭き堂宇に閉鎖されたことがあった。今や知識と美とを特権階級の独占より奪い返すことはつねに進取的なる民衆の切実なる要求である。岩波文庫はこの要求に応じそれに励まされて生まれた。それは生命ある不朽の書を少数者の書斎と研究室とより解放して街頭にくまなく立たしめ民衆に伍せしめるであろう。近時大量生産予約出版の流行を見る。その広告宣伝の狂態はしばらくおくも、後代にのこすと誇称する全集がその編集に万全の用意をなしたるか。千古の典籍の翻訳企図に敬虔の態度を欠かざりしか。さらに分売を許さず読者を繫縛して数十冊を強うるがごとき、はたしてその揚言する学芸解放のゆえんなりや。吾人は天下の名士の声に和してこれを推挙するに躊躇するものである。このときにあたって、岩波書店は自己の責務のいよいよ重大なるを思い、従来の方針の徹底を期するため、すでに十数年以前より志して来た計画を慎重審議この際断然実行することにした。吾人は範をかのレクラム文庫にとり、古今東西にわたって文芸・哲学・社会科学・自然科学等種類のいかんを問わず、いやしくも万人の必読すべき真に古典的価値ある書をきわめて簡易なる形式において逐次刊行し、あらゆる人間に須要なる生活向上の資料、生活批判の原理を提供せんと欲する。この文庫は予約出版の方法を排したるがゆえに、読者は自己の欲する時に自己の欲する書物を各個に自由に選択することができる。携帯に便にして価格の低きを最主とするがゆえに、外観を顧みざるも内容に至っては厳選最も力を尽くし、従来の岩波出版物の特色をますます発揮せしめようとする。この計画たるや世間の一時の投機的なるものと異なり、永遠の事業として吾人は微力を傾倒し、あらゆる犠牲を忍んで今後永久に継続発展せしめ、もって文庫の使命を遺憾なく果たさしめることを期する。芸術を愛し知識を求むる士の自ら進んでこの挙に参加し、希望と忠言とを寄せられることは吾人の熱望するところである。その性質上経済的には最も困難多きこの事業にあえて当たらんとする吾人の志を諒として、その達成のため世の読書子とのうるわしき共同を期待する。

昭和二年七月